다른 의견을 가질 권리

다른 의견을 가질 권리
Castellio gegen Calvin oder Ein Gewissen gegen die Gewalt

2025년 5월 19일 초판 8쇄 발행

지은이	슈테판 츠바이크
옮긴이	안인희
펴낸이	이문수
교정·편집	이만옥
디자인	민진기디자인·컬처북스
펴낸곳	바오출판사

등록	2004년 1월 9일 제313-2004-000004호
주소	고양시 일산동구 일산로 205, 204-402
문서전송	02)6455-3283
전자우편	baobooks@naver.com

ⓒ 바오출판사, 2009
ISBN 978-89-91428-07-2 03990

다른 의견을 가질 권리

Castellio gegen Calvin oder Ein Gewissen gegen die Gewalt

슈테판 츠바이크 지음 | 안인희 옮김

†
빛이 오고 난 뒤에도
우리가 한 번 더 이토록 캄캄한 어둠 속에
살아야 했다는 사실을
후세는 이해하지 못할 것이다.
— 카스텔리오, 《의심의 기술 De Arte Dubitandi》, 1562

옮긴이의 글

시대를 비판한 츠바이크의 용기

이 책을 읽으며 저자인 슈테판 츠바이크의 카스텔리오에 대한 경탄과 깊은 슬픔, 자기 시대에 대한 말할 수 없는 울분을 보는 듯했다. 몇 번이고 그의 눈가에 맺힌 눈물이 보였으며, 그 눈물방울에 반사된 형태로 나 자신과 우리가 지난 시절에 흘렸던 눈물과 울분을 보는 듯했다.

 시대도, 나라도, 이념도, 이름도 모두 다르다. 그러나 모든 독재의 얼굴은 어쩌면 이토록 똑같은가. 독재체제에 빌붙어 자기 이득을 챙기는 사람들의 모습은 또 어째서 이토록 같은가. 그리고 슬픈 일이지만 이른바 지식인이라는 사람들은 또 어째서 그토록 비겁하고 문약한 것인가. 사태를 제대로 바라볼 수 있는 얼마 안 되는 사람들은 겁먹고 움츠러들어 제 한 목숨을 지탱하기에 급급하다. 누군가 투쟁을 위해 일어서면, 마음 놓고 박수도 못 치지 않았던가!

 지난 시절 우리의 자화상을 보는 듯했고, 멀리 갈 것도 없이 수없이 되풀이했던 나 자신의 질문을 읽는 듯했다.

 지금 우리는 과거와는 다른 시대를 살고 있다. 언로言路는 열려 있고 비판이 가능한 세상이다. 심지어는 박정희 시대에 대한 향수마저 거론

되는 판이다. 그 시절이 가졌던 독재와 탄압의 모습은 경제발전의 이름 속에 다 잊혀지고, 우리는 어쩌면 우리의 자유를 거추장스럽게 느끼고 있는지도 모른다. 군부독재의 긴 터널을 거치며 힘들게 얻어낸 이 소중한 자유를 말이다.

때늦은 감이 없지 않지만, 슈테판 츠바이크의 이 작품 《다른 의견을 가질 권리》는 어쩌면 우리가 독재를 되돌아보는 거울로 삼으며 더더욱 읽어볼 만한 작품이 아닐까 한다.

츠바이크는 히틀러 독재가 독일에서 확고하게 자리를 잡고, 나아가 전쟁을 향해 치달리던 시기인 1935~1936년에 이 작품을 썼다. 그는 이미 독일을 떠나 영국에 머물고 있었다. 이 책의 주인공인 카스텔리오는 칼뱅의 독재가 제네바와 스위스 전국에서 확고하게 자리를 잡아가던 시절에 최초의 공격을 시작했고, 이 공격을 가능한 범위에서 죽을 때까지 계속했다. 이렇듯 저자와 주인공의 삶의 시대는 20세기와 16세기로 떨어져 있다. 그러나 닮은꼴인 독재체제가 그들을 하나로 결속시켰다. 츠바이크는 이 책을 통해서 자기 시대를 비판했다.

카스텔리오의 최초 공격은 칼뱅 정권 — 역사상 칼뱅은 정권의 전면前面에 등장한 적이 없는 종교지도자였지만, 그는 정치적으로 이른바 '실세'였다 — 이 세르베투스를 처형한 사건을 관청에 의한 살인사건이라고 규정하면서 시작되었다. 그러나 독재체제의 당연한 속성이지만, 칼뱅은 곧바로 카스텔리오에게 모든 항변의 길을 철저히 봉쇄했다. 카스텔리오가 쓴 책의 발간은 힘들었다.

대부분의 책들이 발간 금지되고, 그 자신은 글을 쓰는 것도 말을 하는 것도 금지되었다. 이런 상황에서 칼뱅 일파는 가능한 모든 방법을 동원해 그에게 일방적인 공격을 펼쳤다.

카스텔리오는 칼뱅이 장악한 제네바가 아닌 인근의 바젤에 머물고 있었지만, 그의 행동의 폭은 극히 제한되어 있었다.

그러나 카스텔리오는 당시 전인적인 지식을 고루 갖추고 세계인이라 불러도 손색이 없던 인문주의자들 중에서 유일하게 독재체제에 맞서 공식적으로 항변한 지식인이었다.

카스텔리오의 이런 위대한 용기만이 감동적인 것은 아니다. 이 책에서 가장 감동적인 부분은 저항을 위해서 그가 썼던 글들로, 그의 온건함과 논리적인 설득력이 돋보인다. 무장한 팔을 높이 쳐들고도 모자라서 말과 글로 갖은 욕설을 다 퍼부으며 벌떼같이 덤벼드는 적들, 국가조직 자체를 장악한 적들에 맞서면서도, 카스텔리오는 흠잡을 데 없이 온건하고 차분하고 설득력 있는 논리를 펼치고 있다.

칼뱅 일파에게 남은 방법은 그의 책들이 발간되는 것 자체를 철저히 금지하고, 그것이 후세에 남겨지는 길을 차단하는 것뿐이었다. 잔인한 독재의 힘이 얼마나 무서운가 하는 것은 그러한 시도가 어느 정도 성공했다는 사실에서 알 수 있다. 슈테판 츠바이크가 혼신의 노력을 기울였지만, 오늘날에도 카스텔리오의 이름은 거의 무명無名에 가깝지 않은가!

이 모든 정치적·종교적 배경을 떠나서도 나는 개인적으로 이 글을 역사상 위대한 논쟁의 문서로 읽었다. 논쟁의 토양이 빈약한 우리 사회에서 학문적인 혹은 사상적인 논쟁을 펼칠 경우에 하나의 본보기로 삼을 수 있지 않을까 하는 생각이 들었다.

독서의 즐거움은 줄거리를 따라 읽는 것에만 있지는 않다. 책을 통해 다른 세계와 만나고, 그것을 통해 다양한 방향에서 오는 지적인 자극을 받아들이는 즐거움 또한 매우 크다. 번역작업을 계속하면서도 때때로 하게 되는 힘들다는 탄식은 사라진다. 그리고 점점 더 지적인 자극을 통해서 정신적으로 팽팽한 긴장감을 얻을 때 이 일을 사랑하게 되었다. 이 또한 삶의 행복 중 하나가 아닐까 한다.

1998년 3월
안 인 희

책을 새롭게 펴내며

츠바이크의 내면의 고백이라 할 수 있는 이 글을 실로 오랜만에 다시 읽고 몇 곳을 고쳤다. 그 사이 '관용'이란 개념이 '똘레랑스Tolerance'라는 용어와 함께 우리나라에도 널리 알려졌다. 그런데도 그 구체적인 내용을 이해하기란 그리 쉬운 일이 아니다. 개념의 이해를 넘어 그것의 실천은 더욱더 쉽지 않다.

종교개혁 이후 처음으로 관용의 개념을 분명하게 정리하여 관용의 선언서를 쓰고, 또한 삶에서도 실천했던 위대한 개인 카스텔리오의 목소리가 이 책에서 생생하게 살아나온다. 다른 한편으로 저자 츠바이크는 이 작품이 위대한 개신교 신학자 칼뱅에 대한 공격으로 비칠까봐 무척 조심했다. 하지만 그가 죽은 다음 유럽에서도 실제로 그런 일이 없지 않았다. '종교적 관용'을 열렬히 옹호하는 이 책마저도 기독교 종파들 사이의 투쟁을 위해 이용하려는 사람들이 완전히 사라지지 않았기 때문이다.

논리적 사유의 천재로서 개신교 조직을 완비한 위대한 조직자 칼뱅은 자신의 논리에 갇혀 현실정치에서 평생 독재적인 사유를 벗어나지 못했다. 종교적 관용과 사상의 자유를 위해 열렬한 종교개혁가로 나섰건만, 권력을 쥐자마자 스스로 전형적인 독재자의 길을 걸었던 것이다. 다른 사람에게 '다른 의견을 가질 권리'를 인정해주기란 말처럼 그리 쉬운 일이 아니었다.

그의 반대편에 섰던 카스텔리오는 겸손하고 온건한 인문주의자였으며, 평생 권력의 근처에도 가지 못했다. 어쩌면 그래서 마음 편하게 칼뱅을 비판할 수 있었던 것인지도 모른다. 물론 현실에서 그의 삶은 이루 말할 수 없이 비참했지만.

이 두 인물의 대립적 초상화에서 주인공들의 이름을 빼면 이런 전체적인 구도는 극히 보편적인 모습을 보인다. 일급 지식인들조차 좀처럼 벗어나기 힘든 독재의 욕구, 이것을 권력을 쥔 인간의 보편적 성향으로 읽을 수만 있다면, 이 책은 오늘날에도 그리고 앞으로도 언제까지나 죽지 않는 생명력을 간직할 수 있을 것 같다. 등장인물의 이름과 구체적인 상황은 바뀌어도 근본적인 구조는 늘 비슷한 것이기에.

2009년 4월
안 인 희

머리말

| 모든 정신적 독재에 대항한 위대한 인문주의자 |

> 자신의 용기에 도취된 상태로 쓰러지는 사람, 죽음이 다가오는 것을 보면서도
> 자신의 확신을 조금도 포기하지 않고 영혼이 육신을 떠나는 순간에도 확고하고
> 경멸에 찬 눈길로 적을 응시하는 사람은, 우리가 아니라 운명의 손에 의해
> 한 방 얻어맞는 법이다. 그는 죽임을 당할망정 물러서지 않는다.
> 가장 용감한 사람들은, 대개는 가장 불운한 사람들이다.
> 승리를 갈구하는 의기양양한 패배도 있다.
> ― 몽테뉴

《코끼리 앞의 모기》― 칼뱅Calvin에 도전한 글 〈칼뱅의 글에 반대함〉의 바젤Basel 판에 들어 있는 세바스티안 카스텔리오Sebastian Castellion의 친필로 된 이 제목은 언뜻 보면 이상하게 느껴진다. 그리고 인문주의자들이 흔히 쓰던 과장법이 아닌가 하고 추측하게 된다. 그러나 카스텔리오의 이 말은 과장도 비꼬는 말도 아니었다. 이 용감한 사람은 이토록 과격한 비유를 씀으로써 친구인 아머바흐Amerbach에게 자신의 처지를 분명하게 밝혔을 뿐이다. 그는 칼뱅을 공개적으로 고발하는 것이 얼마나 거대한

적에게 도전하는 것인지를 너무나도 분명하고 비극적일 정도로 잘 알고 있었다. 그는 칼뱅이 광신적인 독선 때문에 한 인간을 살해했고, 그와 함께 종교개혁 안에서 양심의 자유도 살해해버렸다고 고발했다.

카스텔리오는 붓을 마치 창처럼 쳐들고 이 위험한 싸움을 시작한 순간부터 갑옷과 무기로 철저히 무장한 독재체제의 강한 힘에 맞서 순수하게 정신적인 싸움을 벌이는 것이 얼마나 무모한 일인지, 따라서 자신의 행동이 얼마나 승산 없는 일인지를 아주 정확하게 알고 있었.

칼뱅의 뒤에는 수천수만의 사람들이 있고 국가 공권력까지 가세하고 있는데, 어떻게 아무런 무장도 하지 않은 한 개인이 칼뱅을 공격해서 이길 수 있겠는가! 거대한 조직력 덕분에 칼뱅은 그때까지 자유 시민들로 구성되어 있던 도시와 국가 전체를 엄격한 복종 기구로 변화시키는 데 성공했다. 오직 자신의 가르침만을 위해 모든 형태의 독자성을 뿌리째 뽑아버리고, 어떠한 사상의 자유도 송두리째 빼앗아버렸다.

도시와 국가에서 권력을 가진 것은 모조리 그의 완전한 권리 아래 종속되고 말았다. 관청과 그 권한, 시 당국, 종교국, 대학, 재판소, 재정, 도덕, 목사, 각급 학교, 형리, 감옥, 기록과 대화, 심지어 은밀한 속삭임까지도 그가 장악했다. 그의 가르침은 곧 법이었다. 그에게 반대하는 듯한 눈치만 보여도 곧바로 감옥에 가거나 추방되지 않으면 화형장의 장작더미가 기다리고 있었다. 이 무서운 형벌은 정신적 폭군이 모든 논란을 잠재워버리는 논리의 바탕이었다. 제네바에는 이제 단 하나의 진실만이 남았고, 칼뱅이 예언자였다.

이 무시무시한 남자의 엄청난 권력은 제네바 성벽을 훨씬 넘어서는 매우 광범위한 것이었다. 스위스 연방 도시들은 그를 가장 중요한 정치적 동맹자로 여겼고, 세계의 개신교는 이 과격한 기독교도를 정신적인 야전사령관으로 선택했다. 그리고 영주들과 왕들은 유럽에서 로마 교황에 맞먹는 강력한 기독교 조직을 일으켜 세운 이 교회 지도자의 은총을 얻으려고 애썼다. 칼뱅이 알지 못한 채 이루어진 그 시대의 정치적 사건이 거의 없었고, 그의 의지에 반해 일어난 사건도 거의 없었다. 성 피에르 교회의 설교자인 칼뱅을 적으로 삼는 것은 황제나 교황을 적으로 삼는 것만큼이나 위험한 일이었다.

그렇다면 그에게 항변한 세바스티안 카스텔리오, '사상의 자유'라는 이름으로 이 정신적인 독재자에게 싸움을 건 고독한 이상주의자 세바스티안 카스텔리오는 과연 누구인가?

칼뱅의 환상적인 권력에 비하면 그야말로 '코끼리 앞의 모기'였다! 이름 없는 사람, 공적인 영향력 면에서 보면 아무것도 아닌 존재, 게다가 실제로 가진 것도 없어 거지와 다름없는 학자였고, 번역과 가정교사 일을 해서 겨우 처자식을 돌보는, 거처도 시민권도 없는 망명자, 이중 피난민이었다.

언제나 그렇듯이 광신주의 시대에 인문주의자[1]는 서로 싸움질하는 광신자들 사이에서 아무런 힘도 없는 철저히 고독한 존재일 뿐이었다. 이 위대하고 겸손한 인문주의자 카스텔리오는 여러 해 동안 추적과 빈

---

1) 휴머니스트. 인문적 교양을 갖고 온갖 형태의 과격주의를 거부하며, 전인주의를 이상으로 하는 학자. 르네상스와 고전주의의 이상적 인간형. 슈테판 츠바이크는 인문주의자들에 대해서 단순한 공감 이상의 동질성을 느꼈다.

곤의 그늘 속에서 비참한 삶을 살았다. 카스텔리오의 삶은 외고집으로 일관되었지만, 어떤 당파나 광신주의에도 빠져들지 않았기 때문에 영원히 자유로운 삶이었다. '세르베투스 살해 사건'을 목격하면서 양심의 부름을 느껴 평화로운 삶을 과감히 떨쳐버리고, 모독 받은 인권의 이름으로 칼뱅을 고발하면서 그의 고독은 비로소 영웅적인 모습을 띠게 된다.

투쟁에 익숙한 적수인 칼뱅과 달리, 카스텔리오의 주변에는 잔인하게 폐쇄적이고 계획적으로 조직된 추종세력이 없었다. 가톨릭과 개신교 모두 그의 편을 들지 않았고, 지체 높으신 나리들이나 황제와 왕들이 한때 루터Martin Luther, 1483~1546[2])와 에라스무스Erasmus, 1466?~1536[3])에게 해주었던 것처럼 보호의 손길을 펼쳐주지도 않았다. 그의 인품에 반한 몇 안 되는 친구들은 그의 귀에 격려의 말을 속삭이는 일마저도 남몰래 해야 했다. 시대의 광증에 사로잡혀서 모든 나라에서 이단자들을 들짐승처럼 쫓고 고문하던 시대에, 권리를 빼앗기고 박해받는 이들을 위해서 겁도 없이 변론을 떠맡은 카스텔리오, 개별적인 경우에서 한발 더 나아가 지상의 모든 권력자들을 향해, 이 지상의 어떤 사람에게도 세계관世界觀을 이유로 박해할 권리는 없다고 시비를 걸고 나선 이 사람의 편을 든다는 것은 진실로 목숨이 위태로운 일이었다.

---

2) 독일의 성직자·성서학자·언어학자. 가톨릭 교회의 부패를 공박한 그의 '95개조 논제'는 종교개혁을 촉진시켰으나 기본적으로는 신앙과 양심의 차유를 명백히 반대했다. 신약성서를 도이치어로 번역하여 도이치어 통일에 공헌하였으며, 새로운 교회 형성에 힘써 '루터파 교회'를 세웠다.
3) 네덜란드의 인문학자. 수도사로서 서원하였으나 교회의 타락을 준열하게 비판했다. 복음 정신으로의 복귀를 역설함으로써 제자들 가운데에서 많은 종교개혁가가 나왔으며, 루터의 지나치게 정열적인 반역에는 동의하지 않았다. 세계주의적 정신의 소유자로서 근대자유주의의 선구자이며, 특히 16세기 프랑스의 문화사상사에 큰 영향을 끼쳤다.

역사상 때때로 민족들을 덮치곤 하던, 영혼이 암울해지는 끔찍한 순간에 인간적인 눈길을 온전히 보존한 채 이 모든 경건한 살상행위를 보고, 비록 하나님의 이름으로 이루어지는 것이라 해도 그것은 여전히 살인, 살인, 살인일 뿐이라고 감히 항변했던 이 사람! 인간성의 가장 깊은 감정에 도전을 받았다고 느끼고 오로지 혼자서만 침묵을 참지 못하고 비인간성에 대한 절망감을 하늘 끝까지 소리쳐 외쳤던 사람, 홀로 모든 사람을 위해, 모든 사람에 대항해 맞서 싸웠던 사람!

우리 인간 종족의 영원한 비겁성을 생각해볼 때, 시대의 권력자들에 대항해 반론을 제기하는 사람은 얼마나 추종세력을 얻기가 어려운가. 그렇듯이 세바스티안 카스텔리오도 결정적인 순간에 자기 그림자 외에는 뒤에 아무도 없었다. 그리고 싸우는 예술가의 유일한 재산인 불굴의 영혼에 깃든 굽히지 않는 양심 말고는 아무것도 가진 것이 없었다.

세바스티안 카스텔리오가 자기 싸움이 승산 없다는 사실을 처음부터 잘 알고 있었다는 사실, 그럼에도 불구하고 자신의 양심에 따랐다는 사실, 이 성스러운 '그럼에도 불구하고'야말로 모든 시대에 걸친 인류의 위대한 해방전쟁에서 이 '이름 없는 용사'를 영웅으로 드높여주는 것이다. 단독자로서 세계 테러에 대항해 정열적인 저항을 감행했다는 이 용기만으로도 칼뱅에 대한 카스텔리오의 싸움은 모든 정신적인 인간에게 기억할 만한 가치가 있다.

그러나 내면적인 문제 제기라는 면에서 이 역사적 논쟁은 그 시대의 한계를 훨씬 넘어선다. 여기서 문제가 되는 것은 단순히 신학에 한정된 문제, 세르베투스라는 한 인간의 문제, 자유주의적 개신교와 정통파 개신교 간의 결정적 대결의 문제만이 아니었다. 이 단호한 대립에서 훨씬 광범위하고 시간을 초월하는 문제가 제기되고 있다. 온갖 다른 이름, 다른 형태로 언제나 되풀이해서 싸우지 않으면 안 되는 싸움이 벌어진 것이다. 여기서 신학이란 시대의 우연한 가면에 지나지 않는다. 카스텔리오와 칼뱅 자신도 눈에 보이지 않는, 그러나 극복할 길 없는 대립에서 겉으로 드러난 눈에 보이는 대표자일 뿐이다. 이 갈등의 두 극단을 무어라고 부르건 간에 ― 관용 대 독단, 자유 대 간섭, 인문주의 대 광신주의, 개인주의 대 기계화, 양심 대 폭력 등 ― 이 모든 개념들은 근본적으로 인간적이냐 아니면 정치적이냐, 윤리냐 아니면 논리냐, 개체성이냐 아니면 공동체냐에 대한, 가장 내면적이고 가장 개인적인 결정을 표현하고 있다.

자유와 권위 사이에서 언제나 되풀이되는 이 불가피한 결정은 어떤 민족, 어떤 시대, 어떤 사람에게도 면제되지 않는다. 자유는 권위 없이 불가능하고(그렇지 않으면 혼란이 되어버리므로), 권위는 자유 없이 불가능하다(그렇지 않으면 그것은 폭군이 될 것이므로).

인간의 본성에는 분명히 공동체 속에 스스로 녹아들고자 하는 신비한 욕구가 존재한다. 전 인류에게 궁극적으로 공평하게 평화와 질서를 선물해줄 그 어떤 종교적·민족적, 혹은 사회적 체제가 발견될 수 있을 것이라는 아주 오래된 망상은 근절될 수 없는 것이다. 도스토예프스키의 대심문관[4]은 인류의 대다수가 자신에게 주어진 자유를 오히려 두려워한다는 사실을 냉혹하게 변증법으로 증명했다. 실제로 지치게 만드는

---

4) 《카라마조프가의 형제들》에서 이반의 사색 속에 등장하는 인물.

수많은 문제들을 앞에 두고, 삶의 복잡성과 책임성을 앞에 두고 너무나 지친 나머지 대다수의 사람들은 자신들에게 사색을 면제해줄 최종적이고 보편타당한 특정 질서를 통해 세계가 기계화되기를 바란다.

존재의 고민에서 벗어나기를 바라는 이러한 메시아적인 동경이야말로 모든 사회적·종교적 예언자들의 길을 닦아주는 효소이다. 한 세대의 이상理想이 그 불길과 색채를 잃어버리면, 언제나 어떤 사람이 일어서서 폐기선언을 하고, 자신이 새로운 형식을 찾아냈다거나 혹은 새로 만들어냈다고 선언만 하면 되었다. 그러면 벌써 수많은 사람들의 신뢰가 자칭 민족의 구원자 혹은 세계의 구원자를 향해 몰려든다― 언제나 새로운 이데올로기는 (그리고 이 사실이야말로 이데올로기의 형이상학적인 의미이다) 처음에 지상에 새로운 이상주의를 만들어낸다. 인류에게 통일성과 순수성이라는 새로운 망상을 선물하는 사람은, 언제나 그들에게서 가장 성스러운 힘인 희생정신과 열광을 불러일으키기 때문이다.

수백만의 사람들이 마법에 걸린 것처럼 스스로를 바치고, 수태되고, 심지어는 유린될 각오가 되어 있다. 그리고 새로운 이념을 약속하는 인물이 그들에게 더 많은 것을 요구할수록 그들은 더욱더 그에게 빠져든다. 어제까지만 해도 최고의 즐거움이고 자유이던 것을 그 사람을 위해 기꺼이 던져버리고, 아무런 저항도 않고 그의 인도를 받는다. 그리고 타키투스Publius Cornelius Tacitus, 56~117[5]의 오래된 법칙인 '노예상태로 빠져들기ruere in servitium'가 되풀이하여 실현된다. 즉 타는 듯한 연대감에 도취되

---

[5] 고대 로마의 역사가. 역사가로서 후대에 이름을 남기게 되는 저서 《역사Historiae》와 《연대기Annales》는 110년 혹은 114년을 전후로 출판된 것으로 추정된다.

어 민족들이 자발적으로 노예상태에 빠져들고, 자신을 후려치는 채찍을 찬양하는 것이다.

언제나 어떤 이념, 곧 지상에서 가장 비물질적인 이념의 힘이 바로 우리의 낡고 지겹고 기계화된 세계에서 있을 것 같지 않은 기적을 성취한다는 생각에서 기운을 얻는 것이야말로 모든 정신적인 인간에게는 아주 중요한 일이라고 할 수 있다.

사람들은 세계를 현혹시키는 사람들을 경탄하고 찬양하려는 유혹에 쉽게 빠져든다. 그들이 정신의 힘으로 평범한 물질을 변화시키는 데 성공했기 때문이다. 그러나 불행하게도 이런 이상주의자들과 유토피아주의자들은 승리를 거두고 난 직후에 언제나 정신에 대해서 가장 고약한 배신자로 변한다.

권력은 총체적 권력을 지향하고, 승리는 승리의 남용을 지향하기 때문이다. 정복자들은 자신의 개인적인 망상으로 수많은 사람들을 열광시켜서 그러한 망상을 위해 기꺼이 살거나 죽을 각오를 하도록 만든 것만으로 만족하지 않는다. 이들은 다수의 확보를 전체주의로 변화시키고, 어느 편도 들지 않는 사람들까지 강요하여 자기들의 도그마를 따르도록 만들려는 유혹에 빠져들곤 한다. 그들은 말 잘 듣는 사람, 주변 인물들, 영적인 노예들, 모든 운동에 언제나 따라붙는 이런 사람들로는 만족하지 못한다. 자유로운 사람들, 몇 명 안 되는 독립적인 사람들까지도 자기들의 찬양자와 하인으로 만들고 싶어 한다. 그리고 자기들의 도그마를 유일한 것으로 만들기 위해 그들은 국가의 힘으로, 다른 생각을 가지는 일을 범죄라고 낙인찍어버린다.

모든 종교적·정치적 이데올로기에 달라붙은 이러한 저주는 언제나 되풀이되며, 그들은 독재자로 변하자마자 곧바로 폭군으로 타락해버린다. 그러나 정신적인 사람이 그런 진리에 내재된 힘을 믿지 않고 완력을 쓰는 순간 그는 인류의 자유를 향해 전쟁을 선포한 것이다. 어떠한 이념이든 간에 그 이념이 다른 사람들의 신념을 단일화하고 복무규정으로 만들기 위해 테러를 사용하는 순간부터, 그것은 이상이 아니라 잔인성일 뿐이다. 가장 순수한 진리라 해도 폭력으로 그것을 남에게 강요한다면, 그것은 정신에 반反하는 죄악이 된다.

　정신은 신비로운 요소이다. 공기처럼 잡을 수도 없고 보이지도 않기에 모든 형식과 그릇에 잘 들어맞을 것처럼 보인다. 이러한 특성이, 정신을 완전히 억누르고 막고 가두어서 병 모양에 맞출 수 있으리라는 망상을 폭군적인 성향을 가진 사람들에게 거듭 불러일으킨다. 그러나 억압과 동시에 정신의 역동적인 반항이 자라난다. 정신은 억눌리고 짓눌릴수록 폭발물로 변한다. 모든 억압은 언젠가는 폭동을 분출시킨다. 인류의 도덕적인 자주성은 지속적으로 ― 영원한 위안이다! ― 파괴되는 것이 아니기 때문이다.

　지금까지 지구상에 단 하나의 종교, 단 하나의 철학, 단 하나의 세계관이 독재적으로 자리 잡아본 적이 없으며, 앞으로도 그럴 것이다. 정신은 언제나 모든 억압에 맞서서 스스로를 지키는 법을 배우고, 정해진 틀에 따라 생각하는 것, 천박하고 기력 없게 만드는 것, 모두 똑같이 작게 획일화하려는 것에 대해 저항하는 법을 배우기 때문이다. 그러므로 존재의 신적인 다양성을 단 하나의 분모로 통합하려는 모든 노력은 얼마나 진부하며 헛된 일인가! 주먹의 논리로 쟁취한 원칙에 따라서 인류를 선과 악, 경건한 자와 이단자, 국가에 충성하는 자와 배신자로 단순하게 흑백으로 구분하려는 노력은 얼마나 허망한 일인가!

독립적인 정신들은 언제나 인간의 자유를 유린하는 세력에 맞서서 항거하는 방법을 찾아낸다. '양심에 따른 반대자들conscientious objectors', 즉 양심을 강압하는 일에 확고히 맞서는 자들이 언제나 있기 마련이다. 몇 명의 개인이 이러한 대중유린에서 벗어나 유일한 진리의 폭력적인 편집광에 맞서 개인적 신념의 권리를 옹호하지 못할 만큼, 한 시대가 완전히 야만적으로 되고 하나의 폭력정치가 완벽하게 체계화된 적은 역사상 없었다.

16세기도 우리 세기(20세기)처럼 폭력적인 이데올로기에 사로잡혀 과열되어 있었지만, 그래도 역시 자유롭고 유린되지 않은 영혼들이 있었다. 그 시절 인문주의자들의 편지를 읽어보면, 폭력에 의해 세상이 뒤흔들리는 것에 대한 그들의 깊은 슬픔에 공감하게 된다. 그리고 독단론자들이 시장판의 장사꾼처럼 어리석게 소리를 질러대는 것을 크게 역겨워하고 있음을 감동적으로 함께 느낄 수 있다. 독단론자들은 이렇게 외쳤다.

"우리가 가르치는 것이 참이요, 우리가 가르치지 않은 것은 잘못된 것이다."

아, 정신이 아직 맑은 이 세계시민들은, 자신들의 미적인 세계관 안으로 파고들어와서 입에 거품을 물고 폭력적인 정교신앙을 설파하는 이 비인간적인 인류의 개혁자들 앞에서 얼마나 전율했던가. 오, 그들(인문주의자들)은 지상에서 아름다움을 절멸시키고 세상을 도덕 신학교로 바꾸려 했던 칼뱅과 사보나롤라Girolamo Savonarola, 1452~1498[6], 존 녹스John Knox, 1514~1572[7] 같은 사람들을 보면서 얼마나 마음 깊이 역겨움을 느꼈던가! 현명하고 인문주의적인 사람들은 미친 독단론자들이 유럽에 가져올 재앙을 비극적인 명료함으로 정확하게 인식했다. 그들은 이 열성에 넘친 말들 뒤에서 무기가 쩔렁이는 소리를 미리 들었으며, 이 증오 속에서 다가오는 무시무시한 전쟁을 예감했다.

진실을 알고는 있었지만, 그러나 이 인문주의자들은 그것을 위해 감히 싸움에는 나서지 못했다. 삶에서는 거의 언제나 각각의 몫이 갈라져 있는 법이라, 인식하는 사람은 행동하는 사람이 되지 못하고 행동하는 사람은 인식하는 사람이 되지 못한다. 이 모든 슬퍼하는 비극적인 인문주의자들은 서로 감동적이고 예술성 넘치는 편지들을 쓰고, 서재의 문을 닫고 그 안에서 탄식했지만, 아무도 앞에 나서서 반反그리스도Antichrist에게 맞서지 못했다.

에라스무스Erasmus는 때때로 은둔처에서 몇 개의 화살을 날려보내고, 라블레Rabelais, 1494?~1553[8]는 어릿광대의 의상을 입고서 격렬한 웃음을 터뜨리며 채찍으로 후려치기도 했다. 고귀하고 현명한 철학자 몽테

---

[6] 이탈리아의 종교개혁가. 전제군주들과 부패한 성직자들에 맞서 싸운 것으로 유명하다. 1494년 메디치가家의 몰락 이후 피렌체의 유일한 지도자가 되어 공화정을 펼쳤으나 과격한 신정 통치로 크게 반감을 샀다. 로마 교황과의 불화로 화형에 처해졌다.
[7] 스코틀랜드의 종교개혁가·역사가. 청교도 운동의 창시자 중 한 사람이며, 장로주의의 선구자. 제네바에서 칼뱅의 영향을 받았으며, 영국에서 벌어진 종교전쟁(1556~1560)에서 개혁파가 승리하자, 개혁파 교회 확립을 위해 노력했다. 다소 온건한 형태의 칼뱅주의를 지향했으며, 그의 저항권 신수론은 개혁파 교회의 이론적 지주가 되었다.
[8] 프랑스의 작가이자 의사. 가톨릭 사제 출신의 인문주의자였으며, 후세 사람들에게는 익살스럽고 풍자적인 걸작 《팡타그뤼엘Pantagruel》과 《가르강튀아Gargantua》의 저자로 널리 알려져 있다.

뮤Montaigne는 《수상록Essais》에서 능변의 말을 토해냈다. 그러나 어느 누구도 진지하게 공격하려 들지 않았고, 이 비열한 박해와 처형의 어느 것 하나 막아내지 못했다. 세상을 경험했고 그래서 조심성을 갖게 된 이들은, 현자賢者가 미친놈과 싸워서는 안 된다는 사실을 깨닫고 있었다. 이런 시대에 스스로 사로잡혀 희생되지 않으려면 차라리 어둠 속으로 물러나서 욕을 퍼붓는 쪽이 낫다고 여겼다.

그러나 카스텔리오는 이 모든 인문주의자들 중에서 유일하게 앞으로 나서서 자신의 운명에 단호하게 맞섰던 사람이다 ─ 이 점이 그에게 시들지 않는 명성을 가져다주었다. 그는 박해받는 동료들을 위해서 감히 입을 열었고, 그로써 자신의 목숨을 걸었다. 광신주의자들이 끊임없이 위협을 해왔건만 전혀 광신적인 요소 없이, 아무런 열정도 드러내지 않은 채, 그러나 톨스토이와 같은 단호함으로, 잔혹한 시대 위로 마치 하나의 군기軍旗처럼 자신의 신념을 토해냈다. 그 누구에게도 세계관을 강요해서는 안 되고, 지상의 어떤 권력도 인간의 양심을 결정할 권한을 가질 수 없다고 외쳤다. 그는 어떠한 파당의 이름도 빌리지 않았고, 오직 인간성의 영원한 정신에서 이러한 신념을 밝혔기 때문에 그의 생각과 말들은 어느 시대에나 타당한 것이다.

지극히 인문주의적인, 시간을 초월하는 사상들이 예술가에 의해 형상화되면, 그 특성은 항구적으로 보존된다. 세계를 결합시키는 신념은, 단 하나의 교조적이고 공격적인 신념을 언제나 넘어선다. 그러나 전례 없는 본보기가 된 이 잊혀진 남자의 용기는, 무엇보다도 도덕적인 의미에서 후세의 모범이 된다. 카스텔리오는 칼뱅에 의해 희생된 세르베투스를, 세상의 모든 신학자들을 향해 죄 없이 살해당한 사람이라 불렀고, 칼뱅의 온갖 궤변에 대항해 불멸의 언어로 항거했다.

"한 인간을 불태워 죽인 일은 이념을 지킨 것이 아니라, 한 인간을 살해한 것이다!"

그리고 그는 관용을 선언하면서 (로크, 흄, 볼테르보다 훨씬 오래전에, 그리고 그들보다 훨씬 더 위대하게) 사상의 자유에 대한 권리를 옹호했다. 이러한 자신의 신념을 위해 그는 목숨을 걸었다.

죄 없는 미겔 세르베투스의 살해에 대한 카스텔리오의 항의를 수천 배나 더 유명한 칼라스Calas 사건에 대한 볼테르Voltaire의 항변[9]이나 드레퓌스Alfred Dreyfus 사건에 대한 졸라의 항변[10]과 비교하려 들지 말라. 이러한 비교는 카스텔리오가 한 행위의 도덕적인 높이에 전혀 미치지 못한다.

볼테르가 칼라스를 위한 싸움에 나섰을 때, 그는 이미 훨씬 더 인문주의적인 시대에 살고 있었다. 나아가 세계적으로 유명한 작가의 뒤에는 왕과 영주들의 보호의 손길이 있었고, 마찬가지로 졸라의 뒤에도 마치

---

9) 1761년 프랑스 툴루즈에서 직물상인이었던 칼라스가, 가톨릭으로 개종하려는 자신의 아들을 죽였다는 죄로 억울하게 처형당하는 사건이 발생하자, 볼테르는 사건의 진상이 종교적 편견에 의해 조작되었다는 사실을 알고, 《관용론 Traité sur la tolérance》을 집필하여 여론을 불러일으키는 등 칼라스를 옹호하여 결국 재심을 통해 무죄 판결을 이끌어낸다. 이 사건을 계기로 정부는 종교적 소수자를 위한 관용칙령을 제정하였고, 볼테르는 신앙과 양심의 자유를 옹호한 인물로 후대에 그 이름을 남기게 되었다.

10) 1894년 프랑스의 육군 장교였던 유대인 드레퓌스는 날조된 증거로 인해 반역죄로 유죄 판결을 받고 종신형을 살게 된다. 그런 사실을 알게 된 작가 에밀 졸라는 1898년 〈오로르Aurore〉지에 '나는 고발한다J'Accuse'는 제목의 공개서한을 통해 군부와 반유대주의자들이 사건의 진실을 은폐했다고 고발했다. 이를 계기로 프랑스 사회는 격심한 분열을 겪었으나 결국 사건의 진실이 드러나고, 드레퓌스는 재심을 통해 명예를 회복했다.

보이지 않는 군대처럼 전 유럽, 전 세계의 경탄이 떠받쳐주고 있었다. 두 사람은 이러한 도움에 힘입어 타인의 운명을 위해 자신의 명성과 안락을 걸었을 뿐—그리고 이 차이는 결정적인 것이다—세바스티안 카스텔리오처럼 자신의 목숨을 건 것은 아니었다. 카스텔리오는 인간성을 위한 싸움에서 살인적인 무게를 지닌 16세기의 비인간성으로 고통받았다.

자신의 마지막 남은 힘까지 다해 세바스티안 카스텔리오는 도덕적인 영웅주의의 대가를 지불했다. 단순히 정신적인 무기 외에는 아무것도 쓰려고 하지 않았던 이 비폭력의 선언자가 잔인한 폭력에 의해 얼마나 탄압을 받았는지 전율하지 않을 수 없다. 아, 한 개인이 도덕적인 정당성 외에는 아무런 힘도 배후에 없는 상태에서 완벽한 조직체에 맞서 자신을 지키려 할 경우에 그 투쟁은 얼마나 가망 없는 것인가!

하나의 교리가 국가기관과 그 억압수단을 장악하는 데 성공하면, 그것은 무자비하게 테러를 자행한다. 자신의 전권에 의문을 표하는 사람에 대해서는 그 목에 있는 말을 짓누르고, 대개는 그의 목까지 아예 짓눌러버린다.

칼뱅은 카스텔리오의 질문에 단 한 번도 진지하게 답변하지 않았다. 오직 그를 침묵시키려고만 했을 뿐이다. 그의 책들을 찢고 금지하고 불태우고 압류했다. 정치적인 압력수단을 동원해 그가 다른 지역에 머물러 있어도 집필금지령을 내렸다. 그가 대답할 수 없고 보고도 할 수 없게 되자마자, 칼뱅의 패거리는 그를 향해 온갖 험담을 퍼부어댔다. 그것은 더 이상 싸움이 아니라 방책 없는 자에 대한 유린이었을 뿐이다.

카스텔리오는 말할 수도 쓸 수도 없게 되었고, 그의 저서들은 서랍 속으로 말없이 들어가야만 했다. 칼뱅은 인쇄소, 설교단, 대학 강단, 종교국, 국가공권력 전부를 장악했다. 그리고 그 모든 기구를 거침없이 가동시켰다. 카스텔리오는 발걸음 하나까지 감시를 받았고, 그의 말 한마디까지 누군가 엿들었으며, 편지는 모두 누군가 가로챘다. 단 한 사람에 대해서 머리가 백 개나 달린 조직이 우세했다는 사실은 놀라울 것도 없다. 다만 때 이른 죽음만이 카스텔리오를 망명이나 화형대에서 구원해주었다.

그의 시체를 앞에 두고도 승리에 찬 교조주의자들은 눈이 뒤집힌 증오를 멈추지 않았다. 그들은 갉아먹는 석회처럼 의심과 비방을 그의 무덤 속에까지 던져넣고, 그의 이름 위에도 재를 뿌렸다. 칼뱅의 독재뿐 아니라 모든 정신적 독재의 원칙 자체에 대항해 싸웠던 이 유일한 인물에 대한 기억을 영원히 잊어버리고 사라지게 만들려고 했다.

비폭력적인 인물에 대한 이 극단적인 폭력도 하마터면 거의 성공할 뻔했다. 조직적인 억압은 이 위대한 인문주의자의 당대의 활동만을 목 졸라 죽인 것이 아니라, 아주 오랫동안이나 그의 사후의 명성까지도 죽였다. 오늘날에도 어떤 지식인이 세바스티안 카스텔리오의 이름을 읽은 적도 들은 적도 없다고 말해도 전혀 수치스러운 일이 아니다. 그의 가장 중요한 작품들이 수십수백 년 동안 검열에 의해 인쇄금지를 당했는데 어떻게 그를 알겠는가!

어떠한 출판업자도 감히 그의 책들을 펴내지 못했다. 그리고 그가 죽고 나서 오랜 뒤에 마침내 책들이 나왔을 때 정당한 명성을 얻기에는 이미 너무 늦었다. 그 사이에 다른 사람들이 카스텔리오의 이념들을 받아들였다. 그의 싸움은 다른 사람들의 이름으로 계속 이어졌다. 이 싸움에서 최초의 전사戰士는 아무런 주목도 받지 못한 채 너무 일찍 전사하고 말았던 것이다.

수많은 사람들이 어둠 속에서 삶을 보내고 어둠 속에서 죽어간다. 뒤늦게 온 사람들이 세바스티안 카스텔리오의 명성을 거두어갔다. 그리고 오늘날에도 각 학교 교과서마다 흄David Hume, 1711~1776[11])과 로크John Locke, 1632~1704[12])가 유럽에서 처음으로 관용의 이념을 주장한 사람들이라는 잘못된 내용이 버젓이 실려 있다. 마치 카스텔리오의《이단자에 관하여Traite des heretiques》는 쓰여진 적도 인쇄된 적도 없다는 듯이 말이다.

그의 도덕적이고 위대한 업적, 세르베투스를 위한 투쟁은 잊혀졌다. 칼뱅에 맞선 그의 싸움, '코끼리에 맞선 모기'의 싸움은 잊혀졌다. 그의 작품들도 잊혀졌다.— 네덜란드어판 전집의 불충분한 모습, 스위스와 네덜란드의 도서관에 보존된 얼마 안 되는 원고들, 제자들의 감사의 말들, 그것이 카스텔리오가 남긴 전부이다. 그는 같은 시대를 살았던 사람들이 한목소리로 16세기 최고 지식인의 한 사람이었을 뿐만 아니라 가장 고귀한 사람들 중 하나였다고 찬양한 인물이다.— 이 잊혀진 사람에게 우리는 얼마만한 감사의 빚을 지고 있으며, 또 얼마나 끔찍한 부당함을 저지르고 있는가!

---

[11]) 영국의 철학자·역사가. 로크의 경험론적 인식론을 계승하여 철저한 경험론의 입장에서 종래의 형이상학을 비판했다. 인과율에 관한 그의 부정적 비판은 칸트를 각성시켰다고 한다. 역사가로서는 계몽주의적인 입장을 취했으며,《인성론》《영국사》등의 저서가 있다.

[12]) 영국의 철학자이며, 근대민주주의의 대표적 사상가. 가장 영향력 있는 계몽주의 사상가이자 자유주의 이론가로 알려져 있다. 그의 정치철학은 1688년 명예혁명의 지도적 이론이 되었으며, 그의 저서들은 볼테르와 루소는 물론 미국 혁명과 여러 계몽주의 사상가들에게도 영향을 미쳤다.《관용에 관한 서한》《인간오성론》등의 저서가 있다.

역사는 정당할 때가 없다. 역사는 냉정한 연대기 기록자로서 결과만을 헤아릴 뿐, 도덕적인 척도를 사용하는 경우는 드물다. 역사는 오직 승리자만을 응시하며 패배자들은 어둠 속에 남겨둔다. 이 '이름 없는 용사들'은 거대한 망각의 구덩이 속에 아무런 주목도 받지 못하고 내던져져 있다. 십자가도 없고 화환도 없다. 희생의 행위가 헛되이 끝나고 말았기에 십자가도 화환도 이 잊혀진 자들을 찬양하지 않는다.

그러나 사실은 순수한 마음에서 감행되었던 어떤 노력도 헛된 것이라고는 할 수 없다. 어떠한 도덕적인 노력도 세상에서 완전히 사라지지는 않는다. 영원한 이상理想을 위해 너무 일찍 나타났던 사람들, 그래서 패배한 사람들도 패배함으로써 자신들의 의미를 실현했다. 한 이념을 위해 살고 죽는 증인과 확신을 얻은 사람들을 만들어냄으로써 이념은 지상에 살아남기 때문이다.

정신적인 면에서 보면 '승리'와 '패배'라는 말은 그 의미가 다르다. 그 때문에 언제나 승리자들의 기념비만을 바라보는 세상을 향해서, 수백만의 존재를 망가뜨리고 그 무덤 위에 자신들의 허망한 왕국을 세운 사람들이 인류의 진짜 영웅이 아니라, 폭력을 쓰지 않고 폭력을 당한 사람들이 진짜 영웅이라는 사실을 기억하게 해야 한다. 다시 말해 정신의 자유를 얻기 위해서, 그리고 마침내 지상에서 인간성을 실현하기 위해서, 카스텔리오가 칼뱅에 맞서 싸우면서 그랬던 것처럼 폭력을 쓰지 않고 폭력을 당했던 사람들이 진짜 영웅임을 기억해야 한다.

차례

옮긴이의 글 • 6
머리말 • 11

제1장 | 칼뱅의 권력 장악
폭력으로 구축한 새 질서 • 35
시대의 요청을 꿰뚫은 젊은 칼뱅 • 39
이제 제네바에서 자유는 끝났다 • 46
인류는 위대한 편집광에게만 굴복한다 • 52
정복자 칼뱅 • 58

제2장 | 자유를 질식시킨 광신주의
성서정치 • 63
광신적 주지주의자 칼뱅의 초상 • 65
모든 것의 심판자 • 71
교회계율과 도덕경찰관 • 77
금지, 금지, 금지! • 80
테러는 독재의 영원한 법칙 • 83
잿빛 그림자의 도시 • 89

제3장 | **자유와 양심의 수호자**
독재자의 가면을 벗긴 페스트 • 95
자유로운 양심, 카스텔리오 • 99
양심, 독재와 맞부딪치다 • 108
카스텔리오, 제네바를 떠나다 • 116

제4장 | **불운한 희생양**
신학의 돈키호테, 세르베투스 • 123
열정과 용기 • 128
망각을 모르는 증오 • 135
교활한 살인 음모 • 140
세르베투스, 감옥에서 도망치다 • 145

제5장 | **'다른 의견'의 비극적 종말**
잔인한 비극이 시작되다 • 149
위선의 제물 • 152
세르베투스의 미칠 듯한 분노 • 158
화형의 불길이 정신까지 태울 수는 없다 • 163
마지막 절규 • 169

제6장	**관용의 선언**
	폭력에 반대한다! • 177
	옹색한 변명 • 182
	더 이상 침묵할 수 없다 • 189
	광신주의와의 싸움 • 194
	자유 영혼의 목소리는 언제나 살아 있다 • 204

제7장	**폭력에 맞서 양심이 일어서다**
	검열, 탄압, 음모 • 209
	살인자 칼뱅을 고발한다! • 215
	한때의 자유주의자여, 왜 '다른 의견'을 죽였는가? • 223
	칼뱅은 유죄! 유죄! 유죄! • 229

제8장	**폭력이 양심을 제거하다**
	권력의 테러 • 235
	독재권력의 속성 • 238
	덫을 놓아라! • 242
	명예로운 자는 극단적인 증오에 중독되지 않는다 • 246
	화해와 관용을 모르는 광신자 • 256
	패배한 관용의 화신 • 265
	죽음만이 그를 구원할지니 • 270

제9장 | **카스텔리오의 부활**

  칼뱅주의의 유산 • 275
  관용과 해방의 정신으로 • 279
  카스텔리오, 부활하다! • 283
  모든 칼뱅에 맞서는 어떤 카스텔리오 • 286

카스텔리오를 세상 속으로 이끌어내다
_크누트 베크 Knut Beck • 289

찾아보기 • 303

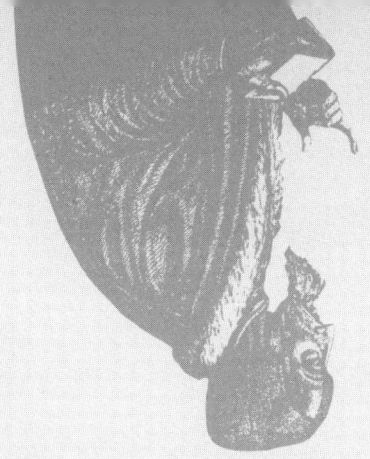

제1장
칼뱅의 권력 장악

폭력으로 구축한 새 질서

1536년 5월 21일 일요일, 장엄하게 울리는 팡파르의 부름을 받고 제네바 시민들은 중앙 광장에 모여들었다. 그리고 모두 손을 높이 쳐들고는 다음과 같이 한목소리로 선언했다.

"이제부터는 오직 복음서와 하나님의 말씀에 따라 살겠습니다. Selon l'évangile et la parole do Dieu."

오늘날에도 스위스에서 민주주의 제도로 자리 잡고 있는 국민투표를 거쳐서, 그때까지 가톨릭 주교의 도시였던 제네바는 개신교를 유일하게 참된 신앙으로 인정하고 도시 및 국가 신앙으로 확정했다. 론 강 유역에 자리 잡은 이 도시를 오랫동안 지켜온 가톨릭 신앙은 겨우 몇 년 만에 산산조각이 난 채 흩어져버렸다. 마지막으로 남은 성직자들, 주교회 회원들, 수사와 수녀들은 평민들의 위협을 받아 수도원에서 도망쳤고, 모든 교회에서 성상聖像과 '미신'의 표지들은 말끔히 치워졌다. 이 5월의 축제일은 그 승리를 최종적으로 확인하는 절차였다. 이때부터 개신교는 제네바에서 합법적으로 최고 권력을 가질 뿐 아니라 유일하게 권력을 가진 기관이 되었다.

제네바에 이렇듯 과격한 개신교가 자리 잡게 된 것은 원래 과격한 테러 분자의 특성을 가진 설교자 파렐Guillaume Farel, 1489~1565의 공功이었다. 광신적인 천성에다 좁고 강철 같은 이마를 가진 남자, 강인하지만 단순한 기질의 인간 — 온건한 에라스무스는 그에 대해서 "일생 동안 이보다 더 불손하고 뻔뻔스런 사람을 본 적이 없다"고 말했다 — 인 '남방의 루터'가 대중을 강요하고 제압하는 힘을 행사한 것이다. 자그마하고 못생기고 붉은 수염에 뻣뻣한 머릿결을 가진 그는 천둥치는 듯한 음성과 폭력적인 천성에서 나오는 거침없는 열정으로 민중을 선동하여 격정적인 폭동으로 몰아넣었다. 정치가로서 당통Georges Jacque Danton, 1759~1794[1]이 그랬듯이, 이 종교적 혁명가도 여기저기 흩어져 숨어 있던 인간들을 한데 끌어모아서 결정적인 공격을 하도록 불을 당길 수 있었다.

파렐은 승리하기에 앞서 여러 번이나 자신의 목숨을 걸었고, 시골에서는 돌팔매질의 위협을 받고, 모든 관청에 체포되고 추방당했다. 그러나 오직 한 가지 이념에 지배되는 인간의 원시적인 힘과 비타협적인 특성으로 그는 모든 장애를 무너뜨렸다. 자신의 친위대를 이끌고 사제가 미사를 집전하고 있는 가톨릭 교회로 쳐들어가서는 제멋대로 강단에 올라가 지지자들의 환호를 받으며 가톨릭 교도들의 혐오감에 맞서서 설교를 했다.

거리의 부랑아들을 모아 소년단을 만들고, 어린아이들을 부추겨서 예배 중인 가톨릭 교회로 몰려 들어가서 소리 지르고 웃는 등 난장판을 만들었다. 지지자들의 세력이 점점 더 강력해지자 용기를 얻은 그는 최후의 돌격을 위해 친위대를 소집했다. 그는 수도원으로 쳐들어가서 성화들을 벽에서 떼내어 불질러버렸다.

이렇게 노골적인 폭력의 방식은 성공을 거두었다. 언제나 그렇듯이 소수의 활동가들이 용기를 보이고 테러를 마다하지 않으면 온건한 다수는 위협받기 마련이다. 가톨릭 교도들은 이러한 위법 행동을 고소하러 시당국에 몰려가기도 했지만, 대개는 체념하고 집안에 틀어박혀 있었다. 결국 아무런 대책도 없이 주교는 도망쳐버리고, 이 도시는 승리한 개신교도의 손에 넘어갔다.

그러나 막상 승리를 하고 보니 파렐은 창조력이 없는 혁명가라는 사

---

[1] 프랑스 혁명기의 정치가. 자코뱅당의 지도자로 혁명재판소를 설치하고 왕당파를 처형하였으나, 로베스피에르의 독재에 반대하다가 처형되었다.

제네바에서 종교개혁을 이끌었던 네 인물, 파렐, 칼뱅, 베자, 녹스. 종교개혁기념비, 제네바

실이 드러났다. 그는 돌진과 광신주의로 낡은 질서를 파괴할 수는 있었지만 새로운 질서를 세울 인물은 되지 못했다. 파렐은 비난을 퍼부을 수는 있지만 형성할 줄은 몰랐고, 선동가였지만 건설할 줄은 몰랐다. 그는 로마 가톨릭 교회를 향해서 돌진하고, 우둔한 대중을 선동하여 신부와 수녀들을 미워하도록 만들었으며, 혁명가의 주먹으로 돌처럼 낡은 법칙의 목록을 깨뜨릴 수 있었다.

그러나 막상 깨져버린 잔해를 앞에 놓고는 어찌할 바를 몰랐다. 이제 제네바에서 밀려난 가톨릭 교회 대신 새로운 조직을 세울 때가 되자 파렐은 당황했다. 거리의 혁명가였던 그는 오직 파괴함으로써 새로운 것을 위한 공간을 만들어낼 수는 있었지만, 정신적이고 구조적으로 새로운 것을 형성해나갈 수는 없었다. 부수는 것으로 그의 행위는 끝났고, 건설을 위해서는 다른 사람이 나서야 할 참이었다.

너무 성급한 승리 뒤에 나타나는 이러한 불안의 순간을 경험한 것은 당시 파렐 한 사람만이 아니었다. 독일과 스위스의 다른 지방에서도 종교개혁 지도자들은 자신들 앞에 놓인 역사적 과제를 보고 불안해하면서 일치된 태도를 보이지 못하고 있었다.

루터나 츠빙글리Zwingli, 1484~1531[2])가 처음에 바란 것은 당시에 존재하던 가톨릭 교회를 정화하려는 것뿐이었다. 교황과 공의회의 권위로부터 신앙을 되찾아서, 그때까지 잊혀졌던 복음서의 가르침에 따르게 하려는 것뿐이었다. 그들에게 종교개혁이란 말뜻 그대로의 개혁이었다. 즉 개선하고 정화하고, 원래의 상태로 회복시킨다는 의미였다.

그러나 가톨릭 교회가 완고하게 자기 입장만을 고수하면서 조금도 양보하려 들지 않자, 점차 가톨릭 교회의 안이 아니라 밖에서 자신들의 종교를 실현시켜야 한다는 사명감을 갖게 되었다. 그러나 파괴의 단계를 지나 건설의 단계에 이르자, 이들은 뿔뿔이 흩어지게 되었다.

물론 종교적 혁명가들, 그러니까 루터와 츠빙글리, 그 밖의 다른 종교개혁 신학자들이 형제처럼 단결하여 새로운 교회를 위해 통합된 신앙형식과 실천방안을 합의하는 것이 합리적이었으리라! 그러나 과연 합리적이고 자연적인 일이 역사상 실현된 적이 있었던가?

세계적으로 통일된 하나의 개신교회가 생기는 대신 곳곳에서 교회들이 개별적으로 일어났다. 비텐베르크는 취리히와 제네바의 가르침이나 베른의 방식을 받아들이려 하지 않았다. 각 도시는 각자의 개혁을 나름

---

[2]) 스위스의 종교개혁가. 취리히 대성당의 설교자로 일하며 체계적인 성서 강해로 명성을 날렸다. 루터의 영향으로 취리히의 종교개혁에 나섰으며, 가톨릭을 고수하는 주州들과의 전투에 종군목사로 참전했다가 카펠 전투에서 전사했다. 그의 사후 스위스의 종교개혁 운동은 J. H. 불링거에게로, 그 다음에는 칼뱅에게로 넘겨졌다.

대로의 방식으로 성취하려 들었다. 이러한 위기에서 유럽 국가들의 민족주의적인 자만심이 스위스 칸톤[3]에 축소된 형태로 미리 반영되어 나타났다. 힘을 합쳐서 세계교회(가톨릭)를 파괴했던 개혁파 신학자들, 즉 루터, 츠빙글리, 멜랑히톤Philipp Melanchthon, 1497~1560[4], 칼슈타트Andreas Carlstadt, 1480~1541[5], 부처Martin Bucer, 1491~1551[6] 등은 이제 신학적인 분쟁을 벌이고, 종교 논문을 써서 사소한 싸움들을 하느라 온 힘을 다하고 있었다.

제네바의 파렐은 낡은 질서의 잿더미 앞에서 어찌할 바를 모르고 있었다. 자신에게 맡겨진 역사적 과업은 완수했지만, 그 결과와 요구를 감당할 힘이 없는 인간이 겪어야 할 영원한 비극이었다.

시대의 요청을 꿰뚫은 젊은 칼뱅

이 비극적인 승리자가 우연히 저 유명한 장 칼뱅Jean Calvin, 1509~1564이 프랑스 사부아 지방을 여행하는 중에 제네바에 하루 동안 머물 예정이라는 소식을 들은 것은 행운이었다. 그는 곧바로 칼뱅의 숙소로 찾아가서 조언을 구하고 새로운 건설작업을 위해 그의 도움을 요청했다.

당시 스물여섯 살이던 칼뱅은 파렐보다는 거의 스무 살 가까이 아래

---

3) 스위스의 주를 이르는 말. 오늘날에는 26개의 칸톤이 있다.
4) 독일의 인문주의자이며 신학자. 루터 종교개혁의 반려자로 조용하게 그의 개혁운동을 지원했다. 인문학과 신앙 교육의 조화를 이루어낸 인물로 평가받고 있다.
5) 독일의 종교개혁가·신학자. 비텐베르크 대학의 동료 교수였던 루터와 신학 논쟁을 벌였으며, 영육 이원론에 기초해 성상과 교회음악, 성찬 시 그리스도의 육체적 임재를 부인하는 등 급진적인 종교개혁을 부르짖었다.
6) 독일의 종교개혁가·신학자. 종교개혁기에 서로 대립하고 있던 개혁 집단들 사이에서 화해를 위해 끊임없이 노력한 것으로 유명하다. 전례학자로 칼뱅주의뿐만 아니라 영국 성공회의 예배 의식 발전에도 영향을 끼쳤다.

였지만 이미 확고한 권위를 인정받고 있었다. 프랑스 느와용에서 주교구의 관세징수관 겸 공증인의 아들로 태어난 그는 에라스무스와 로욜라Ignatius de Loyola, 1491~1556[7]도 다녔던 엄격한 몽테귀 학교에서 교육을 받았다. 처음에는 성직자로, 후에는 법률가로 훈련을 받은 칼뱅은 스물네 살 때 루터파를 편들었다는 이유로 프랑스에서 쫓겨나 바젤로 도망쳐온 인물이었다.

대부분의 사람들이 고향을 잃으면서 내면의 힘도 잃어버리는 것과는 반대로, 이 망명이 그에게는 오히려 도움이 되었다. 유럽의 교통요지인 바젤은 수많은 형태의 개신교가 서로 만나고 또 다투는 장소여서 칼뱅은 먼 장래를 내다보는 논리적 두뇌를 가진 천재의 밝은 눈길로 시대의 요청을 일찌감치 꿰뚫어볼 수 있었던 것이다.

개신교 교리의 핵심으로부터 점점 더 과격한 주장들이 싹터 나왔고 범신론자, 무신론자, 몽상가, 광신자들이 개신교를 기독교로부터 떼어놓기 시작했다. 뮌스터에서는 재세례파Anabaptist[8]의 무시무시한 희비극이 피와 공포로 끝을 맺었다.[9] 개혁파는 바야흐로 작은 분파들로 찢기고 갈라져서 로마 가톨릭 교회처럼 세계교회로 발돋움하지 못할 위기에 처

---

7) 가톨릭 수도회인 예수회를 창설한 에스파냐의 수도사. 1540년 예수회의 초대 수장으로 선출되어 회원을 양성하고 회헌會憲을 만들었으며, 당시 종교개혁으로 동요하고 있던 가톨릭 내부에서 숙정과 교황권 회복을 위해 노력하는 등 새로운 숨결을 불어넣었다.
8) 16세기 종교개혁의 급진파 혹은 좌파 운동에 참가했던 집단을 가리킨다. 이들은 자각적인 신앙에 의하지 않은 유아세례를 무효로 하고, 모든 사람은 종교를 자각한 뒤에 다시 세례를 받아야 한다고 주장했다. 또한 국가 권력의 간섭을 일체 부정했으며, 가톨릭과 루터파, 칼뱅파에 반대하여 탄압받았다.
9) 네덜란드 출신의 재세례파 혁명가인 라이덴의 존John of Leiden은 1530년대에 뮌스터에 '시온 왕국'을 세우고 스스로 다윗 왕으로 즉위했다. 하나는 국왕을, 하나는 황제를 뜻하는 두 개의 보석을 박은 황금 왕관을 쓰고 '디바라' 왕비와 후궁을 거느리고 즉위식을 벌였다. 예배 형식은 가톨릭 예배 형식을 완전히 벗어나서 때로는 고함치고 춤을 추기도 하고 언제나 열광적으로 찬미가를 불렀다. 그러나 후에 존은 처형당했다.

해 있었다.

 스물네 살 된 칼뱅은 예언자적인 확신을 가지고 개혁파의 자기분열에 맞서서 제때에 새로운 교리의 정신적인 요체를 한 권의 책, 하나의 도식, 하나의 프로그램으로 집약해야 할 필요성을 깨달았다. 그래서 개혁파 지도자들이 개별적인 문제들을 놓고 다투고 있을 때, 이 이름 없는 젊은 법률가이자 신학자는 젊음이 가진 찬란한 무모함으로 확고하게 전체를 지향했다. 그리하여 일 년 만에 《기독교 강요*Institutio Religionis Christianae*》(1535)를 내놓아 최초로 개신교 교리의 기반을 닦았다. 그것은 교리책이자 안내서이며 개신교의 기본서였다.

 이 《기독교 강요》는 역사의 흐름을 결정하고 유럽의 얼굴을 바꾸어놓았다고 조금도 과장하지 않고 말할 수 있는, 전 세계에서 열 권에서 스무 권 안에 드는 책이다. 루터의 성서 번역 이후로 종교개혁파의 가장 중요한 업적이었고, 나오자마자 그 논리적인 정확성과 탄탄한 구성으로 그 시대 사람들에게 결정적인 영향을 끼쳤다.

 언제나 정신적인 운동은 그것을 시작할 천재적인 인물과 함께 그것을 끝맺을 천재적인 인물을 필요로 한다. 루터가 영감을 받은 사람으로서 종교개혁을 시작했다면, 칼뱅은 조직자로서 종교개혁이 천 갈래 만 갈래로 찢어지기 전에 그것을 붙잡아 세운 인물이었다. 어떤 의미에서 이 《기독교 강요》는 나폴레옹 법전이 프랑스 혁명을 매듭지은 것처럼 종교혁명을 종결지은 작업이었다. 이 두 가지 작업은 종결선을 그음으로써 전체 운동의 총합을 이끌어내고, 흘러넘치는 운동에서 그 시작의 열화와 같은 열광을 빼앗고 마침내 법칙과 안정성의 형식을 부여했다. 그래서 방종이던 것이 교의敎義가 되고, 자유는 독재로 변했으며, 영적인 흥분은 정신적인 규범이 되었다. 물론 모든 혁명이 멈추어서면 언제나 그렇듯이, 종교혁명도 이 최종 단계에서 원래 가지고 있던 역동적인 특성을 어느 정도 잃어버렸다. 그러나 이 순간부터 개신교는 정신적으로 통합된 세계적인 힘으로 가톨릭 교회에 맞서게 되었다.

자신이 한번 형식화한 내용은 절대로 그 완강함을 줄이거나 변경시키지 않는 것이 칼뱅의 능력이었다. 훗날 그가 내놓은 이 저술의 온갖 판본들은 처음에 결정적으로 인식한 것을 확장한 것일 뿐, 수정한 것은 없었다. 스물여섯의 나이에 그는, 마르크스나 쇼펜하우어처럼 자신의 세계관을 두루 체험하지 않고도 이미 마지막까지 다 생각해버린 것이다. 그 후의 시간들은 그의 조직적인 이념을 실제 세계에서 실현하는 일에 바쳐진다. 어떤 결정적인 말도 변경하지 않고, 특히 그 자신은 절대로 변하지 않을 것이며, 어느 누구에게 맞서서도 단 한 걸음도 뒤로 물러서지 않을 것이었다. 칼뱅은 상대를 파괴하거나 아니면 자신이 붕괴되는 수밖에 없었다. 칼뱅이나 혹은 그에게 대항하는 데 중간적인 감정이란 아무 소용이 없었다. 단 하나의 선택밖에는 없었다. 칼뱅을 부정하거나, 아니면 완전히 칼뱅에게 종속될 뿐이었다.

첫 만남, 첫 대화에서 파렐은 이미 이 점을 알아차렸다. 그리고 바로 이 사실이 그의 인간적인 위대성을 드러내 보여준다. 파렐은 자기가 스무 살이나 위였지만, 그 순간부터 칼뱅에게 완전히 종속되었다. 그는 칼뱅을 자신의 지도자이며 스승으로 삼았고, 처음 만난 순간부터 스스로 그의 정신적인 하인, 그의 아랫사람, 그의 종이 되었다. 이후 30년 동안 파렐은 단 한 번도, 단 한 마디도 이 사람에게 이의를 달지 않았다. 어떤 싸움, 어떤 일에서도 그는 칼뱅의 편이었으며, 어떤 장소에서 불러도 달려가서 그를 위해 그의 휘하에서 싸웠다. 복종에 집착하는 칼뱅이 자신의 교리에서 모든 인간에게 첫 번째 의무로 요구하는, 묻지 말고 비판하

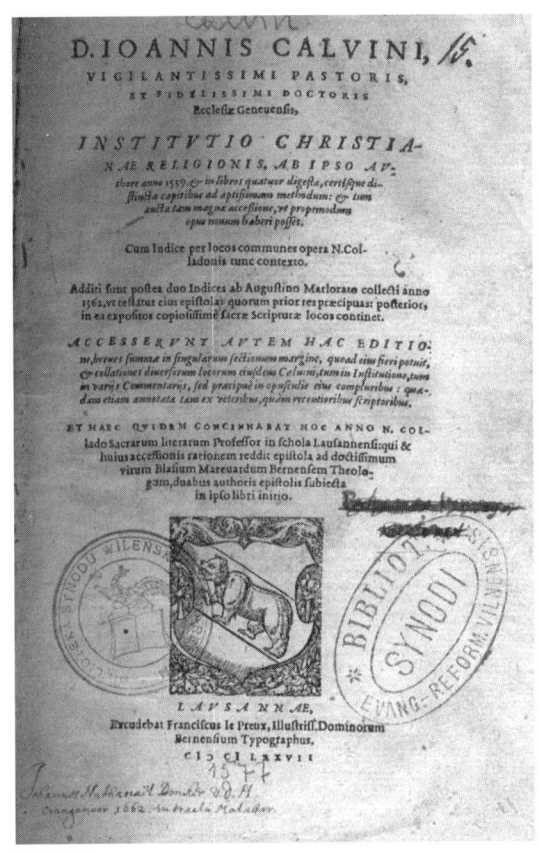

칼뱅의 《기독교 강요 Institutio Religionis Christianae》 표지
이 책은 개신교 최초의 교리서이자 안내서가 되었다.

지 말고 스스로를 포기하는 복종의 예를 파렐이 가장 먼저 보여준 것이다. 대신 파렐은 일생에 단 한 번 그에게 요구했다. 그것은 다음과 같은 요구였다. 즉 칼뱅이 유일한 권위자로서 제네바시의 정신적인 지도권을 떠맡고, 자신은 개혁사업을 완수하기에 힘이 부치니 그의 막강한 힘으

칼뱅의 권력 장악 43

로 개혁사업을 완수해달라는 요구였다.

칼뱅은 훗날 자신이 얼마나 오래, 얼마나 확고하게 이 놀라운 부름을 거부했던가를 기록하고 있다. 사색의 순수한 영역을 떠나 현실 정치의 불순한 영역으로 들어서는 일은 정신적인 인간에게는 언제나 무거운 책임이 따르는 결단이었다. 그와 같은 남모르는 불안감이 칼뱅을 사로잡았던 것이다. 그는 망설이고 흔들리고, 자신이 아직 어리고 경험이 부족하다고 말했다. 칼뱅은 책과 문제들로 이루어진 자신의 창작세계에 남아 있게 해달라고 파렐에게 간청했다.

마침내 파렐은 이러한 부름을 회피하려는 칼뱅의 고집에 화가 나서, 성서에 나오는 예언자의 힘으로 망설이는 자에게 호통을 쳤다.

"자네는 자네의 연구만 두둔하려 하는가. 전능하신 하나님의 이름으로 자네에게 말하겠네. 주님의 일에 대한 자네의 사명을 외면하고, 기독교보다 자신의 일을 더욱 중요시한다면 하나님의 저주가 내릴 것이네."

이러한 외침이 칼뱅을 설득하여 그의 생을 결정하게 되었다. 마침내 칼뱅이 제네바에 새로운 질서를 세울 준비가 되었노라고 선언한 것이다. 자신이 지금까지 말과 이념으로만 그려보였던 것을, 이제는 현실로 옮기겠노라고 했다. 이제 책이 아니라 한 도시, 한 국가에 자기 의지의 형식을 부여하려는 노력이 시작되었다.

언제나 자기 시대를 가장 모르는 사람은 바로 그 시대 사람들이다. 가장 중요한 순간들은 그들의 눈에 띄지 않은 채 스쳐 지나가고, 진정으로 결정적인 시간들이 연대기에서 합당한 주목을 받는 경우는 거의 없다.

1536년 9월 5일자 제네바의 시의회 기록은 칼뱅을 "성서 강사 lecteur de la Sainte Escripture"로 고용하려는 파렐의 신청을 기록하면서, 장차 제네바에 세계적인 명성을 가져다줄 사람의 이름을 적는 수고조차 하지 않았다. 시의회 서기는, 파렐이 "저 프랑스 사람"이 자신의 뒤를 이어 설교를 맡아주기를 바란다는 사실만을 기록했다. 그것이 전부였다. 무엇 때문에 이름 철자를 확인하고 서류에 적어넣는 고생을 할 것인가. 이 가난한 외국인 설교자에게 약간의 월급을 주기로 동의한 일이 의무와 무관한 결정이라 여겨질 정도이다. 제네바시 당국은 관리 한 명을 고용했을 뿐이라고 여겼다. 이 새로운 하급관리는 새로 고용된 학교 선생이나 출납계 경리, 사형집행인처럼 겸손하고 고분고분하게 맡은 바 책임만 다하면 되었다.

물론 고루한 시의원들이 학자는 아니었다. 그들은 한가한 시간에 신학 논문을 읽는 사람도 아니었고, 그들 중에 칼뱅의 《기독교 강요》를 한 번이라도 펼쳐본 사람은 아무도 없었을 것이다. 그랬다면 아마 그들은 깜짝 놀랐을 것이다. 이 책에는 분명한 어조로 "저 프랑스 사람"이 교구 내에서 어떠한 종류의 권력을 요구할지 적혀 있었기 때문이다.

"교회의 설교자들이 가져야 할 권한을 여기서 분명하게 말할 수 있다. 그들은 하나님의 말씀을 관리하고 알리는 사람들이기 때문에 모든 일을 감행할 권한이 있고, 이 세계의 위인이나 모든 권력자를 강요하여 하나님의 권위 앞에 머리 숙여 자기에게 봉사하도록 만들 권한을 가진다. 그들은 가장 높은 사람부터 가장 낮은 사람에 이르기까지 모든 사람에게 명령할 수 있으며, 하나님의 법령을 세울 수 있고, 사탄의 왕국을 쳐부술 권한을 가진다. 그들은 양들을 보살피고 늑대를 절멸시켜야 하며, 복종하는 자들을 격려하고 가르치고, 반항하는 자들을 고소하고 절멸시킬 권한을 가진다. 그들은 결합할 수도 해체할 수도 있으며, 번개와 천둥을 내리칠 수도 있다. 그러나 이 모든 일은 하나님의 말씀에 따라 이루어져야 한다."

제네바의 시의원들은 "설교자는 가장 높은 사람부터 가장 낮은 사람에 이르기까지 모든 사람들에게 명령할 수 있으며"라는 칼뱅의 말을 보지 못한 것이 분명하다. 만일 보았다면 그들이 이토록 요구가 많은 사람의 손아귀에 떨어지지는 않았을 것이다. 자신들이 교회로 불러들인 이 프랑스 망명객이 처음부터 도시와 국가의 지배자가 되기로 확고한 결심을 하고 있다는 사실은 꿈에도 모른 채, 그들은 그에게 직위와 품위를 부여했다. 그러나 바로 그 순간부터 그들 자신의 권한은 막을 내리고 말았다. 칼뱅은 넘치는 에너지로 모든 것을 독점하고, 거침없이 전체주의적인 요구를 실천에 옮기고, 그럼으로써 이 민주적인 공화국은 신정주의적神政主義的인 독재체제로 바뀌고 말 것이기 때문이다.

이제 제네바에서 자유는 끝났다

최초의 조치들이 벌써 앞을 내다보는 칼뱅의 논리와 합목적적인 단호함을 입증해준다. 칼뱅은 훗날 이 제네바 시절에 대해서 다음과 같이 적고 있다.

"내가 처음 이 교회에 들어섰을 때, 그곳에는 거의 아무것도 없었다. 설교를 하긴 했지만 그뿐이었다. 사람들은 성인들의 그림을 모두 찾아내서 불태워버렸다. 그러나 아직 개혁이라고 할 만한 것은 없었고, 모든 것이 무질서 상태에 있었다."

칼뱅은 타고난 질서의 인간이었다. 불규칙한 것, 체계 없는 것은 모두 수학적으로 정확한 그의 천성에 어긋나는 것이었다. 사람들을 새로운 신앙에 알맞도록 훈련시키려고 한다면, 우선 그들에게 무엇을 믿고 고백해야 할 것인지를 가르쳐야 한다. 그들은 무엇이 허용된 것이고 무엇이 금지된 것인지 정확하게 분별할 줄 알아야 한다. 지상의 왕국처럼 모든 정신의 왕국도 눈에 보이는 경계선과 법칙을 필요로 한다. 그래서 칼뱅은 석 달이 지나자 벌써 〈교리문답서〉를 시의회에 제출했다. 그것은 개신교의 기본 원칙들을 21개 조항으로 정확하게 요약한 것이었다. 이 〈교리문답서〉— 어느 정도는 개신교의 십계명으로서— 는 시의회로부터 원칙적인 동의를 받았다.

그러나 칼뱅은 단순한 동의만으로는 만족하지 않았다. 그는 단 한 점도 벗어남이 없는 완전한 복종을 요구했다. 교리를 형식화했다는 사실만으로는 만족할 수 없었다. 어떤 사람이 그를 따를 것인지, 그리고 어느 정도나 따를 것인지 하는 자유가 여전히 개인에게 주어져 있었기 때문이다.

칼뱅은 교리문제와 생활에서 한 치의 자유도 허락할 인물이 아니었다. 그는 정신적·종교적인 문제에서 개인의 내적인 확신을 위해 단 한 줌의 여지도 남겨둘 생각이 없었다. 그의 생각에 따르면, 교회는 모든 인간에게 절대적인 복종을 강요할 권리뿐 아니라 의무를 가지며, 단순히 열의가 없다는 사실만으로도 벌을 내려야만 했다.

"다른 사람들은 달리 생각할지 모르지만, 나는 우리의 직무가 설교를 마친 뒤에는 자기 의무를 다한 것처럼 편안하게 무릎 위에 손을 놓고 있어도 되는 것이라고는 생각하지 않는다."

그의 〈교리문답서〉는 단순히 신앙의 노선만을 묘사한 것이 아니라 국가법이 되어야 했다. 그래서 그는 제네바 시민들이 한 사람 한 사람 공개적으로 이 교리문답을 받아들이고, 그에 따르기로 맹세하는 일을 직권으로 강요해달라고 시의회에 요구했다. 시민들은 초등학생처럼 열 명씩

'장로長老'의 안내를 받아 교회에 가서는 오른손을 들고 장관이 낭독하는 맹세를 같이 해야만 했다. 이 맹세를 거부하는 사람은 곧바로 도시를 떠나라는 강제명령을 받았다. 이 요구는 매우 단호한 것이었다. 이때부터 종교문제에 관한 한 칼뱅의 요구와 견해에서 머리카락만큼만 벗어나도 제네바 성벽 안에서 살 수 없다는 뜻이었다.

루터가 요구한 "기독교인의 자유"는 제네바에서 끝이 났으며, 종교가 개인의 양심의 문제라는 생각도 종말을 고했다. 논리가 윤리를 지배하게 되었고, 문자가 종교개혁의 정신 위에 놓이게 되었다. 칼뱅이 이 도시에 발을 들여놓는 순간, 제네바에서는 어떤 형태의 자유도 끝나고 말았다. 이제 단 하나의 의지가 모든 사람의 의지 위에 놓이게 되었다.

모든 독재는 폭력 없이는 생각할 수도 유지할 수도 없다. 권력을 유지하려는 사람은 권력의 수단을 쥘 필요가 있다. 명령하는 사람은 형벌을 줄 권리도 함께 갖지 않으면 안 된다.

칼뱅의 임용조건에 따르면, 그에게는 교회의 위반사례에 대해서 추방명령을 내릴 권한이 없었다. 시의원들은 신자들에게 성서를 해석해주는 '성서 강사'를 초빙했을 뿐이었다. 즉 설교를 함으로써 신자들을 올바른 신앙으로 이끌 설교자를 초빙한 것이었다.

시의원들은 시민들의 법적·도덕적인 태도에 대해 형벌을 내릴 권한은 자신들의 재판권에 속한다고 잘못 생각하고 있었다. 루터도 츠빙글리도 다른 어떤 개혁지도자들도 그때까지 시 당국에 이러한 권한이나 권력을 요구한 적이 없었다.

그러나 천성이 권위적인 칼뱅은 시 당국을 자신의 명령과 지시를 실천하는 기관으로 격하시키기 위해 초인적인 의지를 쏟아부었다. 법적으로 그런 권한이 자신에게 주어지지 않았으므로, 그는 제명除名이라는 수단을 도입해서 그런 권한을 스스로 만들어냈다. 만찬이라는 종교적 신비를 천재적으로 이용해서 그것을 개인적인 권력과 압제의 수단으로 바꾸었던 것이다.

칼뱅파 설교자는 평소 도덕적인 태도에 아무런 문제가 없다고 생각되는 사람만을 '주님의 만찬'에 와도 좋다고 허용했다. 그러나 설교자의 만찬에 초대받지 못한 사람— 바로 여기에 이 무기의 힘이 실려 있다— 은 시민으로서도 끝장이 나버린다. 아무도 그와 이야기하거나 물건을 팔거나 사서는 안 되었다. 그럼으로써 종교적 관청이 이용하는 순전히 종교적인 조치가 곧바로 사회적인 조치로 바뀌고 사업상의 보이콧으로 바뀌었다. 그런데도 추방된 사람이 여전히 깨닫지 못하고 설교자가 요구하는 공적인 참회를 거부하면, 칼뱅은 그에게 추방을 명령했다. 칼뱅의 적대자는 비록 가장 존경받는 시민일지라도 제네바에서는 계속 살 수 없었다. 종교적으로 불만을 가진 사람은, 그때부터 시민으로서의 생존에도 심각한 위협을 받게 된다.

이 번개를 손에 든 칼뱅은 자기에게 저항하는 모든 사람들을 쓰러뜨릴 수 있었다. 단 한 번 대담하게 움켜쥐는 행동으로 그는 번개와 천둥을 손에 쥐게 되었다. 전에는 도시의 주교도 감히 가져보지 못한 무기였다. 가톨릭 교회에서는 점점 더 높은 곳으로 올라가는 끝없는 심급審級 과정을 거쳐야만 교인 한 명의 추방을 결정할 수 있었다. 가톨릭 교회의 파문은 초개인적인 행동으로, 어떤 개인의 독단적 판단으로는 이루어질 수 없었다.

권력의지를 추구하는 경우에는 대단히 합목적적이고 냉혹했던 칼뱅은, 그러나 이러한 추방권을 일상적인 일처럼 설교자들과 종교국에 넘겨주었다. 이 무시무시한 위협을 거의 규칙적인 형벌로 만들고, 테러의 효

과를 잘 계산하는 심리전문가로서 이 형벌에 대한 공포를 이용해서 자신의 개인적인 권한을 무한정 높였다.

시 당국은 아주 애를 써서 간신히 칼뱅이 요구한 대로 만찬을 한 달에 한 번이 아니라 일 년에 네 번으로 제한했다. 그러나 칼뱅은 이 강력한 무기를 다시는 자기 손에서 내놓지 않을 것이다. 그것을 가진 뒤에 그는 비로소 진짜 싸움을 시작할 수 있었다. 그것은 총체적인 권력을 얻기 위한 싸움이었다.

대개 어느 정도의 시간이 흐르고 나서야 한 국민은 독재체제의 일시적인 이점들, 그 엄격한 규율과 강화된 집단적 작용력이 언제나 개인의 권리들을 희생시키며, 모든 새로운 법칙은 예외 없이 과거의 자유를 대가로 지불한다는 사실을 알아차리게 된다.

제네바에서도 이제 서서히 이런 사실을 깨닫게 되었다. 시민들은 정직한 마음으로 종교개혁에 동의를 표시했다. 그들은 자발적으로 중앙 광장에 모여들어서 독자적인 인간으로서 손을 높이 쳐들고 새로운 신앙을 받아들였다. 하지만 이제는 형리의 감독 아래 있는 포로들처럼 열 명씩 짝을 지어 도시를 가로질러가서 교회에서 칼뱅의 21개 조항에 대해 맹세해야 한다는 사실에 공화주의적인 자존심이 몹시 상했다.

단지 한 잔의 포도주를 마시면서 즐겁게 노래했거나, 아니면 칼뱅이나 파렐의 눈에 너무 울긋불긋해 보이는 옷을 입었다는 이유만으로 새로운 설교자로부터 추방의 위협을 받으려고 엄격한 관습개혁에 동의한 것은 아니었다.

그리고 도대체 이토록 건방지게 구는 이 사람들은 누구인가 하고 시민들은 스스로 질문하기 시작했다. 그들은 제네바 시민인가? 이전부터 이곳에 정착해 살면서 이 도시의 위대함과 부를 함께 만들어온 사람들인가? 입증된 애국자들인가? 수백 년 전부터 최고 가문의 사람들과 연관되어 있는 사람들인가?

그렇지 않았다. 그들은 이웃나라 프랑스에서 방금 흘러들어온 망명자들에 불과했다. 그들을 친절하게 맞아들여서 방과 거처를 제공해주고 좋은 일자리도 마련해주었다. 그런데 이웃나라에서 온 관세징수인의 아들은 얼마 지나지 않아 자기 형제와 친척들을 이 따뜻한 보금자리로 불러들이더니, 이제는 이 땅에 뿌리박고 살아온 시민들에게 수치를 안겨주고 책망을 하는 것이다! 자신들이 고용한 이 망명자가 이제 와서 누구는 제네바에서 살아도 되고 누구는 안 되는지를 결정하고 있다니!

독재 초기에 자유로운 사람들이 아직 완전히 억압되지 않고, 독립적인 사람들이 모두 쫓겨나기 전까지는 언제나 저항이 어느 정도 뿌리를 가지는 법이다. 제네바에서 공화주의적인 생각을 가진 사람들은 '마치 거리의 도둑처럼' 야단맞을 생각은 조금도 없다고 공공연히 떠들었다. 몇몇 거리, 특히 알레망 거리에서는 맹세를 거부하자는 외침이 터져나왔다. 자신들은 맹세도 하지 않을 것이고, 이 떠돌이 프랑스 가난뱅이들의 명령에 따라 고향을 떠나지도 않겠노라고 투덜거렸다.

칼뱅은 자기에게 헌신적인 '작은 시의회'를 이용해서 실제로 맹세를 거부한 사람들에게 추방령을 내릴 수는 있었지만, 이 인기 없는 조치를 실제로 실행에 옮기지는 못했다. 그리고 새로운 선거의 결과가 드러나자 시 당국이 칼뱅의 독선을 거부하리라는 점이 분명해졌다. 무조건 그에게 충성하는 사람들은 1538년 시의회에서 열세가 되었다. 제네바에서 민주주의는 칼뱅의 권위적인 요구에 맞서 다시 한 번 스스로를 지킬 수 있었다.

인류는 위대한 편집광에게만 굴복한다

칼뱅은 지나칠 정도로 과격하게 앞으로 나아갔다. 정치적인 이념가들은 언제나 인간의 물질적 타성에 자리 잡고 있는 저항을 과소평가한다. 그들은 언제나 결정적인 변화가 정신적인 사색처럼 현실적으로도 재빨리 실현될 수 있다고 생각한다.

칼뱅이 세속의 관청을 장악하지 못하고 있는 동안에는 좀 더 온건하게 행동하는 게 현명했을 것이다. 아직까지는 그에게 유리한 형편이었기 때문이다. 새로 선출된 시의회도 그에게 조심성을 보이는 정도였지 적대감을 보인 것은 아니었다. 이 짧은 기간에는 가장 과격한 그의 적들도 칼뱅의 광신주의의 밑바탕에 절대 도덕의 의지가 깔려 있다는 사실을 인정하지 않을 수 없었다. 이 무시무시한 인간은 보잘것없는 명예욕을 탐하는 것이 아니라, 위대한 이념을 위해 일하고 있다는 사실을 말이다. 그의 전우인 파렐은 여전히 젊은이들의 우상이었다. 그러므로 칼뱅이 약간만 외교적인 영리함을 보이고, 사람들의 감정을 해치는 과격한 요구를 시민계급의 온건한 생각에 맞추기만 한다면 갈등은 쉽게 조정될 수도 있는 상황이었다.

그러나 바로 이 점에서 우리는 칼뱅의 고지식한 본성, 그의 강철 같은 완고함과 부딪히게 된다. 이 위대한 광신자는 일생 동안 부드러운 화해라는 것을 모르는 사람이었다. 칼뱅에게는 중간의 길이란 없었다. 단 하나의 길, 오직 자신의 길만이 있었다.

그는 전체가 아니면 아무것도 필요 없었고, 완전한 권위가 아니면 완전한 포기가 있을 뿐이었다. 그는 절대로 타협을 하지 않았다. 자기만 옳다는 확신은 그에게는 아주 선천적인 특성이어서, 자기 아닌 누군가 다른 사람이 그 나름으로 올바른 생각을 할 수도 있다는 사실을 전혀 상상도 할 수 없었다.

칼뱅에게는 자기만이 다른 사람을 가르칠 수 있고, 다른 사람은 자기에게 배워야 한다는 것이 하나의 공리公理로 되어 있었다. 정직하고 참된 확신에 넘쳐서 그는 이렇게 말하기도 했다.

"내가 가르치는 것을 나는 하나님에게서 얻는다. 이 사실이 나의 양심에 힘이 된다."

경악할 정도로 무서운 자기 확신으로, 그는 자신의 주장이 절대적 진리와 같다고 주장한다.

"하나님께서 내게 무엇이 옳고, 무엇이 그른지 판단할 은총을 내리셨다 Dieu m'a fait la grâce de déclarer ce qu'est bon et mauvais."

그리고 누군가 다른 사람이 자기 의견에 반대하는 의견을 감히 주장하기라도 하면, 자기 자신에 사로잡혀 있는 이 사람은 언제나 격분하곤 했다. 항의를 받으면, 칼뱅은 일종의 신경발작을 일으켜서 정신적 예민함이 육체로 전이되어 나타났다. 그는 위장이 뒤집혀서 담즙을 토했다. 상대방이 매우 침착하게 학술적으로 이의를 제기해도, 감히 다른 방식으로 생각하고 있다는 사실만으로 칼뱅에게는 이미 불구대천의 원수였다. 한 발 더 나아가 그런 사람은 세계의 원수이고 하나님의 원수로 여겼다. 자기를 위협하며 덤비는 뱀이고, 자기를 향해 짖어대는 개이며, 야수, 악당, 사탄의 종이었다. 사생활에서는 지나칠 정도로 절도를 지키는 이 사람이 자기 시대의 일급 인문주의자들과 신학자들을 이런 이름으로 불렀다.

누군가가 칼뱅에게 극히 학술적으로 반대를 하는 경우에도, 그가 '하나님의 종'을 모독함으로써 '하나님의 명예'를 모독했다고 했다. 누군가가 성 피에르 교회의 설교자인 칼뱅을, 개인적으로 지배욕이 강한 사람이라고 부르기만 해도 '하나님의 교회를 위협'한 것으로 간주했다. 누군가와 회견한다는 것은 오직 상대방이 자기 의견을 수긍하고 받아들인다는 것만을 뜻했다.

이 특별히 명석한 정신의 소유자는 일생 동안 단 한순간도 자기만이 하나님의 말씀을 해석할 권리, 자기만이 진리를 알 권리를 가지고 있다는 생각을 의심해본 적이 없었다. 그러나 바로 이 위대한 편집증, 곧 자기 자신에 대한 완고한 믿음과 예언자처럼 자기 안에 사로잡힌 상태 덕분에 칼뱅은 현실에서 견뎌낼 수 있었다. 그의 돌 같은 확고함, 강철같은 비인간적인 완고함이 그가 거둔 정치적 승리의 비밀이었다. 그토록 자기 자신에 사로잡히고, 그토록 지독하게 편협한 자기 확신이 한 남자를 세계 역사에 남을 지도자로 만들어냈다.

언제나 도발적인 인간에게 굴복하곤 하는 인류는, 단 한 번도 참을성 많고 공정한 사람에게 굴종한 적이 없었다. 오직 자신의 진리가 유일하게 가능한 진리이며, 자신의 의지가 세계 법칙의 기본 공식이라고 선포할 용기를 가진 위대한 편집광들에게만 인류는 굴종해왔다.

새로운 시의회의 다수파가 그에게 반대하면서 평화를 위해 이 거친 위협과 제명을 그만두고 베른 교회의 온건한 사상을 받아들이자고 공손하게 설득했지만 칼뱅은 조금도 흔들리지 않았다. 칼뱅처럼 완고한 인간은 자기가 단 한 치라도 양보해야 한다면 결코 평화를 받아들이지 않는다. 어떠한 타협도 그의 권위적인 천성으로는 불가능했.

시의회가 그에게 반대하는 순간, 모든 사람에게 절대적인 복종을 요구하는 그는 주저 없이 자신의 상급 관청에 대항하는 혁명가로 돌변해버렸다. 그는 강단에서 공개적으로 '작은 시의회'를 욕하고, 자신은 "주님의 성스러운 육체를 개들에게 던지기보다는 차라리 죽어버리겠다"고 공언했다. 다른 설교자는 교회에서 시의회를 "주정뱅이 집합소"라고 불렀다. 칼뱅의 추종자 무리는 바윗덩이처럼 꿈쩍도 않고 당국에 저항했다.

시 당국은 그토록 도전적인 목사들의 거부를 참을 수 없었다. 당국은 우선 정치적인 목적을 위해 설교단을 남용해서는 안 될 뿐더러, 오직 하나님의 말씀만을 가르치라고 분명하게 지시를 내렸다.

그러나 칼뱅과 그 일파는 이런 당국의 명령을 무시해버렸기 때문에 이제 남은 길은 설교자들이 강단에 서는 것을 금지하는 것밖에 없었다. 그들 중에 가장 대담했던 쿠르토Courtauld가 공공연히 폭동을 선동한 죄로 체포됨으로써 마침내 교회 권력과 세속 권력 사이에 공개적인 전쟁이 선포되기에 이르렀다.

칼뱅은 이 싸움을 당당하게 받아들였다. 그는 추종자들에 둘러싸여 성 피에르 교회로 들어가서 금지된 강단에 올라섰다. 추종자들과 적대자들이 칼을 들고 교회로 밀려 들어왔다. 한쪽은 금지된 설교를 하기 위해, 다른 한쪽은 그것을 막기 위해서였다. 끔찍한 소동이 벌어지고, 거의 피의 부활절이 될 지경에까지 이르렀다.

이제 시 당국의 인내심은 바닥에 이르렀다. 당국은 최고심급기관인 200인 위원회를 소집했다. 그리고 시 당국의 명령을 일부러 무시한 칼뱅과 고용된 목사들을 해임할 것인지 의결에 부쳤다. 압도적인 다수가 해임에 찬성했다. 반란을 일으킨 목사들은 직위에서 해제되고 사흘 안에 도시를 떠나라는 선고를 받았다. 칼뱅이 지난 18개월 동안 이 도시의 수많은 시민들을 위협했던 추방의 벌이 바로 자신에게 내려진 것이다.

칼뱅의 1차 제네바 기습은 실패로 돌아간 셈이었다. 그러나 독재자의 인생에서 그 정도의 후퇴는 아무런 위험도 아니다. 오히려 처음에 그렇게 극적인 패배를 겪는 것이 무한한 권력에 오르는 최종적인 도약을 위해서는 거의 필수적인 일이다.

위대한 세계 혁명가들에게 망명, 투옥, 추방은 절대로 인기를 깎아내리는 것이 아니라, 오히려 언제나 인기를 올려주었다. 대중의 우상이 되기 위해서는 우선 순교자가 되어야 한다. 증오스런 체제에 쫓기는 것이야말로, 한 지도자에게는 훗날에 거둘 결정적인 큰 승리의 영적인 전제조건이 된다. 온갖 종류의 감각적인 시련을 겪음으로써 장래 지도자의 후광이 민중에 의해 신비로운 경지로 드높여지기 때문이다.

위대한 정치가에게 때로는 뒤로 물러서는 것보다 더 중요한 일은 없다. 이렇게 눈에 보이지 않게 사라짐으로써 그는 전설적인 인물이 된다. 명성이 구름처럼 영광스럽게 그를 감싸게 된다. 그가 돌아오면, 자신은 아무것도 하지 않고 있던 사이에 분위기가 형성되어 백 배나 높아진 기대를 보게 된다.

역사상 거의 모든 민족 영웅들은, 망명을 통해 자기 국민으로부터 가장 강력한 감정의 힘을 얻었다. 카이사르는 갈리아에, 나폴레옹은 이집트에, 가리발디는 남아메리카에, 레닌은 우랄에 머무는 동안 부재不在를 통해 오히려 자기 자리에 있었던 것보다 훨씬 더 강해졌다. 칼뱅의 경우도 그랬다.

물론 쫓겨나는 순간에 칼뱅은 끝장난 사람으로 보였다. 그의 조직은 파괴되었고, 그의 사업은 완전히 실패했으며, 그의 업적 중 어느 것도 남지 않았다. 남은 것이라곤 광신적인 질서 의지에 대한 기억과 여남은 명의 믿을 만한 친구들뿐이었다. 그러나 위험한 순간에 타협하지 않고 분명하게 물러선 모든 정치가와 마찬가지로, 적대자들과 후임자들의 실수가 그를 도왔다.

시 당국은 강력한 칼뱅과 파렐을 대신할 고분고분한 설교자 몇 명을 힘들게 찾아냈다. 그들은 강력한 조치로 인해 사람들의 미움을 살까봐 두려워서 고삐를 단단히 틀어쥐지 않고 오히려 땅바닥에 내려놓았다. 그러자 그들의 지도 아래서 칼뱅이 그토록 열성적으로 시작한 제네바의 개신교 건설은 곧바로 정체 상태에 빠져들었다. 신앙문제에 대한 불확실성이 시민들을 사로잡게 되자, 쫓겨난 가톨릭 교회 측은 서서히 용기를 되찾고 똑똑한 중재자를 내세워 제네바를 다시 교황 편으로 돌려놓기 위해 노력했다.

상황이 점점 더 힘들어졌다. 칼뱅을 지나치게 단호하고 엄격하다고 생각했던 개신교도들은 점점 불안해져서, 강철 같은 기율이 이렇게 위협적인 무질서보다는 낫지 않을까 하고 생각하기 시작했다. 점점 더 많은 시민들이, 심지어는 이전의 적들마저도 쫓겨난 사람을 다시 불러오기를 바랐다. 마침내 당국은 시민들의 의지에 굴복하지 않을 수 없었다.

칼뱅에게 보낸 최초의 사절들과 편지들은 아직 조심스럽고 나직한 권유일 뿐이다. 그러나 그것은 점점 공개적이고 절박한 것으로 변했다. 초대가 애걸로 바뀌었다. 시의회는 이제 칼뱅 '씨Mosieur'가 아니라 '스승Maitre'이신 칼뱅님께 제발 돌아와서 도와주십사 하는 편지를 써 보냈다. 어찌할 바를 모르게 된 시의원들은 마침내 무릎을 꿇고 '좋은 형제이며 유일한 친구'에게 다시 설교자의 직분을 맡아달라고 간청했다. 그리고 이런 약속을 덧붙였다.

"당신이 만족할 수 있도록 행동하겠습니다."

칼뱅이 소인배이고 싸구려 승리로 만족하는 사람이었다면, 그는 이러한 명예회복 정도로 만족하고 2년 전에 자신을 그토록 경멸하면서 내쫓은 도시로 되돌아갔을 것이다. 그러나 전부를 원하는 사람은 절대로 어중간한 것에 만족하지 못하는 법이다. 칼뱅은 이 거룩한 사업에서 개인적인 허영이 아닌 권위의 승리를 얻으려 했다. 그는 두 번 다시 자신의 사업을 어떤 관헌에 의해서 방해받고 싶지 않았다. 그가 돌아간다면 제네바에서는 단 하나의 의지, 곧 자신의 의지만이 타당한 것이 되어야 했다.

정복자 칼뱅

제네바시가 스스로 완전히 두 손을 묶은 채 그에게 모든 것을 위임하고, 복종하기로 선언할 때까지 칼뱅은 승낙하지 않았다. 전략적으로 과장된 혐오감을 보이면서 그는 오랫동안이나 이런 절실한 제안을 물리쳤다. "이전의 고통스럽던 싸움을 다시 시작하기보다는 차라리 죽어버리겠다"고 그는 파렐에게 썼다. 그는 이전의 적대자들에게 한 걸음도 양보하지 않았다. 마침내 시 당국이 무릎을 꿇고 그에게 돌아와달라고 간청했을 때 그의 가장 가까운 벗인 파렐마저 초조해져서 그에게 이렇게 써 보냈다.

"자네는 돌들까지도 나서서 자네를 부르기를 바라고 있는가?"

그러나 칼뱅은 제네바시가 무조건 항복할 때까지 버텼다. 그들이 자신의 교리문답과, 이미 요구한 '계율discipline'을 그대로 지키겠다고 맹세하고 난 다음에야, 그리고 의회가 스트라스부르시와 그 시민들에게 편지를 보내서 그곳에선 없어도 되는 이 사람을 제발 자기들에게 보내달라고 간청을 한 뒤에, 제네바시가 칼뱅 개인이 아닌 전 세계가 지켜보는 앞에서 그에게 무릎을 꿇은 다음에야 비로소 그는 승낙하고 마침내 새로운 권리로 가득 채워진 옛날의 직책을 받아들이겠다고 동의했다.

1541년 제네바에 재입성한 칼뱅

패배한 도시가 정복자에게 하는 태도로 제네바시는 칼뱅의 입성을 준비했다. 그의 불쾌감을 진정시키기 위해 생각해낼 수 있는 모든 일이 행해졌다. 옛날의 엄격한 칙령들이 다시 발동되었다. 자신의 종교적인 명령들이 벌써 시행되고 있다는 것을 칼뱅이 알 수 있도록 작은 시의회는 그를 위해 정원이 딸린 거처를 구하고, 필요한 가재도구를 장만해두었다. 특히 성 피에르 교회의 강단은 그가 설교하기에 편하고, 그의 모습이 모든 사람들에게 더 잘 보이도록 개조되었다. 명예가 뒤를 이었다. 칼뱅이 스트라스부르시를 출발하기도 전에 특사가 파견되어 그에게 제네바시의 인사를 미리 전했다. 그리고 제네바 시민들이 그 가족의 이사 경비를 지불했다.

칼뱅의 권력 장악 59

9월 13일, 마침내 여행 마차가 코르나뱅 성문으로 다가왔다. 그러자 수많은 사람들이 몰려들어서 환호성을 지르며 돌아오는 사람을 성문 안으로 맞아들였다. 칼뱅은 이제 양처럼 부드럽고 온순한 도시를 장악했다. 그는 다시는 이 도시를 떠나지 않고, 그것을 자기 사상의 예술품으로 만들 것이다. 이 순간부터 칼뱅과 제네바, 정신과 형식, 창조자와 그 피조물은 다시는 떼려야 뗄 수 없게 되었다.

제2장
자유를 질식시킨 광신주의

성서정치

펄럭이는 검은색 수도복을 입은 깡마르고 냉혹한 남자가 코르나뱅 성문을 통과해 들어서는 순간, 모든 시대에 걸쳐서 가장 중요한 실험 하나가 시작되었다. 수많은 생명세포들로 숨을 쉬는 국가를 딱딱한 기계장치로 변화시키고, 온갖 감정과 생각들을 가진 국민을 단 하나의 체제로 변환시키는 실험이었다. 하나의 이념 아래 전 국민을 완전히 획일화시킨다는, 유럽에서는 처음으로 이루어진 시도였다.

악마적인 진지함과 위대한 체계의 완전한 구상으로 칼뱅은 제네바를 지상 최초의 하나님의 나라로 만든다는 대담한 계획을 향해 나아갔다. 지상의 천박함이 없는 공동체, 모든 부패와 무질서, 악습과 죄악이 없는 사회, 참다운 새 예루살렘, 이곳에서 전 지구의 구원이 시작되어야 한다. 이제 이 유일한 이념이 그의 삶이 되고, 그의 삶은 다시금 이 유일한 이념에만 봉사하게 된다.

이 숭고한 유토피아의 이념으로 무장한 강철 같은 이념의 인간은 그것을 무섭도록 진지하고 정직하게 생각했다. 25년간 정신적 독재를 펼치면서 칼뱅은 사람들에게서 가차 없이 모든 개인적 자유를 빼앗는 것이 그들을 보호하는 것이라는 생각을 단 한 번도 의심해본 적이 없었다. 이 경건한 폭군은 참을 수 없을 정도로 지나친 온갖 요구들을 하면서 자신은 오직 사람들에게 참되게 살라고, 다시 말해서 하나님의 의지와 뜻에 따라서 살라고 요구했을 뿐이라고 믿었다.

그것은 사실상 매우 단순하고 반박의 여지없이 분명한 말처럼 들린다. 그러나 이러한 하나님의 의지를 어떻게 인식할 수 있는가? 하나님의 지시를 어디서 찾을 수 있는가?

칼뱅은 복음서에서만 찾을 수 있다고 대답했다. 영원히 살아 있는 그 문서에만 하나님의 뜻과 말씀이 살아 있다. 이 성스러운 복음서들은 우연히 우리에게 전해진 것이 아니었다. 하나님은 사람들이 계율을 분명하게 알아보고 마음에 간직하도록 전통을 말씀으로 붙잡아놓으셨다. 이 복음서는 교회보다 먼저 있었으며 교회 위에 놓여 있고, 복음서 저편이나 복음서 바깥에는 어떠한 진리도 없다. 그러므로 진정한 기독교 국가에서는 '성서의 말씀'을 관습과 생각과 신념과 정의와 생명의 유일한 원칙으로 받아들여야 한다. 그것은 모든 지혜와 모든 정의로움과 모든 진실의 책이기 때문이다. 칼뱅은 성서가 시작과 끝이며, 모든 일은 항상 이 기록된 말씀에 근거해서 결정되어야 한다고 믿었다.

이렇게 성서의 말씀을 지상의 모든 태도에 대한 최종 심판관으로 삼았다는 점에서 칼뱅은 종교개혁 최초의 그 유명한 요구를 되풀이하는 셈이었다. 그러나 칼뱅은 종교개혁을 넘어서서 무서운 한 걸음을 내디뎠고, 심지어는 처음의 사고방식에서 완전히 멀어져버리고 말았다.

종교개혁은 처음에는 영적·종교적인 자유운동으로 시작되었다. 그것은 모든 사람의 손에 복음서를 자유롭게 돌려주기 위한 것이었다. 로마 교황과 공의회 대신 개인적 확신을 선택했다. 그런데 칼뱅은 루터가 도입한 '기독교도의 자유'라는 이념을 다른 모든 형식의 정신적 자유처럼 사람들에게서 가차 없이 빼앗아버렸다. 그는 자신이 하나님의 말씀을 아주 분명하게 본다고 생각했다. 그래서 그는 다른 사람이 하나님의 말씀을 계속 해석하는 일을 폭군처럼 막아버렸다. 돌로 된 기둥들이 대성당을 떠받치고 있듯이, 이제 교회가 더 이상 동요하지 않기 위해서 하나님의 말씀이 '멈추어 서야' 한다고 여겼다. 결실을 얻은 말씀이 계속 성장하는 진리로 작용하면서 변화해서는 안 되고, 칼뱅 자신이 해석한 바에 따라 영원히 옳은 것으로 고정되어야 한다고 생각했다.

칼뱅의 이러한 요구에 부응하여 교황 정교 대신 새로운 개신교 정교가 생겨났다. 그리고 이 새로운 형식의 교조적인 독재를 가리켜 "성서정치Bibliokratie"라고 부른 것은 옳았다.

이제 이 유일한 책이 제네바의 주인이자 재판관이 되었다. 하나님은 입법자이고, 설교자는 유일하게 부름 받은 법 해석자가 되었다. 칼뱅은 모세 성서의 의미에서 '심판자'가 된 것이다. 그리고 그는 왕과 국민이 항거할 수 없는 힘을 갖게 되었다. 시 당국과 시민권이 아니라 오직 종교국의 성서 해석만이 무엇이 허용되고 무엇이 금지된 것인지를 판정하게 되었다. 그러니 이러한 강압에 대해서 개별적으로 항거하는 자여, 벌 받으리라! 이제 목사들의 독재에 항거하는 사람은 하나님에 대항하여 소동을 일으킨 자로 낙인찍힐 것이다. 그리고 성서에 주석을 붙였다가는 피로써 갚아야 할 날이 곧이어 오게 된다.

자유운동에서 출발한 교조적 강압정치는 다른 어떤 전통적인 힘보다도 더욱 냉혹하고 엄격하게 자유의 이념에 반대했다. 혁명을 통해 통치권을 얻은 사람들은 훗날 새로운 사상을 가장 참지 못하는 사람들이 되는 것이다.

광신적 주지주의자 칼뱅의 초상

모든 독재정치는 하나의 이념에서 시작한다. 그러나 모든 이념은 그것을 실현하는 인간에게서 비로소 형태와 색깔을 얻게 된다. 그러므로 정신적 창조물인 칼뱅의 교리는 그 창조자의 모습과 비슷해질 수밖에 없다.

그의 얼굴 모습을 한번 바라보라. 그러면 이 교리가 이전의 어떤 기독교 해석보다 더욱 냉혹하고 불친절하고 기쁨을 모르는 것임을 알 수 있을 것이다. 칼뱅의 얼굴은 알프스 산맥의 석회암 지형과 닮았다. 저 고독하게 동떨어져 있는 바위의 모습, 그 말없는 폐쇄성 속에는 신神이 깃들 수 있을 뿐, 인간적인 그 어떤 것도 자리 잡을 수 없는 모습이다.

선의도 위안도 나이도 보이지 않는 이 금욕주의자의 얼굴에는, 삶을 풍성하고 충만하고 즐겁게 꽃피우고 따뜻하고 감각적으로 만드는 모든 것이 결핍되어 있다. 깡마르고 기다란 타원형 얼굴에 깃든 어떠한 모습도 모두 딱딱하고 추악하고 역겹고 조화가 없다. 좁고 엄격한 이마, 그 아래로 밤을 샌 듯한 두 개의 깊은 눈이 석탄처럼 이글거리고, 날카로운 매부리코는 움푹 꺼진 두 뺨 사이에 지배욕에 불타는 모습으로 높이 솟아 있고, 단도로 자른 듯한 좁은 입술은 아주 드물게만 웃음 지었을 것이 분명하다.

깊이 가라앉은, 메마른 잿빛 피부에 따뜻한 살색은 조금도 보이지 않는다. 내면의 불길이 흡혈귀처럼 뺨에 있는 핏기를 다 빨아먹은 듯, 두 뺨은 주름지고 병들고 창백하다. 이 두 뺨이 격렬한 분노의 불길로 활활 타오르는 데에는 몇 초도 걸리지 않을 것이다. 길게 흩날리는 예언자 수염이 이 성마르고 누런 얼굴에 남자다운 힘의 모습을 주려고 하지만 헛일이다. 이 수염도 생기나 풍만감은 없다. 그것은 하나님처럼 강력한 모습으로 내려뜨려지지 못하고 얇은 다발을 이루며 암벽에 돋아난 빈약한 관목더미 같다.

자기 자신의 정신에 의해서 타버리고 소모되어버린 열렬한 설교자, 칼뱅은 그런 모습으로 그려져 있다. 너무나 지치고 너무나 긴장되고 자신의 열의로 인해 소모되어가는 이 인간에 대해 동정심이 느껴질 정도이

피에르 보에리오Pierre Woeiriot의 칼뱅 초상

다. 그러나 아래로 내려가다가 문득 그의 손을 보고는 깜짝 놀라게 된 다. 탐욕스러운 인간의 손처럼 끔찍한 모습이다. 바싹 야위고 살집도 색 깔도 없는 손, 차갑고 뼈마디가 불거져나온 손, 독수리 발톱처럼 한 번 거머쥔 것은 강하고 욕심스러운 뼈마디로 꽉 움켜쥘 것 같은 손, 한 번 이라도 부드럽게 꽃을 어루만지고 여인의 따뜻한 육체를 애무했으리라

자유를 질식시킨 광신주의 67

고는 생각되지 않는, 친구를 향해 명랑하고 다정한 마음으로 내밀었을 것 같지 않은 이 앙상한 손. 그것은 분노한 사람의 손이며, 그 손만 보고도 칼뱅이 일생 동안 지녔던 지배하고 감독하는 위대하고 잔인한 힘을 짐작하게 된다.

칼뱅의 얼굴에는 빛도 없고, 기쁨도 없다. 얼마나 고독하고 거부하는 얼굴인가! 냉혹한 요구와 경고만 하는 이 사람의 그림을 누군가가 자기 방의 벽에 붙여놓고 싶어 했으리라고는 도저히 생각되지 않는다. 그랬다가는 코에서 나오는 숨결이 싸늘하게 식어버리고, 무슨 일을 하든지 모든 인간 중에서 가장 기쁨을 모르는 사람이 눈뜨고 지켜보는 것을 느끼게 될 것이다.

가장 먼저 칼뱅을 그렸던 사람으로는 에스파냐의 종교화가인 수르바란Francisco de Zurbaran, 1598~1664을 생각할 수 있다. 금욕자와 은둔자를 묘사한 에스파냐식 광신의 방식으로, 칼뱅이 어두운 동굴 속에서 세상과 등지고 살면서 언제나 앞에는 책을 펴놓고, 고작해야 해골 아니면 정신적·영적 삶의 상징인 십자가를 앞에 놓고 있는 모습을 말이다. 사방에는 차갑고 어둡고 가까이할 수 없는 고독이 깔려 있을 뿐이다. 인간적으로 접근이 불가능한 이 존경의 공간이 일생 동안 칼뱅의 주위를 얼어붙게 만들었다.

아주 이른 청년기부터 그는 언제나 검은색 옷만을 입었다. 좁은 이마 위에는, 절반은 수사들이 쓰는 두건이며 절반은 병사들의 방풍두건 노릇을 하는 성직자용 검은 베레모를 쓰고, 발목까지 오는 넓은 관복을 입었는데, 그것은 사람들을 가차 없이 벌주는 재판관의 옷인 동시에 사람들의 죄와 약점을 치료해야 할 의사의 옷이기도 했다.

그는 진지함과 죽음과 무자비의 색깔인 검은색 옷만을 입었다. 칼뱅은 자신의 직위를 나타내는 옷 이외의 다른 모습은 거의 보이지 않았다. 오직 하나님의 종으로서, 의무 복장을 한 채로만 사람들 앞에 나서고 사람들의 두려움을 불러일으키려 했을 뿐, 인간이나 형제로서 사랑받으려고 하지 않았다.

세상에 대해서 가혹했듯이 그는 자기 자신에게도 가혹했다. 일생 동안 자신의 육체를 엄격한 계율 아래 가두었고, 정신적인 것을 위해 최소한의 식사와 휴식만을 육체에 허용했다. 고작해야 서너 시간 잠을 자고 하루에 단 한 번의 검소한 식사, 이것도 옆에 책을 펴놓고 재빨리 해치웠다. 단 한 번도 산책을 하거나 놀거나 기쁨을 맛보거나 긴장을 푼 적이 없으며, 단 한 번도 진짜 쾌락을 추구해본 적이 없었다. 칼뱅은 정신적인 것에 광적으로 헌신하면서 활동하고 생각하고 글 쓰고 일하고 싸웠을 뿐이며, 스스로의 삶은 단 한 시간도 살지 않았다.

감각성에서 완전히 벗어난 이런 태도는, 영원히 젊음 없는 모습과 함께 칼뱅의 가장 특징적인 본질이다. 그 자신이 스스로의 가르침에 대해 가장 위험한 존재였다는 것은 놀라운 일이 아니다.

다른 개혁자들은, 하나님의 손에서 삶의 모든 선물을 감사하면서 받아들일 때 하나님을 가장 충실하게 섬기는 것이라고 믿었다. 그들은 극히 건강한 정상인으로서 자신의 건강과 쾌락을 기뻐했다. 츠빙글리는 처음 목사로 일하면서 곧바로 사생아를 낳았고, 루터는 웃으면서 이런 말을 한 적도 있다.

"마누라가 싫다고 하면 하녀가 있지."

그들은 잘 먹고 마시고 잘 웃었다. 그러나 칼뱅에게는 모든 감각적인 것이 완전히 억압되거나, 아니면 오직 어둠 속에서만 이루어졌다. 광신적인 주지주의자主知主義者로서 그는 완전히 말씀과 정신으로만 살았다. 논리적으로 명료한 것만이 그에게 참된 것이며, 올바른 것만을 이해하고 견디었고 정상에서 벗어난 것은 한 번도 참아본 적이 없었다. 이 광신적이고 무미건조한 인물은 여자나 예술처럼 취하게 만드는 그 어떤 것으로도, 하나님께서 지상에 내린 어떤 선물로도 기쁨을 찾거나 누려본 적이 없었다.

단 한 번 그는 성서의 말씀대로 살기 위해 아내를 얻으려고 한 적이 있었다. 그러나 구혼은 우스꽝스러울 정도로 사무적이고 냉랭해서 마치 책을 주문하거나 새 베레모를 주문하는 것만 같았다. 칼뱅은 자기 주위를 한번 살펴보지도 않고 친구들에게 자기에게 맞는 신부감을 구해달라고 부탁했다. 이 감각의 적대자는 행실 나쁜 어떤 소녀와 거의 결혼할 뻔하기도 했다. 그러다가 자신이 개종시킨 어떤 재세례파 교도의 미망인과 결혼하기는 했지만, 행복해지거나 남을 행복하게 하는 일이 그에게는 운명적으로 거부되어 있었다.

그의 아내가 낳은 단 한 명의 아기 ─ 당연한 일이라고 말하고 싶어진다. 이토록 창백한 피, 이토록 차디찬 감각에서 나온 아이니까 말이다 ─ 도 살아남지 못하고 태어난 지 며칠 만에 죽었다. 곧이어 아내가 죽고 홀아비가 되자, 이 서른여섯 살 된 남자는 그것으로 결혼은 물론 여자와도 영원히 끝난 것으로 여겼다.

죽을 때까지, 그러니까 건장한 남자로서 20년 동안이나 이 자발적인 금욕주의자는 다시는 여자를 건드리지 않고 오직 정신적인 것, 종교적인 것, 그리고 '가르침'에만 몰두했다.

그러나 인간의 육체도 정신과 마찬가지로 기를 활짝 펼치려는 욕구를 갖는다. 그리고 육체를 유린하는 사람은 반드시 끔찍한 대가를 치러야만 한다. 이승의 육체에 깃든 모든 기관은 본능적으로 본래의 자연적인 감각대로 살기를 바란다. 피는 때때로 더욱 거칠게 솟구치려 하고, 심장은 더욱 뜨겁게 방망이질치고, 허파는 환호하려 하며, 근육은 움직이고 싶어 하고, 정액은 방출되고 싶어 한다. 이 모든 생명의 의지를 지성知性으로 끊임없이 방해하고 맞선다면, 마침내 신체기관들도 그 의지에 거역하게 된다.

칼뱅의 육체는 자신을 가둔 주인에게 아주 무섭게 복수했다. 마치 자신들이 존재하지 않는 것처럼 대우한 이 금욕자에게 맞서 신체기관들은 그 존재를 증명해 보였다. 신경은 이 폭군을 상대로 끊임없는 고통을 만들어냈다. 아마 다른 어떤 정신적인 인간도 칼뱅만큼 신체의 반란 때문에 일생 동안 고통받은 사람도 없을 것이다. 새로운 질병이 끊임없이 신체를 괴롭혔다. 칼뱅의 거의 모든 편지가 놀라운 질병들의 새로운 기습을 알리고 있다. 하루 종일 침대에 누워 있게 만드는 편두통, 그러고 나면 위통, 두통, 치질, 산통疝痛, 감기, 신경발작, 각혈, 담석증, 부스럼, 간헐열, 오한, 류머티즘, 방광염 등이었다. 의사들은 잠들지 못한 채 지속적으로 그의 곁을 지켜야 했다. 이 부서지기 쉬운 육체에 깃든 어떤 기관도 그에게 악의적인 고통과 반란을 일으키지 않은 것이 없었기 때문이다. 칼뱅은 신음하면서 한번은 이렇게 썼다.

"내 건강은 계속적인 죽음과 비슷하다."

그러나 이 남자는 다음과 같은 좌우명을 가지고 있었다.

'절망의 깊은 곳에서 더욱 커진 힘으로 솟구쳐 나가자.'

모든 것의 심판자

칼뱅의 악마적이고 정신적인 에너지는 단 한순간도 일에서 벗어나지 않았다. 끊임없이 육체의 방해를 받으면서 언제나 칼뱅은 거듭 자신의 육체에게 정신의 우위를 입증해 보였다. 열 때문에 강단에 오를 수 없을 때에는 들것에 실려 가서 들것에서 설교를 했다. 시의회에 참석할 수 없을 때에는 시의원들이 집으로 찾아와 그의 충고를 듣고 돌아갔다. 열에 들떠서 침대에 누운 채 덜덜 떠는 몸 위에 담요를 너덧 장이나 덮고 있을 때면 두세 명의 조수가 옆에 붙어 앉아서 그가 불러주는 말을 번갈아가며 받아 적었다.

맑은 공기를 쐬러 하루쯤 근처에 영지를 갖고 있는 친구를 방문하러 가면 마차에 비서들이 따라갔고, 그곳에 도착하자마자 심부름꾼들이 곧바로 제네바시를 들락거렸다. 그러면 그는 다시 펜을 들고 일을 시작했다. 칼뱅이 활동하지 않는 순간이란 생각할 수도 없었다. 이 악마 같은 근면성 때문에 칼뱅은 일생 동안 단 한 번도 진짜로 쉬어본 적이 없었다. 집들은 아직 잠들어 있고, 날이 채 밝기도 전에 샤누아네 거리에 있는 그의 작업실에는 벌써 불빛이 환했다. 자정이 훨씬 지나서 모두들 잠자리에 든 다음에도 그의 창가에는 꺼질 줄 모르는 불빛이 비치고 있었다.

그의 작업량은 도저히 믿을 수 없을 정도였다. 마치 서너 개의 뇌를 가지고 동시에 작업하는 것 같았다. 끊임없이 앓았던 이 병자는 네 개나 다섯 개의 직무를 동시에 수행했다. 원래 그의 직업인 성 피에르 교회의 설교자는 여러 직위 중 하나에 불과했다. 그의 히스테리성 권력욕은 수많은 직위들을 자기에게 끌어왔다. 그가 교회에서 행한 설교들만 해도 인쇄된 책의 형태로 책장 하나를 가득 채울 정도로, 베껴 쓰는 사람이 그것을 베끼는 데만 일생이 걸릴 분량이었다. 그러나 이 설교들은 그의 전체 작업 중 작은 일부일 뿐이었다.

그는 자기 없이는 아무런 결정도 내리지 못하는 종교국의 의장이었고,

수많은 논쟁적인 신학책들을 썼으며, 성서를 번역하였고, 대학과 신학교를 창설하였고, 시의회 상설 고문관, 종교전쟁의 정치적 사령관, 그리고 개신교의 최고 외교관이며 조직자로서 이 '성스런 말씀의 인간'은 신정국가의 모든 장관직을 한 몸에 갖고 있었다.

그는 프랑스, 스코틀랜드, 잉글랜드, 네덜란드에서 찾아오는 설교자들의 보고서를 검토하고 외국선전을 지휘했다. 서적 인쇄업자와 유통업자들을 통해서 전 세계에 뻗친 비밀정보망을 만들었다. 다른 개신교 지도자들과 논쟁하고 영주나 외교관들과 협상했다. 매일 외국에서 방문객들이 찾아왔다. 어떤 학생이나 젊은 신학자도 그에게서 충고를 구하거나 방문하지 않고 제네바를 지나쳐 가는 사람이 없었다.

칼뱅의 집은 마치 우체국처럼 모든 국사와 개인사를 위한 정보제공 장소였다. 그는 언젠가 한번은 한숨을 쉬면서 재직기간 동안 두 시간도 방해받지 않고 있어본 적이 없는 것 같다고 회고했다.

헝가리와 폴란드 같이 먼 나라에서도 매일 심복들의 편지가 왔다. 동시에 목사로서의 임무를 수행하면서 도움을 요청하는 무수한 사람들을 개인적으로 보살펴야 했다. 이민자가 이곳에 정착해서 가족을 데려오려고 하면 칼뱅은 돈을 모아서 그들을 위한 숙소와 생계를 마련하도록 도와주었다. 이쪽에서는 누군가가 결혼하려 하고, 저쪽에서는 이혼하려고 했다. 양쪽 길이 다 칼뱅에게 통했다. 제네바의 어떤 종교적 사건도 그의 동의나 충고 없이는 이루어질 수 없었다.

이런 독재의 즐거움이 그 자신의 나라인 종교의 영역에만 한정되었더라면 얼마나 좋았을까……. 칼뱅 같은 사람에게는 권력의 한계라는 것이 없다. 그는 신권정치가로서 지상의 모든 일을 하나님과 정신에 종속시키려 들었다.

그는 자신의 냉혹한 손길을 도시의 모든 일 위로 뻗쳤다. 의회기록에서 "이 문제는 칼뱅 선생님께 문의할 것"이라는 기록이 나오지 않는 날이 거의 없다. 언제나 깨어 있는 그의 눈길은 어느 것 하나 소홀히 하는 법이 없었고, 어느 것 하나 그냥 넘어가는 법이 없었다. 그러므로 이 끊임없이 활동하는 두뇌에 경탄하지 않을 수 없다. 그와 같은 정신의 금욕주의는 동시에 무서운 위험이기도 하다.

완전히 개인적인 삶의 기쁨을 포기한 사람은 (스스로 선택했지만) 이런 포기를 다른 모든 사람에게도 적용할 법칙과 규범으로 만들고, 자기에게 자연스럽게 여겨지는 일들을 다른 모든 사람에게 억지로 강요하려 들기 때문이다. 로베스피에르Robespierre, 1758~1794[1])의 경우가 말해주듯이, 금욕주의자는 폭군 중에서도 가장 위험한 유형이다. 스스로 인간적인 것을 즐겁고 풍부하게 함께 맛보지 않는 사람은 타인에 대해서도 비인간적이기 때문이다.

규율과 엄격함이 칼뱅 교의의 기초가 된다. 칼뱅의 생각에 따르면, 인간에게는 절대로 두 눈을 똑바로 뜨고 밝은 양심으로 이 세상을 돌아다닐 권리가 없다. 인간은 끊임없이 '주님의 공포' 속에 머물러 있어야 하고, 겸손하게 몸을 굽히고 자신이 구원받을 길 없이 부족하다는 감정 속에서 부서져가야 할 존재인 것이다.

처음부터 칼뱅의 청교도 도덕은, 명랑하고 근심 없는 즐거움을 '죄악'의 개념과 같은 것으로 보았다. 우리 지상의 존재가 장식적이고 활발한 모습으로 만들어낸 모든 것, 영혼을 행복하고 느긋하게 만들고 승화시키고 구원하고 가볍게 만들어주려는 모든 것 — 무엇보다도 예술 — 을 공

---

1) 프랑스 혁명기의 정치가. 자코뱅당의 지도자로 왕정을 폐지하고, 1793년 6월 독재체제를 수립하여 공포정치를 행하였으나 1794년 테르미도르의 쿠데타로 타도되어 처형당했다.

허한 여유로 여겨서 엄금했다.

칼뱅은 아주 오랜 옛날부터 신화적이고 제식적인 것과 결부되어 있는 종교의 영역 안으로 자신의 이념적인 실용성을 도입했다. 감각을 몰두하게 하는 것, 감정을 부드럽고 공허하게 달래는 모든 것은 예외 없이 교회와 예배 의식에서 사라졌다. 신자는 인공적으로 흥분시킨 영혼으로 하나님께 나가서는 안 되며, 달콤한 향 연기로 몽롱해지거나 음악에 도취되어서 하나님께 나가서도 안 되었다. 이른바 경건한—실제로는 방탕한—그림과 조각상들의 아름다움에 유혹되어서도 안 되었다. 그러므로 이 모든 '우상숭배'와 그림과 조각상들은 교회에서 물러나라! 색깔 있는 법복들도 사라지고, 주님의 책상에서 미사 책들과 감실도 없어져라—하나님은 사치가 필요 없다.

이 모든 향락적인 영혼의 마비여, 사라져라. 예배 도중에 음악도 오르간 연주도 필요 없다! 심지어는 종소리도 제네바에서 없어져야 한다. 진정한 신자라면, 죽은 청동 소리가 의무를 기억나게 만들지 않아도 된다. 경건함은 외적인 것을 통해 유지되는 것이 아니며, 제물이나 기부금을 통해서 유지되는 것도 아니다. 오직 내적인 복종심만으로 경건함이 유지된다. 그러므로 모든 고위직과 의식들도 교회에서 없어져라. 모든 상징과 책략들도 사라져라. 장엄한 축제도 이제는 끝이다!

칼뱅은 달력에서 축제일들을 단번에 지워버렸다. 로마의 지하묘지에서도 경축되었던 부활절과 성탄절 축제가 없어지고, 성자들의 날은 지워지고 오래된 관습들도 금지되었다. 칼뱅의 하나님은 축제도 바라지 않고 사랑받기도 원치 않으며, 언제나 두려워하기만을 바랐다. 인간이 오직 두려움으로 멀리서 하나님께 봉사하지 않고, 감히 황홀경과 충만감으로 덤비는 것은 주제넘은 짓이었다.

이것은 칼뱅의 가치전환의 가장 깊은 의미이다. 즉 신적인 것을 세계보다 가능한 한 높이기 위해 칼뱅은 지상의 것을 무한히 낮추었다. 하나님의 이념에 가장 완전한 품위를 부여하기 위해 그는 인간의 이념에서 권리와 품위를 빼앗아버렸다.

인간을 싫어하는 이 개혁자는 인간의 모습에서 버릇없는 구제불능성 죄인의 무리만을 보았다. 그리고 수도사의 원한과 혐오감으로 그는 일생 동안 수많은 원천에서 흘러나오는 이 세상의 즐거움에 대해 분노를 느꼈다. 이토록 불완전하고 이토록 부도덕하고 끊임없이 죄의 유혹을 받고, 하나님의 일을 깨닫지 못하고 끊임없이 죄에 빠지도록 피조물을 만드신 하나님의 결정이란 얼마나 알 수 없는 일인가, 하고 칼뱅은 언제나 거듭 탄식했다.

동료 인간들을 바라볼 때마다 그는 전율에 사로잡혔다. 위대한 종교의 창설자가 이토록 비참하게 인간을 깊이 타락한 존재로 몰아붙인 적은 아마 없을 것이다. "길들여지지 않는 사나운 동물"이며, 게다가 "쓰레기"라고까지 불렀다. 그는 《기독교 강요》에서 이렇게 쓰고 있다.

"인간의 자연스러운 재능들만을 본다면 두개골부터 발끝에 이르기까지 인간에게서 아주 작은 선善의 흔적조차도 찾아낼 수 없다. 인간에게서 아직 칭찬할 만한 것은 하나님의 은총에서 오는 것이다.……우리의 모든 정의는 불의요, 우리의 모든 공덕은 쓰레기이며, 우리의 명성은 수치다. 우리에게서 나오는 가장 좋은 것들은 육체의 불순함을 통해 오염되고 죄악이 되며 더러움만을 키운다."

철학적인 의미에서 인간을 그토록 실패하고 잘못된 하나님의 작품으로 보는 사람은, 당연히 신학자·정치가로서도 그런 괴물에게 하나님이 가장 하찮은 자유라도 허용했다고 인정할 리가 없다. 그래서 이토록 타락하고 생명력 자체가 오염된 존재는 미성년자 취급을 받는 것이 마땅하다고 생각한다. 왜냐하면 '인간에게 맡겨두면 그의 영혼은 오직 악을 행할 능력만을 가지기' 때문이다.

하나님과 지상세계의 관계를 자기 개성대로 형성할 권리가 있다고 생각하는 아담의 아들의 방자함을 완전히 없애버려야 한다. 이 고집을 냉혹하게 꺾어버릴수록, 인간을 복종하게 만들고 조종할수록 인간에게는 더 좋은 것이다. 자유는 안 된다! 인간은 자유를 항상 잘못 사용하기 때문이다. 하나님의 위대함 앞에 폭력을 써서라도 인간을 작게 만들자! 인간을 오만함에서 벗어나게 하고 인간이 저항 없이 경건하고 순종하는 양떼에 섞이도록 만들자. 모든 특이한 것이 일반적인 질서 안에 흔적도 없이 녹아들도록, 개성이 대중 속에 녹아들도록 하자!

교회계율과 도덕경찰관

공동체를 만들기 위해 그토록 가혹하게 개성의 권리를 빼앗고, 개체성을 파괴적으로 약탈한 칼뱅은 특별한 방법을 도입했다. 그 유명한 〈교회계율〉을 도입한 것이다. 오늘날까지도 계율을 위해 이보다 더 가혹한 고삐를 인류는 경험하지 못했다. 첫 순간부터 이 천재적인 조직자는 자신의 '양떼', 자신의 '공동체'를 법조문과 금기사항이라는 철망—이른바〈훈령〉이라는 것이다—으로 죄었다. 그리고 칼뱅은 이 도덕적인 테러가 제대로 시행되고 있는지 감시할 조직체를 만들었다. '종교국'이 그것이다. 그 임무는 '하나님을 순수하게 예배하도록 공동체를 감시하는 것'으로서 대단히 이중적인 의미를 가진다.

이 도덕감시기관은 종교생활에만 영향력을 미치는 것처럼 보이지만, 그것은 겉으로만 그랬다. 칼뱅의 전체주의 국가관으로 보면, 세속적인 일들도 세계관과 완전히 결합되어 있기 때문에 이제부터는 극히 개인적인 생활 영역도 자동적으로 종교국의 감독 아래 놓이게 되었다. 종교국의 형리인 '장로'들에게는 '모든 개인의 생활을 감독'할 의무가 주어졌다. 어떤 것도 그들의 감시에서 벗어날 수 없었고, 내뱉은 말뿐만 아니라 의견과 관점들도 감시되어야 했다.

그와 같은 종합적인 감독체제가 도입된 그날부터 제네바에서 개인의 사생활이란 없어졌다. 칼뱅은 어디로든 고소나 고발을 하도록 밀정과 감시인을 보내곤 하던 가톨릭 종교재판 당국을 단번에 추월해버렸다. 모든 인간은 끊임없이 악을 행하려 한다는 칼뱅의 세계관에 따라 제네바에서는 누구든지 미리부터 죄악의 혐의를 받고 항상 감시받게 되었다.

칼뱅이 돌아온 후로는 모든 집들의 대문이 활짝 열려 있고 벽들도 모두 유리로 만든 것처럼 되었다. 밤낮을 가리지 않고 아무 때나 누군가가 문을 두드려서 열어보면 도덕경찰관이 '방문'하러 온 것이다. 어떤 시민도 그를 거절할 수 없었다. 부유한 사람이나 가난한 사람이나, 신분이 높은 사람이나 낮은 사람이나 한 달에 한 번은 이 직업적인 도덕경찰관에게 상세한 이야기를 해야만 했다. 여러 시간 동안이나 — 〈훈령〉에 보면 '충분히 조사하기 위하여 시간을 넉넉하게 가질 것'이라고 규정되어 있다 — 이미 모든 것을 겪은 기품 있고 머리가 허옇게 센 원로들도 초등학생처럼 검사를 받아야 했다. 기도문을 잘 외우고 있는지, 아니면 왜 칼뱅의 설교에 오지 않았는지 따위를 검사받았다.

이 방문이 이런 교리문답만으로 끝나지는 않았다. 이 도덕경찰관은 모든 것을 감시하게 되어 있었기 때문이다. 경찰관은 여자들의 옷을 살펴

보고 너무 길거나 짧지는 않은지, 지나치게 주름을 많이 잡지는 않았는지, 위험스럽게 파이지는 않았는지를 검사했다. 또 여자들이 머리를 너무 인공적으로 틀어올리지는 않았는지 검사하고, 손가락에는 반지를 몇 개나 꼈는지, 신발장에는 구두가 몇 켤레나 있는지 세어보았다. 화장실에서 부엌으로 넘어가서는 수프나 고기조각을 검사해서 허락된 요리 이외의 것을 먹었는지, 혹은 어디에 맛있는 주전부리나 잼을 감추어 두지는 않았는지를 검사했다.

그러고도 이 경건한 도덕경찰관은 집안을 돌아다니면서 모든 것을 샅샅이 검사했다. 책장에 종교국의 검인이 붙지 않은 책이 있는지 검사하고, 선반을 훑으면서 성화나 묵주가 감추어져 있는지 검사했다. 하인들에게는 주인에 대해서, 아이들에게는 부모에 대해서 물었다. 그리고 거리로 나가면 누가 밖에서 세속적인 노래를 부르거나 연주하지는 않는지, 즐거움이라는 악에 빠져 있지 않은지 감시했다

이제부터 제네바에서는 모든 즐거움, 모든 '방탕'에 대해서 끊임없이 감시받게 되었다. 그리고 어떤 시민이 일 끝난 다음에 주점에서 포도주를 한잔 마시거나 주사위놀이나 카드놀이를 하다가 들키기라도 하면? 아, 불쌍한 일이었다!

매일같이 이 인간사냥은 계속되었고, 도덕경찰관은 일요일에도 쉬지 않았다. 모든 거리를 돌면서 문마다 두드리고 어떤 게으름뱅이가 칼뱅의 설교에 참석하지 않고 아직도 침대에 누워 있지는 않은지 확인했다. 교회에서도 다른 감시자들이 기다리고 있다가 누가 교회에 너무 늦는지, 누가 교회를 너무 일찍 나서는지 감시했다.

이 도덕경찰관들은 어디서든 쉬지 않고 일했다. 저녁이면 론 강변의 어두운 정자들을 훑어보면서 죄 많은 한 쌍이 달콤한 사랑에 빠져 있

지는 않은지 살펴보고, 숙박업소마다 돌면서 외국인들의 침대와 가방을 뒤졌다. 그들은 제네바에서 나가거나 제네바로 들어오는 모든 편지들을 검사했다. 제네바의 도시 성벽에서 멀리 떨어진 곳에서도 잘 조직된 종교국의 감시는 계속되었다.

여행마차나 배, 혹은 외국의 시장이나 이웃도시의 여인숙이나 어디에든 돈 받은 감시자들이 앉아 있었다. 불만을 품은 사람이 리옹이나 파리에서 말한 것도 빠짐없이 보고되었다. 이것만 해도 이미 참을 수 없는 일이었지만, 더욱 참을 수 없는 것은 돈을 받거나 직위를 가진 이런 도덕 경찰관들 말고 그렇지 않은 사람들까지도 이 감시의 대열에 끼어들었다는 사실이다.

금지, 금지, 금지!

국가가 시민들을 테러 상태에 잡아두면, 자발적인 밀고라는 역겨운 식물이 번성하기 마련이다. 다른 사람을 고발하는 것이 원칙적으로 허용되어 있고, 심지어 바람직한 것으로 여겨지는 곳에서는 평소에 올바르게 살던 사람들까지도 두려움으로 인해 남을 밀고하게 된다. 자신이 '하나님의 명예에 위반되는 일을 했다'는 혐의를 받지 않기 위해 모든 시민이 다른 시민을 감시하고 흘겨보았다. '두려움에서 나온 열성'이 모든 고발자들을 초조하게 몰아갔다.

그리고 몇 년이 지나자 벌써 종교국은 모든 것을 감시할 수 있게 되었다. 모든 시민들이 자발적으로 감시자로 나섰기 때문이다. 밤이나 낮이나 밀고의 물결이 흘러넘쳐서 종교 재판이라는 물레방아가 끊임없이 돌아갔다.

하나님의 계율을 하나도 어겨서는 안 된다는, 이렇듯 끊임없는 도덕적 테러 아래서 삶을 즐겁고 살 만한 것으로 만들어주는 모든 것이 금지되었으니 사람들의 느낌은 어떠했을까?

연극, 오락, 민속축제, 춤, 온갖 형태의 유희가 금지되었다. 심지어 스케이트처럼 전혀 해롭지 않은 스포츠마저 칼뱅의 의심을 불러일으켰다. 극히 조심스럽고 거의 수도사 같은 의상 말고는 모든 것이 금지되었고, 시 당국의 허락 없이 재단사들이 새로운 디자인을 만들어내는 일이 금지되었다. 열다섯 살 이전의 소녀들은 비단으로 된 의례복, 열다섯 살 이후의 소녀들은 벨벳으로 된 의례복을 입는 것이 금지되었고, 금실 은실로 수를 놓은 옷, 금실 끈, 금단추, 금장식고리가 달린 옷, 또 금이나 장신구가 달린 모든 옷이 금지되었다.

남자들에게는 긴 가르마 타는 것이 금지되고, 여자들에게는 머리를 틀어올리거나 곱슬거리게 만드는 것이 금지되었고, 레이스 달린 모자와 장갑, 주름, 홈이 파인 신발이 금지되었다. 가마와 마차의 사용이 금지되었다. 스무 명 넘는 사람이 모여서 가족축제를 벌이는 것과, 세례식과 약혼식에서 일정한 가짓수 이상의 요리나 설탕에 절인 과일 같은 음식물의 제공이 금지되었다. 이 나라의 붉은 포도주 이외의 포도주를 마시는 것이 금지되었고, 축배가 금지되었으며, 사냥한 짐승과 날짐승 고기와 파이가 금지되었다.

부부 사이에는 결혼식에서 혹은 결혼식이 끝나고 6개월이 지난 다음에 서로 선물하는 것이 금지되었다. 물론 혼외의 교제는 일체 금지되었다. 약혼자들도 예외가 아니었다. 그 지역 사람들은 여관에 발을 들여놓는 것이 금지되었다. 여관 주인에게는 이방인이 기도문을 외우기 전에 음식이나 마실 것을 제공하는 것이 금지되었고, 그 외에도 자기 손님들을 감시할 의무가 주어져 있어서 모든 의심스런 말이나 태도를 '꾸준히' 지켜보아야 했다. 허락 없이 책을 인쇄하거나 외국으로 편지를 써 보내는 것도 금지, 온갖 형태의 예술 금지, 성화와 조각상들 금지, 음악도 금지였다.

경건한 찬송가를 부를 경우에도 〈훈령〉은 이렇게 규정짓고 있다. 멜로디에 관심을 기울이지 않고 말씀의 정신과 뜻에만 정신을 집중하도록 세심하게 주의를 기울여야 한다. '하나님은 살아 있는 말씀으로만 찬양'해야 하기 때문이다.

이제는 자유로운 시민들이 아이들의 세례명을 마음대로 고르는 일도 금지되었다. 수백 년 전부터 친숙해진 클로드나 아마데 같은 이름은 성서에 없다는 이유로 금지되고, 이삭이나 아담 같은 성서의 이름이 강요되었다. 주기도문을 라틴어로 외우거나 부활절이나 성탄절 같은 축제일을 축하하는 것도 금지되었고, 잿빛의 무미건조한 일상생활을 깨뜨리는 일체의 축제행위, 인쇄 혹은 말로써 정신적 자유의 그림자라도 보이는 행위도 물론 금지되었다. 그리고 칼뱅의 독재에 대한 비판―모든 범죄 중에서 가장 무거운 범죄였다― 이 금지되었다. '공공 사건에 대해 현재의 결정과 다르게 이야기하는 것'도 분명한 언어로 금지되었다.

금지, 금지, 금지, 무시무시한 리듬이었다. 당황해서 속으로 이렇게 물어 보게 된다. 이 모든 일이 금지되었다면, 제네바 시민들에게 허락된 것은 과연 무엇일까? 별로 없었다. 살고 죽는 일, 일하고 복종하고 교회에 가는 일이 허락되었다. 아니 이렇게 말하는 것이 낫겠다. 이 마지막 조항은 허락되었다기보다는 법으로 엄격하게 권장되었다. 시민이 자기 교구 안에서 일요일에 두 번, 주중에 세 번의 설교, 그리고 아이들을 위한 성경공부에 참석하지 않았다가는 큰일이 나기 때문이다.

  주일날에도 강제의 속박은 조금도 느슨해지지 않았다. 의무, 의무, 의무의 순환이 끊임없이 계속되었다. 일상의 빵을 위한 힘든 근무를 하고 난 다음에는 하나님께 봉사해야 했다. 주중에는 일을 위해서, 일요일은 교회를 위해서 보내야 했다. 그렇게 해야만 인간의 내면에 있는 사탄이 숨을 쉬지 못한다는 것이다. 물론 그와 함께 모든 자유와 삶의 기쁨도 함께 사라졌다.

테러는 독재의 영원한 법칙

그렇다면 어떻게 수백 년 동안 헬베티아[2] 공화국의 자유 속에 살아온 공화도시가 그런 사보나롤라식 독재를 견딜 수 있었을까 하고 놀라서 묻게 된다. 그때까지는 오직 남쪽의 명랑한 국민만이 그런 일을 겪어왔다. 어떻게 단 한 명의 지성적인 금욕주의자가 수천수만 명의 삶에서 즐거움을 그토록 완벽하게 유린할 수 있는가?

  칼뱅의 비밀은 새로운 것이 아니었다. 모든 독재의 영원한 법칙, 즉 테러에 의해서 가능한 것이었다. 이 점에 기만당해서는 안 된다. 그 무엇을 보고도 물러서지 않으며, 모든 인문주의를 허약한 것이라고 비웃는 무시무시한 폭력의 힘이었다.

  체계적으로 구성되고, 독재적으로 자행되는 국가 테러는 개인의 의지를 마비시킨다. 그것은 모든 공동체를 해체하고 뒤집어엎는다. 소모성 질

---

2) 스위스의 옛 이름.

환처럼 그런 테러의 힘은 영혼 속으로 스며들고— 이것이 궁극적인 비밀이다— 일반적인 비겁함을 자신의 조수로 삼는다. 모든 개인은 스스로 의심받는다고 느끼기 때문에 다른 사람을 의심하고, 두려움에 떠는 사람들은 두려움으로 인해 폭군의 명령과 금지를 미리 앞서서 행하기까지 한다.

조직화된 공포정치는 언제나 기적을 이루어낼 수 있다. 그리고 자신의 권위에 대한 일이라면 칼뱅은 이런 기적을 현실로 만드는 일도 꺼리지 않았다. 가차 없다는 점에서는 그 어떤 정신적인 독재자도 그를 능가할 수 없다. 그러나 이러한 가차 없다는 특성— 칼뱅의 모든 특성들이 그렇듯이— 이 그의 이념의 소산이라고 해서 용서받을 수 있는 것은 아니다.

이 정신의 인간, 신경의 인간, 지적인 인간은 개인적으로는 분명히 피에 대해 극단적인 혐오감을 가졌다. 그리고 (스스로도 고백했듯이) 잔혹성을 견딜 능력이 그에게는 없었다. 그는 제네바에서 자행되던 고문이나 화형의 그 어느 자리에도 참석할 수 없을 정도였다. 그러나 스스로는 단 한 번의 처형을 구경하거나 집행할 정도의 신경도 가지지 못한 사람— 이 점에서도 로베스피에르와 같은 유형이다— 이 자신의 '이념', 이론, 체계에 의해 보호받고 있다고 느끼기만 하면, 곧장 수백 명의 사람들에게 그런 판결을 내린다는 점, 이것이야말로 언제나 이론가들의 가장 고약한 잘못이다.

모든 '죄인'에 대해 냉혹하고 동정심이 없는 것을 칼뱅은 자신의 체계에서 가장 상위의 규칙으로 여겼다. 그리고 이 체계를 쉼 없이 실행하는 것이 하나님이 자신에게 부여한 의무라고 확신했다. 그럼으로써 그는 자기 본성에 대항해 스스로 엄격하고, 자신의 본성을 가혹하게 체계적으로 바꾸어나가는 것을 의무로 여겼다. 그는 고귀한 기술을 연마하듯이 자신을 단련시켰다.

"나는 보편적인 악덕과 싸우기 위해 엄격성을 연마했다."

물론 이 강철 같은 의지의 인간은 이러한 악의를 향한 자기훈련에서도 끔찍할 정도로 성공했다. 그는 단 한 명의 죄인이 하나님의 심판에서 벗어나는 것보다는 차라리 죄 없는 많은 사람이 벌 받는 쪽을 택하겠다고 고백했다. 언젠가 수많은 처형 중에서 한 번은 형리가 미숙했던 탓에 원하던 고통에 도달하는 시간이 오래 걸리자, 칼뱅은 파렐에게 이렇게 사과했다.

"선고받은 죄인들이 그렇게 오래도록 고통당한 것은 하나님의 특별한 뜻이 없이는 절대로 일어날 수 없는 일입니다."

'하나님의 명예'를 위한 일이라면 너무 온화한 것보다는 차라리 지나치게 냉혹한 쪽이 낫다고 칼뱅은 주장했다. 계속적인 형벌을 통해서만 도덕적인 품성이 생겨날 수 있는 것이므로……. 용서하지 않는 기독교, 항상 '경의를 표해야 하는' 하나님에 대한 생각을 중세적인 방식으로 실현하는 것이 얼마나 치명적일까를 생각하기는 어렵지 않다.

칼뱅이 통치한 처음 5년 동안에 비교적 작은 이 도시에서 열세 명이 교수대에 매달리고, 열 명의 목이 잘리고, 서른다섯 명이 화형당하고, 일흔여섯 명이 추방당했다. 테러를 피해서 제때 도망친 사람의 수를 포함하지 않은 것이 그 정도이다. 그리하여 이 '새로운 예루살렘'에 있는 감방마다 죄수들로 가득 차서 드디어는 간수장이 시 당국에 단 한 명의 죄수도 더 받을 수 없다고 통보하기에 이르렀다.

선고받은 사람뿐만 아니라 단순히 혐의만 받고 있는 사람에게도 너무나 잔인한 고문이 행해졌기 때문에 고발된 사람들은 고문실로 끌려가기보다는 차라리 스스로 목숨을 끊을 정도였다. '그와 같은 사건을 방지하기 위해' 마침내 시의회는 죄수들은 밤낮으로 손뼉을 쳐야 한다는 규정을 만들어야만 했다.

그러나 그와 같은 참변을 중지시켜야 한다는 칼뱅 자신의 말은 단 한 번도 듣지 못했다. 오히려 그의 분명한 권고에 따라 심문할 때에 나사로 엄지손가락을 조이는 고문과 밧줄로 잡아당기는 고문 외에 발바닥을 불로 지지는 고문까지 더해졌다. 이 도시가 '질서'와 '계율'을 위해 지불한 대가는 무시무시한 것이었다. 칼뱅이 하나님의 이름을 내걸고 지배하던 시기보다 더 많은 사형집행과 형벌, 고문, 추방 등을 제네바시는 겪은 적이 없었다. 프랑스의 작가인 발자크Balzac, 1597~1654는, 칼뱅의 종교적 테러가 프랑스 혁명의 피의 축제보다 오히려 더욱 잔혹했다고 올바르게 지적했다.

"칼뱅의 분노한 편협성은 로베스피에르의 정치적 편협성보다 더욱 폐쇄적이고 잔인했다. 칼뱅에게 제네바보다 더 큰 활동 공간이 맡겨졌더라면 그는 정치적 평등의 사도(로베스피에르)보다 훨씬 더 많은 피를 흘렸을 것이다."

그렇지만 칼뱅은 이 야만적인 사형집행을 통해 제네바 사람들의 자유로운 감정을 파괴하지는 못했다. 그것을 갈가리 찢어 없애는 일은 체계적인 학대와 일상적인 협박을 통해 이루어졌다. 칼뱅의 〈교회계율〉이라는 것이 얼마나 하찮은 것들을 규정하고 있는가를 보면 정말 우스꽝스럽다. 그러나 이 방법의 교묘함을 얕보아서는 안 된다. 칼뱅은 의도적으로 금지의 그물망을 그토록 올망졸망하게 엮은 것이다. 그물 사이로 빠져나가는 일을 아예 불가능하게 만들기 위해서였다.

그는 일부러 온갖 하찮은 일들에 대해서 금지령을 내렸다. 모든 개인이 끊임없이 죄를 진 것처럼 느끼고, 전능하고 모든 것을 다 아시는 절대자에 대한 두려움을 영구히 지속시키기 위해서였다. 사람들의 일상적인 길 양쪽에 마름쇠를 많이 꽂아둘수록 사람들은 자유롭고 꼿꼿하게 걸어가기가 어려워진다. 그리고 종교국은 제네바에서 근심 없이 숨 쉬는 것도 죄악이라고 규정했기 때문에 곧 안전하다고 느끼는 일은 불가능해졌다. 이러한 위협의 방식이 얼마나 교묘한 것인지 알려면 의회 기록을 한 번 들춰보기만 하면 된다.

어떤 시민이 세례식에서 웃음 지었다 : 사흘간 감방신세. 어떤 사람은 여름철 더위에 지쳐서 설교 시간에 잠들었다 : 감방. 노동자들이 아침식사에 파이를 먹었다 : 사흘간 물과 빵만 먹을 것. 두 명의 시민이 구주희九柱戲 놀이를 했다 : 감방. 다른 두 명은 포도주 1/4 병을 걸고 주사위 노름을 했다 : 감방. 어떤 남자가 자기 아들에게 아브라함이라는 이름붙이기를 거절했다 : 감방. 눈먼 바이올린 연주자가 춤곡을 연주했다 : 도시에서 추방. 어떤 사람이 카스텔리오의 성서 번역을 칭찬했다 : 도시에서 추방. 어떤 소녀는 스케이트를 타다가 붙잡혔다. 어떤 부인이 남편의 무덤에 몸을 던졌다. 어떤 시민이 예배 도중에 옆 사람에게 한 줌의 담배를 주었다 : 종교국에 출두하여 경고를 받고 참회할 것.

이런 보고가 끝도 없이 이어진다.

동방박사 축제일(1월 6일)에 즐거워진 사람들이 케이크에 콩을 박았다 : 24시간 동안 물과 빵만 먹을 것. 어떤 시민이 '칼뱅 선생님'이라고 부르지 않고, '칼뱅씨'라고 불렀다. 몇 명의 농부들은 오래된 관습대로 예배가 끝난 다음에 사업 이야기를 했다 : 감방. 감방, 감방으로! 어떤 남자는 카드놀이를 했다 : 카드를 목에 걸고 기둥에 묶어둘 것. 어떤 사람은 길거리에서 노래를 불렀다 : '밖에 나가서 노래할 것'이라는 지시를 받았다. 이 말은 도시에서 추방한다는 뜻이었다. 두 명의 뱃사람이 싸움질을 했으나 사람은 죽지 않았다 : 교수형. 세 명의 소년이 서로 외설스러운 짓을 했다 : 처음에는 화형 선고를 받았지만, 은사를 받아서 불타는 장작더미 앞에 서 있도록 할 것.

칼뱅이 정치적·종교적으로 오류를 범하지 않는다는 믿음에 대해 약간이라도 의심을 했다가는 물론 가장 잔혹한 형벌을 받았다. 칼뱅의 예정설에 대해 공공연히 반대 발언을 한 어떤 남자는 도시의 모든 교차로에서 피가 날 때까지 채찍질을 당하고 난 뒤에 화형당했다. 술에 취해 칼뱅을 욕한 어떤 출판업자는 불타는 쇠꼬챙이로 혀를 찔린 다음 도시에서 추방당했다. 자크 그뤼에Jacques Gruet, ?~1547[3]는 칼뱅을 위선자라고 불렀다는 이유만으로 고문받고 처형당했다.

가장 하찮은 잘못이라도 상세하게 종교국의 문서에 기록되었다. 모든 개인의 사생활은 끊임없이 자료화되었다. 칼뱅의 도덕경찰은 칼뱅만큼이나 망각이나 용서를 몰랐다.

그와 같이 언제나 깨어서 활동하는 테러는 개인과 대중의 내면적인 품위와 힘을 파괴하지 않을 수 없다. 어떤 국가에서 모든 시민이 끊임없이 질문받고 조사받고 선고받을 대기 상태에 있어야 한다면, 언제나 모

---

[3] 칼뱅 시대의 무신론자·자유사상가. 모든 법률은 신이나 칼뱅이 아닌 인간을 위한 것이 되어야 하며, 개인의 자유가 보다 폭넓게 보장되어야 한다고 주장했다. 익명으로 칼뱅과 그의 〈교회계율〉을 비판하는 벽보를 붙였다는 이유로 당국의 조사를 받았으며, 그 과정에서 칼뱅을 "위선자"로 묘사했다는 기록이 발견되어 한 달 동안 고문을 받은 후에 참수형에 처해졌다.

든 행동과 말을 지켜보고 있는 보이지 않는 밀정의 눈길을 의식하고 있어야 한다면, 그리고 밤낮으로 예기치 않은 순간에 대문을 두드리는 '방문심사'를 위해 문을 열어주어야 한다면, 점차 신경은 예민해지고, 대중 공포 상태가 생겨나서 가장 용감한 사람도 감염되고 만다. 모든 자기 주장과 의지는 마비되고, 이러한 계율체계 덕분에, 이런 〈교회계율〉 덕분에 제네바시는 진짜로 칼뱅이 계획한 대로 되어버렸다. 즉 하나님을 두려워하고, 수줍게 깨어 있으면서 아무런 저항도 없는 단 하나의 의지, 곧 칼뱅의 의지에 복종하는 상태가 된 것이다.

잿빛 그림자의 도시

이렇게 〈교회계율〉을 실시한 지 몇 년 지나지 않아서 제네바시는 변하기 시작했다. 한때는 자유롭고 유쾌하던 도시 위로 잿빛 그림자가 드리워졌다. 다채로운 색상의 의상들은 사라지고 빛깔은 꺼졌으며, 종탑에서는 더 이상 종이 울리지 않았고, 즐거운 노랫소리도 거리에서 사라졌다. 칼뱅의 교회처럼 모든 집에서 장식이 없어지고 무미건조해졌다. 바이올린이 춤곡을 연주하지 않게 된 이후로 주점들은 황폐해지고, 구주희 기둥들은 헛간에 처박혔으며, 주사위는 테이블 위에서 가볍게 굴러가지 않게 되었다. 무도장들은 텅텅 비었다. 전에는 사랑에 빠진 남녀가 산책을 하던 어두운 가로수 길에는 사람이 보이지 않았다. 일요일이면 아무런 장식도 없는 교회당에 진지하고 말없는 사람들이 모여들어서 예배를 올렸다.

  도시는 엄격하고 무뚝뚝한 얼굴, 곧 칼뱅의 얼굴과 같아졌다. 모든 주민들도 두려움에서 혹은 자신도 모르는 사이에 적응해서 그의 엄격한 태도와 어두운 폐쇄성을 갖게 되었다. 그들은 이제 가볍고 느긋하게 걷지 않았으며, 눈길은 따뜻해 보이지 않았고, 두려움 때문에 감성을 향한 마음의 문도 닫았다. 그들은 절대로 즐거워 보이지 않는 어두운 남자를 두려워해서 솔직한 태도를 잃었다. 가장 친근한 공간에서도 그들은 말하지 않고 속삭이는 버릇이 생겼다. 문 뒤에서 하인과 하녀들이 엿듣고 있었고, 만성이 되어버린 공포심 때문에 어디서든 눈에 보이지 않는 밀정이 바로 등 뒤에 있다고 느끼게 되었기 때문이다.

그저 눈에 띄지만 말자! 의상이나 너무 서두르는 말이나 흥겨운 얼굴 따위로 남의 눈에 띄지 않도록 하자! 그저 의심만 받지 말고, 그저 사람들이 자신을 잊게 만들자!

제네바 사람들은 집안에 머물기를 좋아하게 되었다. 집안에서는 빗장과 벽이 어느 정도까지는 엿보는 눈길을 막아주고, 의심받지 않도록 보호해주었기 때문이다. 그러나 우연히 종교국 사람이 거리를 내려오는 모습을 보면 그들은 창백해져서 창문에서 물러서곤 했다. 이웃사람이 자기들을 고발하거나, 아니면 자기들에 대해서 나쁜 말을 했을지도 모르잖아?

거리로 나가야 할 때에는 말없이 고개를 숙이고 검은 외투에 얼굴을 파묻고는 마치 교회에 가거나 장례식에 가는 듯한 태도를 취했다. 아이들도 이 엄격한 계율 속에서 '기도시간'에 참석했고, 큰 소리로 명랑하게 뛰어놀지도 않았다. 그들도 보이지 않는 타격이 두려운 듯이 몸을 낮추었다. 그들은 햇빛 속이 아니라 차디찬 어둠 속에서 연약한 꽃을 피우는 식물처럼 수줍게 자라났다.

시계처럼 규칙적으로, 축제일이나 공휴일에도 전혀 쉬지 않고, 이 도시의 슬프고 싸늘한 똑딱 소리는 단조롭고 질서정연하게 계속되었다. 낯선 사람이 제네바로 들어오면, 이 도시는 상중喪中이라고 생각할 정도였다. 그 정도로 사람들은 우울하고 차가운 눈길을 보냈으며, 거리는 조용하고 즐거움이 없었으며, 가위 눌린 듯한 분위기에 뒤덮여 있었다.

기율과 〈교회계율〉, 그것은 물론 놀라운 것이었다. 그러나 칼뱅이 도시에 부여한 이 엄격한 절도와 통제는, 언제나 넘치는 여유에서만 생겨나는 온갖 신성한 힘들을 잃어버리게 만든다는 측량할 수 없는 대가를 지불해야만 했다. 제네바는 경건하고 하나님을 두려워하는 시민, 부지런한 신학자, 진지한 학자들을 수없이 많이 배출했다고 자랑할 수 있겠지만, 칼뱅이 죽은 지 200년이 지나도록 세계적인 명성을 얻은 단 한 명의 화가나 음악가, 예술가를 배출하지 못했다. 평범한 것을 위해 평범하지 않은 것을 희생시키고, 모순 없는 노예근성을 위해 창조적인 자유를 희생시킨 것이다.

마침내 한 명의 예술가가 이 도시에서 태어났을 때, 그의 일생은 오로지 개성의 유린에 대한 투쟁으로 일관된다. 얽매이지 않은 시민, 장 자크 루소Jean Jacques Rousseau, 1712~1778[4])에 이르러서야 비로소 제네바는 칼뱅에게 빼앗긴 자유를 완전히 되찾게 된다.

---

4) 프랑스의 계몽사상가. 이성 중심의 사상을 허물고 낭만주의의 탄생에 공헌하였으며, 자유가 보편적인 동경의 대상이라고 역설하면서 자연의 아름다움을 찬미했다. 그의 개혁 사상은 당시 예술에 혁신을 가져왔고, 사람들의 생활방식과 교육에도 많은 영향을 미쳤다. 프랑스 혁명에서 그의 자유민권사상은 혁명지도자들의 사상적 지주가 되었으며, 19세기 프랑스 낭만주의 문학의 선구자 역할을 하였다. 저서로《인간불평등 기원론》《사회계약론》등이 있다.

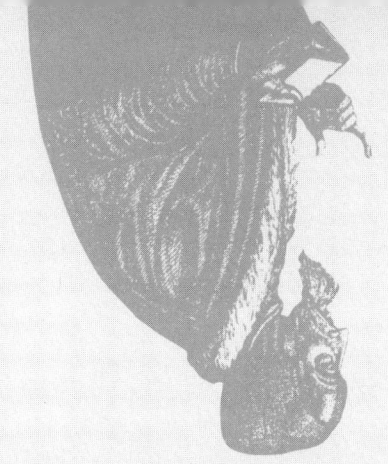

제3장
자유와 양심의 수호자

독재자의 가면을 벗긴 페스트

독재자를 두려워한다는 것은, 결코 그를 사랑한다는 뜻이 아니다. 그리고 테러에 대해 외면적으로 굴복하는 사람은 오랫동안 자신이 옳다고 생각하지 못한다. 물론 칼뱅이 돌아온 처음 몇 달 동안 시민과 관청들은 한목소리로 그에 대해서 경탄했다. 모든 당파들이 오직 한 개의 당파만 있는 듯이 그의 편에 섰다. 처음에 대부분의 사람들은 하나로 합치된다는 도취감에 빠졌다. 그러나 곧 제정신이 돌아왔다. 물론 질서를 위해 칼뱅을 불러온 모든 사람들은 이 끔찍한 독재자가 〈교회계율〉이 자리를 잡기만 하면 초도덕적인 엄격주의를 조금은 약화시키려니 하고 속으로 바랐다.

그러나 그들은 고삐가 나날이 죄어드는 것만 보았다. 그들은 개인적인 자유와 기쁨의 엄청난 희생에 대해서는 단 한마디 감사의 말도 듣지 못했다. 실망스럽게도 강단에서 나오는 말이란 대략 이런 것들뿐이었다.

"이 부패한 도시에 실질적인 도덕과 기율을 도입하기 위해서는 칠팔백 명의 젊은이들을 처형할 교수대가 필요하다."

이제야 그들은 영혼의 의사가 아니라 자유를 감금하는 간수장을 성벽 안으로 불러들였음을 깨달았다. 그리고 점점 더 가혹해지는 조치들은 마침내 그의 가장 충실한 추종자들마저 분노하게 만들었다.

겨우 몇 달 지나지 않아 제네바에서는 칼뱅에 대한 불만이 새로이 생겨났다. 멀리 있을 때 그의 〈교회계율〉은 이상적인 모습이었고, 이곳의 현실보다 훨씬 더 매혹적인 것으로 보였다. 이제 낭만적인 빛깔은 바래고, 어제까지만 해도 환호성을 지르던 사람들은 나직하게 신음하기 시작했다.

독재자의 개인적인 후광을 털어버리기 위해서는 눈에 보이는 분명한 계기가 필요한 법이다. 그런 계기는 곧 찾아왔다. 제네바 사람들은 페스트가 창궐하던 시기에 처음으로 종교국의 무오류성無誤謬性에 대해 의심하기 시작했다. 페스트는 3년 동안(1542~1545) 제네바에서 기승을 부렸다. 보통 때 성직자들은, 모든 환자는 사흘 이내에 성직자를 자기 침대로 불러야 한다고 엄격한 형벌로 위협하면서 요구했다. 그러더니 성직자 중 한 명이 페스트에 감염되면서부터는 종교적인 위안은 주지 않은 채 환자들을 페스트 병원으로 보내 죽게 만들었다.

시 당국은 적어도 종교국 소속의 성직자 한 명만이라도 '페스트 병원에 있는 가련한 환자들을 일으키고 위로해주기'를 간절하게 애원했다. 그러나 학교장인 카스텔리오를 빼고는 단 한 명도 신청하지 않았고, 카스텔리오는 이 임무를 부여받지 못했다. 그가 종교국 소속이 아니었기 때문이다.

칼뱅의 동료들은 칼뱅을 "없어서는 안 되는" 사람이라고 선언했다. 그리고 다음과 같이 공개적으로 고백했다.

"교회 일부를 돕기 위해서 교회 전체를 곤경에 빠뜨려서는 안 된다."

그러나 그토록 결정적인 임무를 맡고 있지 않은 다른 성직자들마저도 재빨리 숨어버렸다. 시의회가 벌벌 떨고 있는 성직자들에게 할 수 있는 온갖 간청을 했지만 헛일이었다. 누군가가 이렇게 솔직하게 말했다.

"그들은 페스트 병원에 가기보다는 차라리 교수대로 갈걸."

그리고 1543년 1월 5일에 제네바는 놀라운 광경을 목격하게 되었다. 칼뱅을 선두로 도시의 개신교 성직자 전원이 시의회에 나타나 공개적으로 부끄러운 고백을 했던 것이다. 좋은 시절이든 나쁜 시절이든 하나님과 그의 성스러운 교회에 봉사하는 것이 자신들의 직분인 줄 알고 있지만, 자기들 중 어느 누구도 페스트 병원에 들어갈 용기가 없다고 했다.

지도자들의 개인적인 용기보다 더 국민에게 확신을 주는 것은 없다. 마르세유, 빈, 그 밖의 도시들에서는 페스트가 창궐하던 시기에 환자수용소에서 환자들을 위로했던 영웅적인 목사들은 수백 년이 지나도록 추모되었다. 민중은 지도자들의 그런 영웅적인 행동을 절대로 잊지 않는다. 그런데 결정적인 순간에 보인 비겁한 모습은 더욱 잊지 않는다.

이제 제네바 사람들은 강단에서 정열적으로 최고의 희생을 요구하던 바로 그 목사들이 스스로는 가장 작은 희생마저 치를 준비도 되어 있지 않다는 사실을, 분노와 조소가 섞인 기분으로 주시하면서 비웃었다. 도시 전체의 분노를 다른 데로 돌리기 위해 비열한 구경거리를 만들어냈지만 아무런 소용이 없었다. 시의회의 명령에 따라 몇 명의 극빈자가 체포되어 가장 잔혹한 방법으로 심한 고문을 당한 끝에, 악마의 배설물로 만든 고약을 문손잡이에 발라서 온 도시에 페스트를 퍼뜨렸노라고 자백하기에 이르렀다. 칼뱅은 인문주의자답지 않게 그따위 노파 같은 헛소리를 경멸하거나 치워버리지 않았다. 점점 더 수세에 몰리던 그는 중세식의 망상을 확고한 신념으로 옹호하게 되었다.

그러나 '페스트의 전파자'들에게 마땅한 벌이 내렸다고 공공연히 확언한 것보다도, 강단에 서서 신앙심 없는 어떤 남자를 악마가 밝은 대낮에 침대에서 끌고 나가 론 강에 내던졌다고 주장한 것이 그에게 더 많은 해를 주었다. 칼뱅은 청중들 중의 상당수가 그런 헛소리를 듣고 비웃음을 감추려고 애쓰지 않는 일을 처음으로 겪었다.

어쨌든 페스트가 만연하는 동안 모든 독재자에게 꼭 필요한 심리적 권력을 뜻하는, 그의 무오류에 대한 믿음이 상당 부분 파괴되었다. 분명한 깨달음이 나타났다. 저항은 점점 더 격렬해지면서 널리 퍼져나갔다.

칼뱅에게는 다행스러운 일이었지만, 그것은 널리 퍼지기만 할 뿐 한 곳으로 모이지는 않았다. 바로 이 점이 언제나 독재권력에게 한동안 유리하게 작용하는 것이며, 독재권력의 추종세력이 숫적으로 더 적더라도 오랫동안 권력을 유지시켜주는 동인이 되는 것이다. 군대로 무장한 그들의 의지는 한데로 모여서 조직적으로 드러나는 반면에, 저항하는 쪽의 의지는 온갖 원천과 이유를 가진 힘들이 모인 것이기에 실질적인 저항력으로 결집되기까지는 오랜 시간이 걸리거나 아예 결집되지 못하는 경우도 많다.

한 국민의 상당수가 내면적으로는 독재체제에 반항심을 갖고 있다 해도, 이 많은 사람들이 하나의 통합된 계획과 확고한 구조로 결집되지 않는 한 아무런 소용이 없다. 그러므로 독재자의 권위가 처음으로 흔들리고 난 후에도 실제로 무너지기까지는 정말 길고도 험한 길이 놓여 있는 것이다.

칼뱅, 그가 이끄는 종교국, 그의 설교자들, 이민자 출신의 추종세력 등은 단 하나로 결집된 의지, 하나의 확고하고도 분명한 힘을 드러내놓고 있었다. 그에 반해서 그의 적대자들은 아무런 연결 관계도 없이 온갖 영역과 계층에서 동지들을 얻었다. 한편으로는 은밀히 아직도 옛 신앙을 지키고 있는 가톨릭 교도들이 있는가 하면, 주점을 없애서 불만인 술꾼들, 가꾸고 단장하는 것을 금지당한 여인, 제네바의 오래된 원로들이 있었다. 원로들은 새로 이민 온 가난뱅이들이 이민자로 받아들여지자마자 온갖 관직으로 기어드는 꼴을 못마땅해하고 있었다. 숫적으로 훨씬 많은 칼뱅의 반대세력들이 한편으로는 가장 고귀한 요소들을 보이는가 하면, 다른 한편으로는 지극히 형편없는 요소들을 드러내고 있었다.

그러나 이러한 불만들이 하나의 이념 아래 합쳐지지 않는 한 그것은 아무런 힘도 없는 불만이며, 그저 잠재된 힘에 지나지 않는다. 역사상 잘게 분산된 세력이 군사화된 힘에 대항하고, 조직화되지 않은 불만이 조직화된 테러에 대항해 이긴 적은 단 한 번도 없었다.

그러므로 처음 몇 년 동안 이러한 여러 반대 집단들을 조종하는 일은 별로 힘들지 않았다. 한 번도 전체로 뭉쳐서 대항하지 않았기에 칼뱅은 한 번은 이쪽을, 한 번은 저쪽을 후려쳐서 상대방을 물리칠 수 있었다.

이념적인 인간에게 진짜로 위험한 것은, 다른 사상을 가지고 자기에게 맞서서 대항하는 인간뿐이다. 명석하고도 의심 많은 눈을 가진 칼뱅은 이 사실을 금세 알아차렸다. 그는 첫 순간부터 마지막 순간까지 어떤 적대자를 만나도 이 한 사람, 정신적으로나 도덕적으로 자기와 대등하고, 자유로운 양심의 온갖 정열을 다해 자신의 정신적 독재권력에 대항한 이 인물보다 더 두려운 상대방을 보지 못했다. 바로 세바스티안 카스텔리오였다.

자유로운 양심, 카스텔리오

오늘날 카스텔리오의 초상화는 단 한 장 남아 있다. 그것도 중간 수준 정도의 초상화일 뿐이다. 이 초상화는 높고 훤히 트인 이마 밑으로 자유롭고 참된 눈을 가진 매우 정신적이고 진지한 얼굴을 보여주고 있다. 그러나 그 이상은 말해주지 않는다. 이것은 한 인물의 내면을 보여주는 그림은 아니지만, 이 인물의 가장 본질적인 특성들을 분명하게 보여주고 있다. 즉 그의 내면의 확고함과 균형감각이다.

서로 적대자인 칼뱅과 카스텔리오의 초상화를 나란히 놓고 보면, 훗날 정신적인 영역에서 그토록 첨예하게 부딪치게 될 대립을 분명히 찾아볼 수 있다. 칼뱅의 얼굴은 긴장 그 자체다. 초조하고도 고집스럽게 분출을 노리고 있는, 경련적이고 병적으로 응집된 에너지를 보여주는 반면, 카스텔리오의 얼굴은 온화하고 침착하게 기다리는 얼굴이다. 한 사람의 눈길은 불덩어리이고, 다른 쪽은 평온하다. 참을성 없음이 끈기에 맞서 있고, 튀어오르려는 열의가 끈질긴 신념에 맞서 있다. 광신주의가 인문주의에 맞서 있는 것이다.

카스텔리오의 어린 시절은 그의 외모만큼이나 알려져 있지 않다. 스위스와 프랑스 사부아 사이의 국경지대에서 칼뱅보다 6년 늦은 1515년에 태어났다. 그의 집안은 샤티용Chatillon, 혹은 샤테이용Chataillon이라는 이름으로, 그리고 사부아 치하에서는 잠시 카스텔리오네Castellione, Castiglione라는 이름으로 불렸다. 그러나 그가 어머니에게서 배운 말은 이탈리아어가 아닌 프랑스어였던 듯하다.

물론 얼마 지나지 않아서 라틴어가 그의 일상어가 되었다. 카스텔리오는 1520년대에 리옹 대학 학생으로서 라틴어와 그리스어, 헤브라이어 외에도 프랑스어와 이탈리아어를 배웠다. 이에 더해서 그는 뒷날 도이치어도 배웠다. 그리고 그의 열의와 지식은 다른 모든 학문 영역에서도 광범위한 평판을 얻어서 인문주의자들과 신학자들은 한목소리로 그를 당시의 가장 뛰어난 학생 중 한 사람으로 꼽았다.

이 젊은 학생을 맨 처음 유혹한 것은 음악이었다. 그는 용감하지만 몹시 가난해서 개인교사로 입에 풀칠했다. 여러 편의 라틴어 시詩와 저술들은 이때 나온 것이다. 그러나 얼마 지나지 않아서 이미 지나가버린 과거를 향한 것보다 훨씬 강한 정열이 그를 사로잡았다. 그는 시대의 새로운 문제들에 대해 깊은 관심을 가졌다.

카스텔리오의 초상

역사적으로 볼 때 고전 인문주의는 짤막하고 영광스러운 절정을 맛보았다. 그것은 르네상스와 종교개혁 사이에 몇십 년 동안 계속되었다. 이 기간 동안 젊은이들은 고대 그리스와 라틴의 고전파를 갱신하려는 희망과, 체계적인 교육을 통해 세계를 구해보려는 희망을 가졌다.

그러나 이 세대의 가장 정열적이고 우수한 인물들은 얼마 지나지 않아서 낡은 파피루스에 기록된 키케로Marcus Tullius Cicero, BC106~BC43[1]나 투키디데스Thukydides, BC460?~BC400?[2]를 새로이 해석하는 일은 노인들이나 할 하찮은 일이라고 여기게 되었다. 그 대신 독일에서 불길처럼 번져 나온 종교혁명이 수많은 사람들의 영혼을 사로잡았다. 얼마 지나지 않아서 모든 대학에서 플라톤이나 아리스토텔레스보다는 신교와 구교에 대해서 더 많은 토론을 벌이게 되었다. 교수와 학생들은 유스티니아누스 법전 대신에 성서를 연구했다.

훗날 정치적인 운동, 민족주의 운동 혹은 사회주의 운동이 번성하는 시기에도 나타나는 현상이지만, 16세기에 유럽의 모든 젊은이들은 당대의 종교적인 이념들에 대해 함께 생각하고, 함께 이야기하고 동참하려는 끊임없는 열의에 사로잡혀 있었다.

카스텔리오도 그러한 열정에 사로잡혔는데, 그의 인문주의적인 천성과 개인적인 체험 하나가 결정적인 역할을 했다. 리옹에서 처음으로 이단자 화형식을 보았을 때, 한편으로는 종교재판의 잔혹성이, 다른 한편으로는 희생자들의 용감한 태도가 그의 영혼의 가장 깊숙한 곳에 새겨졌다. 그날부터 그는 자유와 해방이라고 생각되는 새로운 종교를 위해 살고, 그 종교를 위해 투쟁하기로 확고하게 결심했다.

스물다섯 살 청년이 마음속으로 종교개혁의 편에 서기로 결심한 순간부터 프랑스에서의 그의 삶은 위험한 것으로 변했다. 하나의 국가 혹은

---

1) 고대 로마의 문인·철학자·변론가·정치가. 보수파 정치가로서 카이사르와 반목하여 정계에서 쫓겨나 문필에 종사했다. 카이사르가 암살된 뒤에 안토니우스를 탄핵한 후 원한을 사서 암살되었다. 수사학의 대가이자 고전 라틴어 산문의 창조자로 평가받고 있다.
2) 그리스의 역사가. 장군이었으나 추방당해 20년간 망명생활을 하는 동안 《펠로폰네소스 전쟁사》를 저술했다. 이 책은 엄밀한 사료 비판, 인간 심리에 대한 깊은 통찰로 역사서의 고전으로 평가받고 있다.

체제가 신념의 자유를 폭력으로 억압하면, 양심의 유린에 굴복하지 않으려는 사람들에게는 언제나 세 가지 길만이 남는다

첫째로, 국가의 테러에 공공연히 맞서서 순교자가 되는 길이다. 베르캥Berquin, 1485~1529[3])과 에티엔 돌레Etienne Dolet, 1509~1546[4])가 이 가장 용감한 저항의 길을 택해서 화형장의 장작더미 위에서 저항의 대가를 치렀다.

둘째는, 내면의 자유와 자신의 생명을 모두 보호하는 방법으로, 겉으로는 굴복하면서 자신의 의견을 감추는 것이다. 이것은 에라스무스와 라블레의 방식이었다. 그들은 교회 및 국가와 겉으로는 평화를 유지하면서도, 학자의 외투를 입거나 혹은 어릿광대의 탈을 쓰고 뒤에서 폭력을 향해 독화살을 쏘아보냈다. 오디세이의 방법으로, 간계를 써서 잔인한 힘을 속이고 폭력을 피하는 교묘한 방식이었다.

셋째는, 이민을 떠나는 것이다. 자신들을 괴롭히고 추방하는 나라를 떠나 내면의 자유를 유지한 채로 자유롭게 숨 쉴 수 있는 다른 땅으로 가는 방법이다.

올곧지만 온유한 성품을 지닌 카스텔리오는 칼뱅처럼 가장 평화로운 세 번째 방법을 선택했다. 그는 고통스러운 심정으로 리옹에서 개신교 순교자들의 화형식을 목격한 직후인 1540년 봄에 고향을 떠나서 이제부터는 오직 개신교 신앙의 사도이며 전파자가 되기로 결심했다.

---

3) 프랑스의 신학자. 종교개혁가. 루터의 교리를 추종했을 뿐만 아니라 가톨릭의 잘못을 논리적으로 지적함으로서 이단죄로 처형당했다.
4) 프랑스의 번역가. 플라톤의 《악시오코스》를 라틴어로 번역하면서 덧붙인 세 단어 "무로 돌아간다rein du tout"는 대목 때문에 화형을 당했다. 소크라테스가 '죽음을 두려워하는 것이 얼마나 어리석은가'를 설득하는 대목을 나름대로 의역하여 세 단어를 첨가한 것인데, 파리 대학 신학부는 이를 '영혼의 불멸성'을 부정한 오역誤譯, 즉 신성모독이라 주장하며 단죄했다고 한다.

카스텔리오는 스트라스부르로 향했다. 대부분의 종교적인 망명자들처럼 칼뱅 때문이었다. 칼뱅은《기독교 강요》서문에서 아주 용감한 태도로 프랑수아 1세에게 종교적 관용과 신앙의 자유를 요구했기 때문에, 아직 젊은 나이였지만 프랑스 젊은이들 사이에서 개신교 신앙의 전달자이자 기수로 여겨지고 있었다.

같은 이유로 쫓기게 된 이 도망자들은, 강력하게 자신의 요구를 발언하고 목적을 달성하는 방법을 알았던 칼뱅에게서 삶의 과제를 얻고자 했다. 열광적인 학생의 태도— 카스텔리오는 그의 자유로운 천성에 따라 칼뱅을 정신의 자유를 수호하는 인물로 여겼다—로 카스텔리오는 스트라스부르에 있는 칼뱅의 집으로 곧장 찾아갔고, 그곳에서 칼뱅의 아내가 새로운 신앙을 위한 미래의 전도자들을 위해서 운영하고 있던 학생 숙소에 일주일 동안 머물렀다. 그러나 희망했던 대로 친밀한 만남은 이루어지지 않았다. 칼뱅이 보름스와 하게나우의 공의회에 곧 소환되었기 때문이다.

최초의 만남은 이렇게 제대로 이루어지지 않았다. 그러나 당시 스물네 살이던 카스텔리오가 이미 결정적인 인상을 남겼다는 사실이 곧 입증된다. 칼뱅이 제네바에 다시 돌아가기로 결정하자마자 파렐의 제안에 따라, 그리고 의심의 여지없이 칼뱅의 승인에 따라 이 젊디젊은 학자가 제네바 학교의 교사로 초빙된 것이다. 교장이란 확실한 칭호가 부여되었고, 두 명의 보조교사가 그에게 소속되었으며, 또한 그가 바라던 대로 제네바의 교구인 방되브르 교회에서 설교하도록 결정되었다.

카스텔리오는 이러한 신뢰를 완전하게 충족시켜주었다. 교사 활동은 그에게 특별한 문학적인 성공을 가져다주었다. 학생들의 라틴어 학습을 흥미롭게 만들기 위해 카스텔리오는 신구약성서 중에서 가장 재미있는 이야기들을 라틴어 대화 형식으로 바꾸었다. 제네바 어린이들을 위한 자습서 정도로 여겨졌던 이 작은 책자는 세계적인 명성을 얻게 되었다. 문학적이고 교육적인 성과 면에서 그것은 에라스무스의 문답서에 견줄 만한 것이었다. 수백 년이 지나도록 이 작은 책자는 계속 인쇄되었으며, 적어도 47판이나 거듭되었고, 수십만 명의 학생들이 이 책으로 고전 라틴어 기초를 공부했다. 인문주의적인 노력이라는 의미에서는 단지 부수적이고 우연한 작품에 지나지 않았으나, 이 라틴어 입문서는 카스텔리오를 그 시대의 정신적인 무대에 최초로 등장시킨 책이었다.

그러나 카스텔리오의 야심은 학생들을 위한 쓸모 있는 안내서를 쓰는 것보다 더 높은 것을 지향하고 있었다. 자신의 힘과 학식을 그런 작은 일에 써버리기 위해 인문주의와 결별한 것이 아니었다. 이 젊고 이상주의적인 인간은 내면에 보다 큰 계획을 가지고 있었다. 그것은 어느 정도는 에라스무스의 강력한 활동과 루터의 활동을 이어받는 것이었으며, 다른 한편으로는 그들을 능가하는 것이었다. 그는 성서 전체를 라틴어와 프랑스어로 번역하겠다는 원대한 계획을 세우고 있었던 것이다. 에라스무스와 루터의 창조적인 의지를 통해 인문주의 세계와 독일이 진실을 알게 되었듯이, 자기 민족인 프랑스 사람들도 이 모든 진실을 알아야 한다고 생각했다. 그리고 그의 본질인 끈질기고도 조용한 신앙심으로 카스텔리오는 이 거대한 작업에 착수했다. 이 젊은 학자는 낮에는 보수가 낮은 일을 해서 가족의 생계를 위해 애쓰고, 밤에는 자신의 생애를 바치기로 마음먹은 이 성스러운 계획을 이루기 위하여 열심히 일했다.

그러나 최초의 실천에서 카스텔리오는 암벽 같은 장애에 부딪쳤다. 제네바의 서적상인 한 사람이 그의 라틴어 성서번역의 제1권을 출간하겠노라고 약속했다. 하지만 제네바에서의 모든 정신적이고 종교적인 일에 관해서는 독재자 칼뱅이 거의 무제한의 권력을 가지고 있었다. 그의 동의나 허가 없이는 도시 성벽 내에서 어떠한 책도 인쇄할 수 없었다. 검열이란 언제나 독재와 한 배에서 태어나는 형제이기 때문이다.

그래서 카스텔리오는 칼뱅을 찾아갔다. 한 사람의 학자가 다른 학자를, 한 사람의 신학자가 다른 신학자를 찾아간 것이다. 그리고 동료의 태도로 그에게 허가를 요청했다. 그러나 권위적인 천성은 독자적으로 생각하는 사람을 보면 참을 수 없는 반감을 느끼기 마련이다. 칼뱅이 보인 최초의 반응은, 불쾌감과 거의 감출 수 없는 분노였다. 그는 한 친척이 번역한 프랑스어판 성서의 서문을 썼고, 그것을 어느 정도는 '불가타 Vulgata',[5] 즉 개신교의 공인된 성서로 인정한 셈이었다. 자신이 좋다고 인정했고 어느 정도 동참한 성서 번역판을, 겸손한 태도로 유일하게 올바르고 타당한 것이라고 인정하지 않고 스스로 번역을 하겠노라고 나선 이 '젊은 남자'는 대체 얼마나 뻔뻔스러운가!

칼뱅이 비레Viret에게 보낸 편지를 보면, 카스텔리오의 '불손'에 대해서 그가 얼마나 못마땅하게 여겼는지 분명하게 알 수 있다.

"지금 우리 세바스티안의 망상을 한번 들어보시오. 그는 웃기기도 하지만 분노하게 만들기도 합니다. 사흘 전에 그가 내게로 오더니 자신의 신약성서 번역판을 출간하도록 허가해달라고 부탁하더군요."

이 비꼬는 어조에서 이미 그가 자신의 경쟁자에 대해서 어떻게 느끼고 있는지를 어느 정도 알 수 있다. 실제로 칼뱅은 카스텔리오의 요청을 짤막하게 거절했다. 자신은 카스텔리오에게 출판허가를 내줄 생각이 있

---

[5] 불가타 성서는 원래 가톨릭 교회가 공식적으로 사용하는 라틴어 성서를 말한다. 여기에서는 칼뱅 자신이 참여해서 번역한 프랑스어판 성서를 개신교의 공인된 성서로 본다는 의미에서 불가타라고 표현한 것이다.

다. 그러나 먼저 자기가 번역된 원고를 읽고 수정할 필요가 있다고 생각되는 부분이 있다면 그것을 수정한다는 조건하에서만 가능하다고 했다.

카스텔리오의 성격은 자만하거나 자신감에 넘치는 것과는 거리가 멀었다. 그는 한 번도 칼뱅처럼 자신의 의견을 유일하게 올바른 것으로 여기고, 어떤 일에 대해서나 자신의 견해를 완벽하고도 논쟁의 여지가 없는 것으로 여긴 적이 없었다. 그리고 훗날 이 번역판에 대한 그의 서문은 학문적이고 인간적인 겸손함의 모범적인 사례를 보여준다. 그는 분명하게 자신이 성서의 모든 구절들을 다 이해한 것은 아니며, 따라서 독자가 자신의 번역을 절대적인 것으로 믿지는 말라고 경고하고 있다. 성서란 모순으로 가득 찬 밝히기 힘든 책이며, 자기가 여기서 제시하는 것은 하나의 해석일 뿐 절대로 확신은 아니라고 말했다.

카스텔리오가 자신의 작업을 그처럼 겸손하고도 인문주의적으로 평가한다고 해도, 그는 인간으로서의 개인적인 독자성을 무엇보다도 귀하게 여겼다. 헤브루 학자나 그리스 학자, 일반적인 학자로서 절대로 칼뱅에게 뒤지지 않는다는 확신을 가지고 있던 그는, 당연한 일이지만 이런 식으로 위에서 내려다보며 검열하려는 의지, '수정'하겠다는 이런 권위적인 요구를 명예훼손으로 여겼다.

학자 대 학자, 신학자 대 신학자로서 이 자유로운 공화국에서 그는 칼뱅과 사제관계를 맺으려 하지는 않았다. 그리고 자신의 작업을 마치 학생이 한 숙제처럼 빨간 글씨로 수정받고 싶지도 않았다.

인간적인 해결책을 찾아내고 칼뱅에게 개인적인 존경심을 보이기 위해, 그는 시간이 날 때마다 자신의 원고를 칼뱅에게 낭독해주겠다고 제안했다. 그리고 칼뱅의 충고와 제안을 하나하나 모두 받아들일 자세가 되어 있노라고 말했다. 그러나 칼뱅은 원칙적으로 이러한 공의회 방식을 거절했다. 그는 충고가 아니라 명령하기를 원했다.

"그가 내게 일백 크로네의 돈을 약속한다고 해도 나는 일정한 시간 약속에 얽매여서 겨우 한 개의 단어를 놓고 두 시간 정도의 토론을 할 수는 없는 형편이라고 알려주었어요. 그랬더니 그는 모욕감을 느낀 채 돌아갔어요."

처음으로 의견이 맞부딪쳤다. 칼뱅은 카스텔리오가 정신적·종교적인 일에서 아무런 의지도 없이 자기에게 복종할 사람이 아니라는 사실을 알아차렸다. 그는 아첨꾼들 한가운데서 모든 독재의 영원한 적인 독자적인 인간을 알아보았다. 그리고 그 순간부터 칼뱅 자신이 아닌 스스로의 양심에만 따르려는 이 남자를 우선 그의 직위에서, 그 다음에는 가능하면 제네바에서 쫓아내기로 단단히 결심했다.

양심, 독재와 맞부딪치다

핑곗거리를 찾아내려고만 하면 언제든지 찾아낼 수 있는 법이다. 칼뱅은 오래 기다릴 필요도 없었다. 카스텔리오는 너무나 빈약한 학교 교사의 월급으로는 많은 가족을 먹여 살릴 수 없었기에 자신의 내면에 더 잘 어울리고 보수도 더 좋은 '하나님 말씀의 설교자' 자리를 얻기 위해 애쓰고 있었다. 리옹을 떠난 이후로 개신교의 종이며 전파자가 되는 것이 그의 삶의 목적이었다. 몇 달 전부터 이 탁월한 신학자는 방되브르 교회에서 설교를 하고 있었는데, 도덕적으로 가장 엄격한 이 도시에서 조금도 흠잡을 데 없이 잘 해내고 있었다. 제네바에서 설교자의 자리를 구하는 어느 누구와도 비교할 수 없을 정도였다. 실제로 카스텔리오의 임명은 1543년 12월 15일에 만장일치로 결정되었다.

"세바스티안은 학식 있는 사람이며 교회를 섬기기에 알맞은 자질을 가지고 있기에 교회에 봉사하도록 그를 임명합니다."

그러나 시 당국은 칼뱅을 생각하지 못했다. 칼뱅에게 미리 가장 공손하게 물어보지 않고서, 내적인 독립심 때문에 그의 마음을 불편하게 만드는 이 카스텔리오를 어떻게 목사로 임명하고, 어떻게 그의 종교국 회원으로 임명할 수 있겠는가?

곧바로 칼뱅은 카스텔리오의 임명에 대한 항의서를 작성했다. 그리고 파렐에게 보낸 편지에서는 그가 우호적이지 않은 행동방식을 가지고 있다는 극히 모호한 이유를 대고 있다.

"그의 초빙을 가로막는 중대한 이유들이 있습니다…… 나는 물론 그 이유들을 시의회 앞에서 암시만 했을 뿐 발설하지는 않았습니다. 그러면서도 그의 이름에 흠이 되지 않도록 온갖 잘못된 의심에 반대했습니다. 그를 보호하고자 하는 것이 나의 의도입니다."

이렇게 모호하고 비밀스러운 듯한 말을 들으면 불쾌한 의심이 생기는 것이 당연하다. 카스텔리오에게 목사의 품위에 어울리지 않는 어떤 비판받을 만한 점이 있으며, 칼뱅이 그를 '보호하기' 위해 기독교의 너그러운 외투로 덮어주어야 할 어떤 흠이 그에게 있는 것처럼 들리지 않는가? 이 존경받는 학자가 칼뱅이 그토록 너그럽게 입을 다물어주어야 할 어떤 잘못을 저지른 것일까 하고 스스로 물어보게 된다. 남의 돈을 집어삼킨 것일까? 여자들과 놀아났을까? 도시에 알려진 흠잡을 데 없는 그의 태도는 어떤 은밀한 잘못을 감추고 있는 것일까? 일부러 이렇게 모호하게 말함으로써 칼뱅은 카스텔리오에 대해서 극히 불확실한 의혹을 씌웠다. 이렇게 '보호하는' 듯한 이중성보다 한 사람의 명예와 체면에 더 이상 치

자유와 양심의 수호자 109

명적인 것은 없다.

카스텔리오는 이렇게 '보호받기'를 바라지 않았다. 그는 순수하고 깨끗한 양심을 가지고 있었다. 그리고 뒤에서 자신의 초빙을 방해하고 있는 사람이 칼뱅이라는 말을 듣자마자, 그는 앞으로 나서서 칼뱅이 시 당국에 어떤 이유로 자신의 목사직을 거절하는지 분명하게 밝혀주기를 요구했다.

이제 칼뱅은 색깔을 드러내고 카스텔리오의 비밀스런 잘못을 밝히지 않을 수 없게 되었다. 마침내 칼뱅으로부터 그의 섬세한 심정이 침묵한 범죄에 관해서 듣게 되었다. 카스텔리오는 두 가지의 사소한 성서해석에서 칼뱅과 의견을 달리한다 ― 얼마나 무시무시한 잘못인가! ― 는 것이다.

첫째로 (모든 신학자들에게 의무로 되어 있는 일인데) 솔로몬의 아가서가 종교적인 시詩가 아니라 세속적인 시라고 카스텔리오는 생각했다. 들판에서 뛰어노는 두 마리 어린 노루 같은 젖가슴을 가진 술람 아가씨에게 바치는 찬가는 어디까지나 세속적인 사랑의 노래이지 결코 교회를 찬미하는 노래는 아니라고 생각했다. 그리고 두 번째의 차이도 대단한 것이 아니었다. 카스텔리오는 그리스도의 승천을 칼뱅과 다르게 해석한다는 것이다.

그러니까 '너그럽게 침묵해'주었고, 그 때문에 목사직이 거절되어야 할 카스텔리오의 범죄란 별것 아니었던 셈이다. 그러나 칼뱅 같은 사람에게는 학설에 관한 한 아주 사소한 견해 차이 ― 바로 이 점이 결정적인 이유이다 ― 도 참을 수 없었다. 새로운 교회의 통일과 권위를 지향하는 그의 조직적인 정신에는 가장 작은 차이도 가장 큰 차이만큼이나 위험스러운 것이었다.

칼뱅은 강력하게 세운 논리의 건물에서 벽돌 한 장, 가장 작은 돌 하나도 틀림없이 제자리에 박혀 있기를 바랐다. 정치적인 삶, 도덕이나 권리라는 측면에서 그렇듯이, 종교적인 의미에서도 자유의 가장 작은 형식도 용납할 수 없었다. 자신의 교회가 존속하려면 그것은 기초계획부터 최후의 가장 작은 장식에 이르기까지 권위를 가져야 했으며, 누구든 이러한 지도원칙을 인정하지 않는 사람, 즉 자유주의 정신에서 독자적으로 생각하려는 사람에게는 자리를 내줄 수 없었다.

그러므로 시의회가 카스텔리오와 칼뱅에게 의견차를 해소하기 위해서 공개토론을 하라고 요구한 것은 쓸데없는 노력이었다. 거듭 되풀이되는 말이지만, 칼뱅은 오직 가르치려고만 할 뿐 절대로 배우거나 방향을 전환할 사람이 아니었다. 그는 어느 누구와도 절대로 토론하지 않으며, 오직 명령을 내릴 뿐이었다. 그는 카스텔리오에게 '우리 의견에 따르기'를 요구하고, '스스로의 판단을 믿지 말고' 교회의 통일과 권위에 대한 자신의 세계관을 따르라고 경고했다.

그러나 카스텔리오도 고집스러웠다. 카스텔리오에게 양심의 자유란 영혼의 최고선이었고, 그는 이 자유를 위해 모든 세속적인 대가를 지불할 준비가 되어 있었다. 그는 이 별것도 아닌 두 가지 점에서 칼뱅에게 복종만 하면 자신에게 곧장 종교국의 자리가 확보되리라는 사실을 정확하게 알고 있었다. 그러나 꿋꿋하게 자신의 독립심을 지키면서 카스텔리오는 자신은 양심에 반하는 일은 약속할 수 없노라고 답변했다.

바로 이 순간, 모든 사람에게 종교상의 자유를 요구하는 자유주의적 종교개혁과 정통파 종교개혁이 정면으로 마주친 것이다. 성과 없이 끝난 이 대결이 있은 후에 칼뱅은 카스텔리오에 대해 다음과 같이 정확하게 표현하고 있다.

"우리의 담화 뒤에 내가 판단한 바로는, 우리 두 사람 사이에 합의가 이루어지기는 어렵다고 그가 생각한 것 같습니다."

과연 카스텔리오가 칼뱅에 대해 가진 '생각'이란 어떤 것일까? 칼뱅 스스로 그것을 밝히고 있다.

"세바스티안은 내가 지배하려는 욕구를 가지고 있다고 생각하고 있습니다."

사실을 이보다 더 정확하게 표현할 수는 없다.

얼마 지나지 않아서 카스텔리오는, 다른 사람들도 곧 깨닫게 될 일이지만, 칼뱅이 독재적인 천성에 맞게 제네바에서 단 하나의 의견, 곧 자신의 견해만을 인정하려고 한다는 사실을 깨달았다. 그리고 베즈Theodore de Beze, 1519~1605[6]나 다른 추종자들처럼 칼뱅 독트린을 글자 한 자까지 종처럼 따르는 경우에만 그의 정신적 왕국에서 살아갈 수 있다는 사실도 깨달았다.

카스텔리오는 정신적 강제통치의 이러한 감옥 속 공기를 숨 쉬고 싶지 않았다. 이곳에서 개신교에 의해 또다시 양심의 통제를 받으려고 프랑스의 가톨릭 종교재판으로부터 떠나온 것이 아니었다. 새로운 도그마의 종이 되려고 낡은 도그마를 거부한 것이 아니었다.

카스텔리오에게 그리스도는 칼뱅이 생각하는 것처럼 인정사정 없는 법관이 아니었다. 칼뱅의 복음서는 엄격하고 도식적인 법전이었다. 카스텔리오는 그리스도를 가장 인간적인 인간, 누구든 겸손하게 그의 방식을 좇아 살아가야 할 윤리적인 모범으로 여겼다. 그렇다고 해서 오직 자신만이 진리를 안다고 주장하지도 않는 그런 모범이었다.

제네바에서 새로 임명된 목사들이 하나님의 말씀을 오직 자신들만 이

---

[6] 프랑스의 작가·교육자·신학자. 제네바를 중심으로 한 종교개혁운동의 지도자로서 칼뱅을 도왔으며, 나중에는 그의 충직한 후계자가 되었다.

해할 수 있는 것처럼 오만하고도 자신감에 넘쳐서 해석하는 것을 보면서 카스텔리오는 분노하지 않을 수 없었다. 이 확실한 분노가 자유로운 영혼을 짓눌렀다. 끊임없이 자신들이 거룩한 소명을 받은 것을 찬양하고, 다른 사람들에 대해서는 욕지기나는 죄인이며 무가치한 사람이라고 말하는 오만한 성직자들에 대한 분노가 그를 사로잡았다.

공식 집회에서 사도 바오로의 말씀에 대해 주석을 붙이는 중에 있었던 일이다.

"우리는 큰 인내심으로 모든 일에서 하나님께서 보낸 종이라는 사실을 입증해야 한다."

그때 갑자기 카스텔리오가 벌떡 일어서더니 '하나님의 종들'에게 언제나 다른 사람만을 검사하고 벌주고 심판하지 말고 한 번쯤은 자기 자신을 점검해보아야 하지 않겠느냐고 요구했다. 아마도 카스텔리오는 제네바 성직자들의 도덕적인 깨끗함이, 사생활에 관해서는 청교도적이 아니라는 사실을 (시의 기록부에서 밝혀낼 수 있다!) 알고 있었던 듯하다. 그리고 한 번쯤은 이런 위선적인 오만을 공개적으로 징계할 필요성을 느꼈던 것 같다.

유감스럽게도 카스텔리오가 공박할 때 이용한 정확한 말은 칼뱅의 보고를 통해서만 알 수 있다. 그는 적대자에 대해 기록할 경우에 문장 바꾸기를 주저한 적이 없었다. 그러나 이토록 일방적인 표현 속에서도 카스텔리오가 전체적인 잘못을 고백하는 데 자기 자신도 포함시키고 있다는 사실을 알 수 있다. 그는 이렇게 말했다.

"사도 바오로는 하나님의 종이었지만, 우리는 우리 자신에게만 봉사합니다. 그는 참을성이 있었지만, 우리는 참을성이 없습니다. 그는 다른 사람들의 불의를 참고 견디었지만, 우리는 죄 없는 사람들을 괴롭히고 있습니다."

이 모임에 참석했던 칼뱅은 전혀 예상하지 못했던 카스텔리오의 공격에 깜짝 놀랐던 것 같다. 정열적이고 다혈질 토론자인 루터 같은 사람이라면 곧바로 분노에 사로잡혀 타오르는 연설로 답변했을 것이다. 인문주의자 에라스무스 같은 사람이라면 아마 침착하게 학문적인 토론을 벌였을 것이다.

그러나 칼뱅은 현실주의자였으며, 전략과 실용의 인물이었다. 그는 자신의 분노를 지그시 눌렀다. 카스텔리오의 말이 얼마나 강하게 참석자들의 마음에 작용했는지, 그리고 그에게 곧바로 반론을 펴는 것이 그다지 현명한 행동이 아니라는 사실을 직감했다. 그래서 아무 말도 하지 않은 채 그는 가느다란 입술을 더욱 가늘게 모았을 뿐이다. 후에 그는 이 이상스러운 자제에 대해 다음과 같이 변명했다.

"순간 나는 침묵했는데, 많은 낯선 사람들 앞에서 격렬한 논쟁을 벌이지 않기 위해서였다."

그렇다면 그는 친근한 사람들끼리의 모임에서 논쟁을 벌였던가? 그는 카스텔리오와 더불어 남자 대 남자로서, 의견 대 의견을 놓고 맞붙었던가? 그를 종교국으로 불러서 전체적인 고소에 대해 구체적으로 이름과 사실을 대고 증명하라고 요구했던가?

그러지 않았다. 칼뱅은 정치적인 면에서 정직성을 모르는 사람이었다. 그는 비판 시도만으로도 그것을 이론상의 의견 차이일 뿐 아니라 곧바로 국가적인 범죄로 여겼다. 범죄자는 세속 관청에 출두해야 했다. 칼뱅은 그를 종교국으로 부르지 않고, 도덕적인 토론을 규율위반으로 바꾸어서 법정으로 보내버렸다. 제네바시 당국에 낸 그의 고소문은 이렇다.

"카스텔리오는 성직자의 체면을 깎아내렸다."

시의회는 별로 기꺼운 마음이 아니었다. 시의회는 이러한 목사들의 싸움을 좋아하지 않았다. 마침내 누군가가 종교국의 오만傲慢에 맞서 공개적이고 정열적인 발언을 했다는 사실이 세속 관청에는 그다지 불쾌하지 않은 듯했다. 처음에 의원들은 결정을 오랫동안 질질 끌었다. 그러다가 마침내 나온 판결은 대단히 불분명한 것이었다. 카스텔리오는 구두로 훈계를 들었지만 벌을 받거나 해고되지 않았다. 다만 방되브르 교회에서 목사로 활동하는 것만은 추후 통지가 있을 때까지 임시로 정지된다고 했다.

그렇게 미적지근한 문책을 받고서 카스텔리오는 당연히 만족할 수 있었을 것이다. 그러나 내적으로 그의 결심은 더욱 확고해졌다. 그는 칼뱅처럼 폭군적인 성향을 가진 사람이 있는 한, 제네바에는 자유로운 정신을 위한 자리가 없다는 사실을 다시 한 번 분명히 알게 되었다. 그래서 그는 시 당국에 사직을 청원했다.

그러나 이 최초의 힘겨루기에서 그는 상대방의 계략을 충분히 꿰뚫어보았다. 패거리를 이룬 사람들은 자신들의 정책에 유리하다고 생각되면 언제나 진실을 제멋대로 조작한다는 사실을 알았다. 자기가 남자답게 자발적으로 직위와 품위를 포기한 일에 대해, 자신이 어떤 깨끗하지 못한 이유에서 직위를 잃어버렸다는 거짓 소문이 나중에 퍼지리라는 사실을 그는 너무나도 정확하게 예측했다. 그래서 제네바를 떠나기에 앞서서 이 사건에 대한 서류상의 증명서를 요구했다. 이제 칼뱅은 다음의 문안에 손수 서명해야 할 처지가 되고 말았다(오늘날에도 이 문서는 바젤 도서관에서 찾아볼 수 있다).

"오직 두 가지 신학상의 가벼운 의견 차이가 존재한다는 이유만으로 카스텔리오는 목사로 임명되지 않았다.……세바스티안 카스텔리오의 출발에 대해 아무도 다른 이유를 붙이지 못하도록, 우리는 그가 교사직을 스스로 내놓았다는 사실을 이로써 확인한다. 이전에 그는 우리가 그를 목사의 지위에 적합한 사람이라고 판단할 정도로 일을 잘 해냈다. 그런데도 그가 목사가 되지 못한 것은 그의 태도에 그 어떤 결함이 있기 때문이 아니라 오로지 앞서 말한 이유 때문이다."

카스텔리오, 제네바를 떠나다

유일하게 자신과 대등한 학자를 제네바에서 몰아낸 것이 칼뱅의 독재정치에는 승리를 의미했지만 그것은 '피루스의 승리Pyrrhic victory'[7]였다. 극히 존경받는 학자를 떠나보낸 것이 폭넓은 계층에서 무거운 손실로 안타깝게 여겨졌기 때문이다. '카스텔리오 선생님이 칼뱅에게 부당한 대우를 받았다'는 소문이 퍼져나갔다. 그리고 세계 시민적인 인문주의 분야에서는 이 사건을 통해서 제네바의 칼뱅은 오직 추종자만을 원한다는 것이 명백한 사실로 밝혀지게 되었다. 그래서 200년이나 지난 뒤에 볼테르는 카스텔리오의 억압은 칼뱅의 독재적인 태도에 대한 결정적인 증거라고 제시했다.

"그가 카스텔리오에게 행한 박해를 보면 알 수 있다. 카스텔리오는 그보다 훨씬 훌륭한 학자였고, 칼뱅은 질투심 때문에 그를 제네바에서 몰아냈다."

---

7) 기원전 3세기 그리스의 피루스 왕은 수많은 군대와 코끼리를 이끌고 로마를 침공했다. 격렬한 전투 끝에 왕은 승리를 했지만 감당하기 힘든 병력 손실을 입고 말았다. 이처럼 승리는 했지만 패배나 다름없는 승리를 가르켜 '피루스의 승리'라고 말한다.

칼뱅은 비난에 대해서는 지극히 민감한 피부를 가진 사람이었다. 그는 곧장 카스텔리오 제거가 불러일으킨 일반적인 불쾌감을 감지했다. 이 유일하게 독립적인 사람을 제네바에서 몰아내는 일이 성공하자마자, 이제 카스텔리오가 아무런 대책도 없이 세상을 떠돈다는 여론이 자신에게 짐이 될까봐 근심하는 마음이 그를 짓눌렀다.

실제로 카스텔리오의 결심은 절망적인 것이었다. 정치적으로 가장 강력한 개신교도의 공개적인 적으로서 그는 스위스 어디에서도 개신교 교회에서 임용될 수 없는 처지가 되었다. 그의 단호한 결심은 그를 가장 괴로운 비참함으로 내몰았다. 거지로서 배고픔을 겪으며, 한때 제네바의 개신교 학교장이었던 사람이 집집마다 구걸을 하며 돌아다녔다. 앞을 내다보는 눈을 가진 칼뱅은 쫓겨난 경쟁자의 이러한 곤궁이 자신에게 가장 심각한 해를 끼치리라는 사실을 알았다.

그래서 그는 쫓겨난 카스텔리오가 자기 주변을 부담스럽게 만들지 않게 되었으므로 이제는 그에게 황금 다리를 만들어주려고 애썼다. 눈에 띌 정도로 부지런하게 그는 스스로를 변명하기 위해 친구들에게 편지를 쓰고 또 썼다. 저 가난하고 곤궁에 빠진 카스텔리오에게 (비록 자신의 잘못으로 인해 그렇게 되었지만) 알맞은 자리를 마련해주기 위해 얼마나 애쓰고 있는지를 편지에 적었다.

"나는 그가 어디서든 아무 탈 없이 묵을 수 있기를 바라며, 그러기 위해서는 내 손이라도 빌려줄 것입니다."

그러나 카스텔리오는 칼뱅이 희망하듯이 그렇게 입을 다물고 있지는 않았다. 그는 어디서든지 아주 공개적으로 자신이 칼뱅의 지배욕 때문에 제네바를 떠날 수밖에 없었다고 말하고 다녔다. 그럼으로써 칼뱅의 가장 민감한 부분을 건드렸다. 칼뱅은 자신의 독재권력을 공개적으로 인

자유와 양심의 수호자 117

정하지 않고, 언제나 자신의 무거운 의무를 가장 겸손하게 실천하는 종으로서 사람들의 경탄을 받고자 했기 때문이다. 그러자 곧 편지의 어조가 바뀌었다. 갑자기 카스텔리오에 대한 동정심이 사라졌다. 한 친구에게 그는 이렇게 탄식하고 있다.

"이 개(세바스티안 말일세)가 내게 대해서 어떤 말을 짖어대고 다니는지 자네가 안다면……. 그는 나의 독재 때문에 직위에서 쫓겨났다고 말한다네. 내가 나 혼자서만 지배하려고 그랬다고 말이네."

몇 달 전 칼뱅 자신이 하나님의 종으로서 성직에 앉을 만한 자격이 있다고 서명했던 그 사람이 이제는 개로 변했다. 카스텔리오가 녹봉으로 매수되기보다는 차라리 가장 끔찍한 곤궁을 선택했다는 이유 때문이었다.

스스로 선택한 카스텔리오의 영웅적인 빈곤은, 이미 그 시대 사람들 사이에서도 경탄을 불러일으켰다. 몽테뉴는 카스텔리오 같은 능력을 가진 사람이 그와 같은 곤궁을 겪어야 하다니 탄식할 노릇이라고 분명하게 말했다. 그리고 많은 사람들이 그에 대한 소식을 제때에 듣기만 했어도 충분히 그를 도울 마음이 있었으리라고 덧붙였다.

그러나 실제로는 카스텔리오에게 가장 비참한 곤궁도 면하게 해줄 마음이 사람들에게 없었다. 이 쫓겨난 사람이 지닌 학식이나 도덕의 절반에만 미치는 일자리를 얻는 데에도 여러 해가 걸렸다. 처음에는 어떤 대학이나 목사직도 그에게 제공되지 않았다. 스위스의 도시들은 칼뱅에게 정치적으로 속박되어 있었으므로, 제네바 독재자의 적수를 공식적으로 채용할 수 없었다.

쫓겨난 자는 애를 쓴 끝에 바젤의 오포린 출판사에서 교정 보는 작은 일을 얻어서 겨우 입에 풀칠하게 되었다. 그러나 일이 꾸준히 있는 것이 아니어서 처자식을 먹여 살리기에도 부족했다. 그래서 카스텔리오는 가

정교사 노릇을 하며 얼마 되지 않는 푼돈을 긁어모아서 칠팔 명이나 되는 입을 먹여 살려야 했다. 이루 말할 수 없이 보잘것없고 일상적으로 영혼을 방해하고 힘을 마비시키는 비참함을 그는 여러 해 동안이나 참고 견뎠다. 그러다 마침내 전인교육을 받은 이 학자를 한 대학에서 그리스어 강사 자리에 초빙했다.

그러나 충분한 수입보다는 단순히 명예직인 이 자리가 카스텔리오를 빈곤에서 해방시켜주지는 못했다. 많은 사람들이 그 시대 최고의 학자로 꼽았던 이 위대한 학자는 하찮은 막일꾼 노릇을 일생 동안 계속하지 않으면 안 되었다. 그는 바젤 교외에 있는 작은 집에서 손수 땅을 일구었고, 낮에 하는 일만으로는 식구들을 먹여 살릴 수 없어서 밤새도록 교정쇄들을 고치고, 다른 사람들의 글을 고치고 온갖 언어로 된 글들을 번역하곤 했다. 그가 빵을 벌기 위해 바젤의 출판사들에게 그리스어와 헤브루어, 라틴어, 이탈리아어, 도이치어 번역을 해준 것이 무려 수천 페이지에 이르렀다.

그러나 이 여러 해 동안의 곤궁은 카스텔리오의 약하고 예민한 신체만을 허약하게 만들 수 있었을 뿐, 그의 자부심 강한 영혼의 독자성과 확고함은 결코 건드리지 못했다. 그와 같이 힘든 노역 중에도 카스텔리오는 한순간도 자신의 본래 과제를 잊은 적이 없었다. 그는 자신의 필생의 작업, 성서를 라틴어와 프랑스어로 옮기는 일을 계속했으며, 간간이 기고문이나 논쟁문, 주석, 대화 등을 썼다. 카스텔리오가 일하지 않고 보낸 낮이나 밤은 없었다. 이 영원한 막일꾼은 여행의 즐거움이나 휴식의 은총을 한 번도 갖지 못했고, 위대한 명성이나 부유함이라는 감각적인 보상도 받지 못했다.

그러나 이 자유로운 정신은 기꺼이 영원한 빈곤의 하인이 되었고, 자신의 거침없는 양심을 배신하기보다는 차라리 밤잠을 줄였다. 그는 세상의 주목을 받지 못하고 망각의 어둠 속에서도 자신들이 신성하다고 여기는 일을 위해 싸움을 계속하는 은밀한 정신적 영웅들의 위대한 모범이었고, 언어의 불가침성과 자신의 독자적인 생각에 대한 흔들리지 않는 권리를 옹호하려는 사람들의 모범이었다.

카스텔리오와 칼뱅 사이의 진짜 싸움은 아직 시작되지 않았다. 그러나 두 사람, 두 이념은 서로에게서 눈을 떼지 않고 화해할 길 없는 서로의 적수를 알아보고 있었다. 이 두 사람이 같은 도시, 같은 정신적 공간 안에서 단 한 시간이라도 함께 산다는 것은 불가능했다. 지금 한 사람은 바젤, 한 사람은 제네바에 서로 완전히 떨어져 있었지만, 그들은 두 눈을 부릅뜨고 상대방을 지켜보고 있었다. 카스텔리오는 칼뱅을, 칼뱅은 카스텔리오를 잊지 않았다. 그들의 침묵은 결정적인 말을 향한 기다림이었다.

단순한 의견 차이가 아니라 세계관과 세계관 사이에서 복수 단념의 서약이 이루어졌지만, 가장 깊은 내면에서 계속되는 이러한 대립은 지속적으로 평화를 유지할 수 없기 때문이다. 정신적인 자유는 독재의 그림자 속에서 스스로 만족한다고 느낄 수는 없으며, 단 한 명의 독자적인 인간이 자신의 영토 안에 똑바로 살고 있어도 독재자는 근심 없이 지낼 수 없는 법이다. 그러나 아직은 잠재된 긴장을 폭발시킬 만한 계기가 필요했다.

칼뱅이 세르베투스를 화형하기 위해 장작더미에 불을 붙였을 때, 마침내 카스텔리오의 입에서 고발의 언어가 터져나왔다. 칼뱅이 모든 자유로운 양심에 대한 선전포고를 했을 때 비로소 카스텔리오는 양심의 이름으로 생사를 걸고 그에게 도전하게 된다.

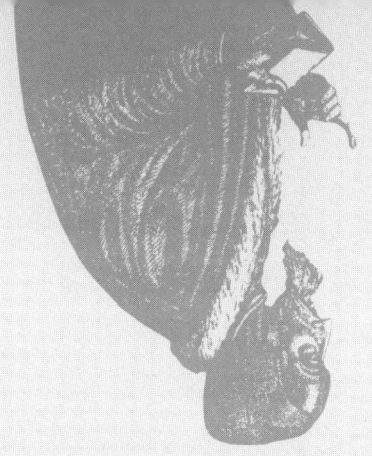

제4장
불운한 희생양

신학의 돈키호테, 세르베투스

역사는 여러 번 수많은 인간들 중에서 단 한 사람을 선택해 세계관의 대립을 조형적으로 보여주곤 했다. 그런 사람이 반드시 최고 수준의 천재여야 하는 것은 아니다. 운명은 자주 수많은 사람들 중에서 아주 우연한 이름을 골라서 후세의 기억에 뚜렷하게 새겨놓곤 했다.

미겔 세르베투스Miguel Servetus도 특별한 재능 덕이 아니라, 오직 끔찍한 종말로 인해 기억할 만한 인물이 되었다.

이 특이한 사람의 재능은 한 방향으로 정리되지 못한 채 다방면에서 나타났다. 강하고 깨어 있고 호기심 많고 고집스러운 지식인, 그러나 미친 듯이 이 문제에서 저 문제로 헤매다니는 인간, 진실에 대한 순수한 의지가 있을 뿐 창조적인 명석함에 도달할 능력은 없는, 매우 다재다능한 인간이었다.

이 파우스트적인 정신은 그 어떤 분야도 근본적으로 파고들지 못하고, 철학, 의학, 신학의 의용병 노릇을 했다. 어쩌다가 대담한 관찰로 사람들을 매혹시키지만, 다음 순간 다시 경박한 사기꾼 체질로 인해 화를 부르는 인간이었다. 한 번은 어쩌다가 예언자적인 식견으로 진짜 선구적인 관찰을 빛낸 적이 있었다. 이른바 '작은 혈액순환'이라는 의학상의 발견이었는데, 세르베투스는 자신의 관찰을 체계적으로 정리하고 학문적으로 발전시키겠다는 생각을 하지는 못했다. 때 이른 번개처럼 이 천재적인 번개는 자기 시대의 어두운 벽에 부딪혀 사라져버렸다. 이 고독한 인물에게는 상당한 정신력이 있었다. 그러나 오직 내면의 확고한 목적의식만이 강력한 정신을 창조적인 인물로 바꾸어주는 법이다.

모든 에스파냐 사람의 내면에는 돈키호테의 면모가 감추어져 있다는 것은 지겨울 정도로 많이 듣는 말이다. 그러나 이러한 관찰이 미겔 세르베투스에게는 놀라울 정도로 잘 들어맞는다. 이 가냘프고 창백하고 뾰족수염을 한 아라곤 출신의 남자는 메마르고 야윈 라만차의 영웅과 겉모습만 비슷한 것이 아니었다. 내면적으로도 그는 똑같이 위대하고 기묘한 정열로 불타오르고 있었다. 즉 부조리한 것을 위해 싸우고, 광포한 이상주의를 위해 현실의 모든 잘못에 맞서 싸울 저항의 열의에 불타고 있었다.

자기비판 능력이 완전히 부족한 상태에서 언제나 무엇을 새로 찾아내거나 주장하면서 방랑하는 이 신학의 기사는 시대의 모든 성벽과 풍차를 향하여 덤벼들었다. 오직 모험과 부조리한 것, 병적이고도 위험한 것만이 그를 자극했다. 분명한 싸움의 욕구를 가지고 그는 모든 독선가들과 충돌했고, 어떤 당파와도 결합하지 않고 어떤 혈족에도 속하지 않았으며, 언제나 고독한 자로서 항상 환상에 사로잡혀 있었다. 그래서 그는 기묘한 사람으로 낙인찍혀 있었다.

그토록 과대망상에 빠져 줄곧 혼자서 모든 사람과 대적하는 사람은 어쩔 수 없이 모든 사람과의 관계를 망친다. 칼뱅과 엇비슷한 나이이면서도 여전히 소년의 모습을 한 세르베투스는 세상과 최초의 충돌을 이미 경험했다. 열다섯 살에 그는 고향인 에스파냐의 아라곤 지방의 종교재판을 피해서 툴루즈로 도망치지 않을 수 없었던 것이다. 세르베투스는 그곳에서 공부를 계속했다.

그 후에 카를 5세의 고해신부가 그를 비서로 채용해서 이탈리아로 데리고 갔으며, 나중에는 아우구스부르크 종교회의에도 데리고 갔다. 그곳에서 이 젊은 인문주의자는 그 시대의 다른 사람들과 마찬가지로 신교와 구교의 거대한 싸움에 정열적으로 말려들어갔다. 그의 불안정한 정신

세르베투스의 초상

이 신교와 구교 사이의 세계사적인 논쟁을 보자 들끓게 되었던 것이다. 모두들 싸우는 곳에서 그는 함께 싸우려고 했으며, 모두가 교회를 개혁하고자 할 때 함께 개혁하기 위해 노력했다. 이 뜨거운 피를 가진 젊은 이는 청춘의 과격주의에 취해 그때까지의 해결책과 모든 교회의 해결책들이 너무나 느슨하고 미적지근하고 우유부단한 것이라고 느꼈다.

루터, 츠빙글리, 칼뱅 같은 대담한 개신교 지도자들도 여전히 복음서를 순화하기에는 충분히 혁명적이지 못한 사람들로 보였다. 어쨌든 그들은 여전히 삼위일체설을 받아들이고 있었던 것이다. 세르베투스는 스무 살 청년의 비타협성으로 니케아 종교회의[1]는 정당성을 갖지 못하며, 삼위의 영원한 본체에 대한 믿음은 하나님의 본질인 통일성과 일치하지 않는다고 생각했다.

이토록 과격한 사상이 그토록 종교적으로 과열된 시대에 눈에 띄지 않을 수 없었다. 모든 가치와 법칙들이 흔들리는 시대에는 모든 사람이 항상 자신의 권리를 찾고, 전통과 무관하게 독자적으로 생각하기 시작하는 법이다. 불운하게도 세르베투스는 모든 논쟁하는 신학자들에게서 논쟁의 기쁨뿐만 아니라 그들의 가장 나쁜 습성, 즉 광신적 독선도 함께 배웠다. 이 스무 살짜리 청년은 개혁의 지도자들을 향해 그들이 불충분한 개혁을 했다고 주장했을 뿐만 아니라, 오직 세르베투스 자신만이 진리를 알고 있다고 주장했다.

그는 자기 시대의 위대한 학자들을 방문했다. 스트라스부르로 마틴 부처Martin Bucer와 카피토Capito, 1478~1541[2]를, 그리고 바젤에 있는 오이콜람파디우스Oecolampadius, 1482~1531[3]를 방문해서 개신교에서 삼위일체라는

---

1) 고대도시 니케아에서 열린 가톨릭 최초의 종교 회의. 첫 번째는 325년 로마의 콘스탄티누스 대제가 소집하여 예수의 신성神性을 부정하는 아리우스파를 이단으로 몰고, 아타나시우스파의 삼위일체설을 정통 교리로 인정하는 니체노 신경信經을 채택했다. 두 번째는 787년에 동로마 제국의 황후 이레네 이세가 소집하여 성화상聖畫像 숭배 등에 관한 규약을 제정하였다.
2) 독일의 인문주의자·종교개혁가. 에라스무스와 루터를 비롯한 종교개혁가들과 교류를 통해 가톨릭 사제의 길을 버리고 종교개혁의 대열에 합류했다. 초기 종교개혁 과정에서 루터와 츠빙글리의 견해 차이를 중재하기도 했으며, 다른 개혁자들과 달리 급진적인 재세례파와 다른 반대파들과 우호적인 관계를 유지했다.
3) 독일의 인문학자·종교개혁가. 츠빙글리의 절친한 동료로서 바젤에서 종교개혁을 이끌었다. 과거 교부들의 저서를 번역하였으며, 뛰어난 언어 능력으로 청중들에게 세 가지 언어로 강연을 하는 등 설교자로서도 높은 명성을 얻었다. 하지만 후에 자신이 존경하던 루터와 논쟁을 벌이기도 하고, 종교개혁의 확장 노력이 정치적 분열 때문에 좌절되자 충격을 받고 운명했다.

'잘못된' 교리를 버리라고 그들에게 요구했다.

기품 있고 성숙한 목사와 교수들의 집으로 수염도 채 나지 않은 이 에스파냐의 대학생이 갑작스레 쳐들어가서, 강한 히스테리성 기질로 아주 버르장머리 없게 곧장 그들의 생각을 바꾸고 자신의 과격한 주장에 합류하라고 요구했을 때, 그들이 느꼈을 놀라움은 쉽게 상상할 수 있다.

마치 악마가 지옥의 형제를 자기들의 서재로 파견하기라도 한 것처럼, 그들은 이 거친 이단자를 보고 성호聖號를 그었다. 오이콜람파디우스는 그를 한 마리 개처럼 집에서 쫓아내면서 "유태인, 터키인, 하나님의 모독자이며 악마에 사로잡힌 자"라고 불렀다. 부처는 강단에서 그를 가리켜 "악마의 사도"라고 불렀으며, 츠빙글리는 공공연히 "저 뻔뻔스러운 에스파냐인人, 거짓된 가르침으로 기독교 전체를 망가뜨리려고 하는 자"라고 경고했다.

그러나 라만차의 기사가 욕설이나 매질을 당했다고 자신의 여행을 그만두지 않았듯이, 이 신학의 돈키호테도 항변이나 거부를 보고 자신의 싸움을 그만두지는 않았다. 지도자들이 자기를 이해하지 못하고 지혜롭고 영리한 사람들이 서재에서 자기 말에 귀를 기울이려고 하지 않았으니, 이제 공개적으로 싸움을 계속해야 할 판이었다. 이제 기독교 세계는 그의 논증을 책의 형태로 보게 될 것이다!

스물두 살의 나이에 세르베투스는 자신의 돈을 전부 긁어모아 하게나우에서 자신의 주장을 인쇄했다. 이제 폭풍은 공개적으로 그를 향해 불어왔다. 부처는 강단에서 이 뻔뻔스러운 작자는 더도 덜도 말고 "살아있는 몸뚱이에서 창자를 꺼내는 일"을 당해야 마땅하다고 주장했다. 이때부터 개신교 세계에서 세르베투스는 사탄이 골라 뽑은 사절로 간주되었다.

이와 같은 방식으로 전 세계에 대항한, 그러니까 가톨릭과 개신교의 가르침이 모두 다 잘못되었다고 선언한 사람에게 기독교 세계 어디에도 조용한 휴식처나 집 또는 지붕이 없는 것은 당연한 일이었다.

열정과 용기

세르베투스가 '아리안식 이단'의 책으로 죄를 짓게 된 이후로, 이 이름의 인간이 사나운 들짐승보다도 더욱더 쫓기는 위험한 사람으로 여겨진 것도 당연한 일이다. 그에게는 단 하나의 구원만이 가능했다. 흔적도 없이 사라지는 것, 다시는 눈에 띄지 않고 찾을 수 없게 되는 것, 그리고 불붙은 의복 같은 자기 이름을 벗어버리는 일이었다. 도망자는 미셸 드 빌뇌브Michel de Villeneuve라는 이름으로 프랑스에 돌아와 리옹의 어떤 출판사에서 교정 보는 일을 하게 되었다.

그의 딜레탕트적인 감정이입 능력은 이 분야에서도 금세 새로운 매력과 논쟁의 가능성들을 찾아냈다. 그는 프톨레마이오스의 《지리학》을 교정보다가 하룻밤 사이에 지리학자가 되어서 이 작품에 상세한 해설을 덧붙였다. 의학서들을 검토하는 중에 이 활동적인 정신은 의사가 되었고, 얼마 후 진지하게 의학 공부를 시작하게 되었다. 그는 계속 공부하기 위해 파리로 갔으며, 해부학 강의시간에 베살리우스Vesalius, 1514~1564[4]와 함께 표본제작자 노릇을 했다.

그러나 앞서 신학에서 그랬듯이 이 참을성 없는 인간은 공부를 끝까

---

[4] 벨기에의 해부학자. 최초로 인체를 해부하고 부활골復活骨의 미신을 부정하여 가톨릭 교회의 박해를 받았다. 근대 해부학의 창시자로 인체 해부서인 《파브리카》를 지었다.

지 마치지 못하고, 학위도 받기 전에 이 새로운 분야에서도 모든 사람들을 가르치고 능가하려고 했다. 대담하게도 그는 파리의 의과대학에서 수학과 기상학, 천문학, 점성술 등에 관한 강의를 예고했다. 그러나 천문학과 의학을 뒤죽박죽 뒤섞은 그의 어지러운 활용법이 의사들을 화나게 만들었다. 세르베투스 빌라노부스[5]는 당국과 말썽을 빚고, 하나님의 법칙과 시민의 법칙에 의해 유죄판결을 받은 점성술로 못된 일을 일삼는다고 의회에 공식 고소를 당했다.

세르베투스는 당국의 조사를 받다가 자신이 그토록 널리 수배된 지상 최대의 이단자라는 사실이 드러날까봐 재빨리 도망쳐버렸다. 그 언젠가 신학자 세르베투스가 독일에서 사라졌듯이 하룻밤 사이에 대학 강사 빌라노부스는 파리에서 자취를 감추었다.

다시 모습을 나타냈을 때 그는 또 다른 가면을 쓰고 있었다. 비엔의 폴미에 대주교의 주치의, 일요일마다 미사에 참석하는 이 경건한 가톨릭 신자가 추방된 이단자이며 의회에 고소된 사기꾼이라고 어느 누가 짐작이나 했겠는가?

물론 비엔에서 빌뇌브는 이단의 주장을 퍼뜨리지 않으려고 몹시 신중하게 처신했다. 그는 완벽하게 조용했고 눈에 띄지 않았다. 많은 환자들을 방문하고 치료하면서 돈을 넉넉히 벌었다. 비엔의 시민들은 에스파냐식 위엄을 지닌 대주교 각하의 주치의 빌뇌브께서 자기들 곁을 지나쳐갈 때면 아무것도 모른 채 존경심에 가득 차서 모자를 들어올리곤 했다. 얼마나 고귀하고 경건하며, 학식이 풍부하고 겸손한 어른이신가!

그러나 실제로 이 정열적이고 명예욕 강한 사람 속에 숨어 있던 이단

---

[5] 빌뇌브의 라틴식 이름.

의 정열이 결코 죽은 것은 아니었다. 미겔 세르베투스의 영혼 깊숙한 곳에는 옛날의 탐색적인 불안의 정신이 변함없이 살아 있었다. 어떤 생각이 한 인간의 내면에 일단 자리 잡으면, 그 생각은 그의 사고와 감정의 끄트머리까지 지배하면서 끊임없이 내면에서 열을 만들어내기 마련이다

살아 있는 생각은 단 한 사람의 내면에서만 살다가 스러져가려고 하지는 않는다. 그것은 공간과 세계와 자유를 갈구한다. 그래서 사상가에게는 필생의 이념이 곪은 손가락에서 고름이 솟아나오듯, 어머니의 몸에서 아기가 나오듯, 껍질 속에서 열매가 나오듯, 내면에서 밖으로 뚫고 나오는 순간이 오는 법이다.

세르베투스처럼 정열과 자의식이 강한 사람은 자기 사상을 오직 자신만을 위해 갖고 있지 못한다. 마침내 그는 온 세상이 자기와 같은 생각을 갖게 되기를 참을 수 없이 열망했다. 유아세례와 삼위일체라는, 자기가 보기에 잘못된 교리를 개신교 지도자들이 전파하는 것을 바라보는 일이 그의 양심에는 고통이 아닐 수 없었다. 기독교가 여전히 이 '반反기독교적인' 잘못을 저지르고 있다니…….

마침내 앞에 나서서 온 세계를 향해 참된 신앙의 소식을 전파하는 것이 그의 의무가 아니겠는가? 이 강요된 침묵의 세월이 세르베투스에게 무서울 정도의 짐이었던 것이 분명하다. 한편으로는 억눌려 밖으로 나오지 못한 말이 그를 압박하고 있는데, 다른 한편으로는 추방되어서 신분을 위장한 채 입을 다물고 있어야 했으니까.

이 고통스러운 상황에서 마침내 세르베투스는 정신적인 대화를 나눌 수 있는 사상의 형제를 멀리서라도 찾아보려고 했다. 충분히 이해할 수 있는 욕구이다. 자기가 사는 곳에서는 어느 누구와도 정신적으로 통할 수 없었으므로, 그는 자신의 신학적인 확신을 편지로나마 이야기해보려

고 했다.

　불행하게도 이 눈먼 사람이 온전히 신뢰를 바친 사람이 바로 칼뱅이었다. 개신교도 중에서도 가장 과격하고 대담한 개혁자에게서 세르베투스는 더욱더 엄격하고 대담한 성서해석에 대한 이해를 구했다. 그럼으로써 그는 어쩌면 언젠가 말로 주고받았던 생각을 새롭게 되살렸을 것이다. 나이가 비슷한 두 사람은, 파리의 대학 시절에 서로 만난 적이 있었다. 그러나 여러 해가 지나서 칼뱅은 이미 제네바의 통치자가 되어 있었고, 빌뇌브는 비엔 대주교의 주치의가 되어 있었다. 리옹의 어떤 서적상의 중개로 두 사람 사이에 편지 교류가 시작되었다.

　세르베투스 쪽에서 더 적극성을 띠었다. 그는 거의 뿌리칠 수 없는 절박감으로, 거의 뻔뻔스럽다고 할 정도로 삼위일체설과 맞선 싸움에서 가장 강력한 개신교 이론가인 칼뱅을 자기편으로 만들기 위해 편지를 쓰고 또 썼다.

　처음에 칼뱅은 원론적으로 경고하는 답장을 보냈다. 길 잃고 헤매는 사람을 가르치고, 교회 지도자로서 낙오자를 다시 선한 양떼에 합류시켜야 한다는 의무감에서 그는 세르베투스의 잘못을 지적하려고 애썼다. 그러나 세르베투스가 펼치는 이단적인 주장과 불손하고 자화자찬하는 말투에 칼뱅은 마침내 넌더리가 나고 말았다. 정말 아무것도 아닌 일에서 극히 사소한 공박만 받아도 화가 솟구치는 권위적인 칼뱅에게 세르베투스는 이런 식으로 편지를 썼다.

　"나는 자네가 세 가지 신적인 본질의 엄청난 차이점을 인정한 것은 잘못이라는 사실을 알아듣도록 그렇게 자주 이야기했었네."

　이 정도만 해도 그토록 위험천만한 적을 극도로 자극하는 일이었다. 그런데 세르베투스는 칼뱅의 《기독교 강요》 한 권을 이미 세계적으로 유명한 그 저자의 집으로 보냈다. 그는 학생이 잘못 쓴 부분을 선생님이 고쳐주듯이, 이 책에서 잘못된 부분을 일일이 난외에 표시했다. 이쯤 되면, 제네바의 통치자가 이 어줍잖은 신학자의 오만불손에 대해 얼마나 분노를 느꼈을지 쉽게 짐작할 수 있다

칼뱅은 경멸에 가득 찬 어투로 친구인 파렐에게 다음과 같이 써 보냈다. "세르베투스는 개가 바위를 물어서 가장자리를 부스러뜨리듯이 내 책에 덤벼들어서 온갖 지저분한 말들로 그것을 더럽혔습니다."

이런 구제불능성 바보와 토론하면서 시간을 낭비할 필요가 있겠는가? 단 한 번의 발길질로 그는 세르베투스의 논의들을 걷어차버렸다.

"이 사람의 말에 대해서라면, 나는 나귀의 울음소리만큼도 관심이 없습니다"라고 파렐에게 써서 보냈다.

그러나 강철 같은 자의식으로 무장한 사람을 향해 자신이 얼마나 허약한 창을 들고 덤비는 것인지를 제때에 알아차리지 못한 이 불쌍한 돈키호테는 조금도 굽히지 않았다. 자기에 대해서는 아무것도 알고 싶어 하지 않는 바로 이 한 사람만을, 그는 무슨 수를 써서라도 자기 이념의 편으로 끌어들이고 싶었기에 굽히지 않았다. 그는 정말로 칼뱅이 묘사했듯이 '악마'에 사로잡힌 사람 같았다.

그는 칼뱅을 가장 무서운 적이라 여겨 조심하지 않고, 자기가 준비하고 있던, 아직 출판되지 않은 신학 저술의 견본을 읽어보라고 칼뱅에게 보냈다. 내용이 칼뱅을 자극한 것은 물론이거니와 그 제목을 보면 더욱 놀랍다. 세르베투스는 자신의 저술에 '기독교 재건 Christianismi Restitutio'이라는 이름을 붙였다. 그것은 온 세상을 향해 칼뱅의 《기독교 강요》에 맞서서 자신의 《기독교 재건》을 내세우겠다는 생각을 드러낸 것이다. 상대방의 이런 병적인 전도병과 어리석은 뻔뻔스러움은 칼뱅에게 지나치게

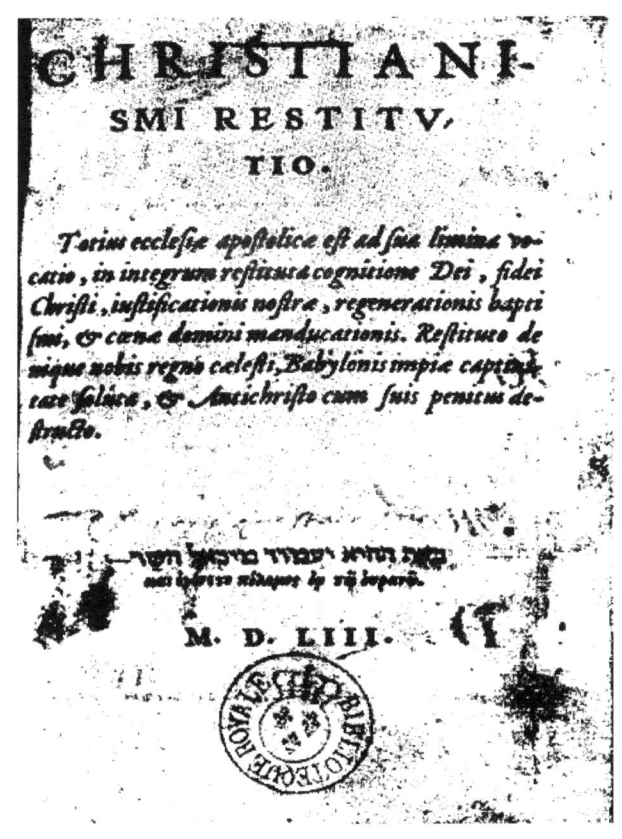

세르베투스의 《기독교 재건Christianismi Restitutio》 표지

방자한 모습으로 보였다.

칼뱅은 그때까지 편지 왕래를 중개했던 서적상 프렐론Frellon에게 아주 분명한 어조로 자신은 그런 허풍선이 바보와 시간을 낭비하는 것보다 훨씬 중요한 일들을 해야 한다고 알렸다. 그와 동시에 친구인 파렐에게도 이렇게 적어— 이 말들은 뒷날 무시무시한 무게를 갖게 된다— 보냈다.

"세르베투스가 최근에 내게 편지를 써 보냈는데, 자기 두뇌의 망상도 상당한 분량을 동봉해왔더군요. 믿을 수 없는 오만불손함으로 주장하기를, 아주 놀라운 것을 읽게 될 거라구요. 그는 내가 부르기만 하면 이리로 올 준비가 되어 있다고 합니다.……그러나 그런 말을 할 생각이 내겐 없습니다. 그가 온다면, 내가 이 도시에서 약간의 영향력이라도 있는 한 그가 살아서 이 도시를 떠나는 꼴을 보지는 않을 것입니다."

세르베투스는 칼뱅의 이런 협박에 대해서 어디선가 들었거나, 아니면 (없어져버린 편지에서) 직접 경고를 받았는지, 어쨌든 그는 얼마나 위험한 적에게 자신의 정체를 알렸는지에 대해서 드디어 어떤 예감이 들었던 모양이다. 그는 '극비사항'으로 보낸 저 위험한 원고가, 공공연하게 자신에 대한 적대감을 드러낸 남자의 손에 있다는 사실에 처음으로 기분이 나빠졌다. 그는 놀라서 칼뱅에게 이렇게 써 보냈다.

"자네에게 나는 사탄일 뿐이라는 것이 자네 뜻이니, 이제 그만두겠네. 나의 원고를 돌려주고 잘 지내게. 그러나 교황이 반기독교적이라고 자네가 정직하게 믿는다면, 교황 이론의 일부인 삼위일체와 유아세례도 악마의 교리라는 사실을 인정해야 할 거야."

칼뱅은 물론 답장을 보내지 않았다. 또한 그 부담스러운 원고를 세르베투스에게 되돌려 보낼 생각은 더더욱 하지 않았다. 그는 위험한 무기를 다루듯이 이 이단의 원고를 필요한 순간에 다시 꺼낼 수 있도록 조심스럽게 서랍 속에 잘 보관해두었다. 최후의 격렬한 대화 다음에는 싸움이 시작된다는 사실을 두 사람 모두 너무나 잘 알고 있었기 때문이다. 그 무렵 세르베투스는 더욱 불길한 예감에 사로잡혀서 한 학자에게 이렇게 써 보냈다

"이 일로 인하여 내 앞에 죽음이 놓여 있다는 사실을 분명하게 느낍

니다. 그러나 이 생각이 나의 용기를 꺾지는 못합니다. 그리스도의 제자로서 나는 내 스승의 발자취를 따르렵니다."

망각을 모르는 증오

카스텔리오와 세르베투스, 그리고 수많은 다른 사람들도 알고 있는 일이지만, 칼뱅처럼 광신적인 독선가에게 단 한 번이라도, 그것이 학설의 아주 사소한 부분에 불과할지라도, 어쨌든 그에게 덤빈다는 것은 대담하고도 목숨이 위태로운 일이었다.

  칼뱅의 증오는 그의 성격의 다른 면들처럼 완고하고도 조직적이어서 곰사냥꾼 같은 루터나 거칠고 촌스러운 파렐의 분노처럼 사납게 솟구쳤다가 다시 가라앉는 불꽃 같은 것이 아니었다. 그의 증오는 냉혹하고 날카롭고, 예리한 광석 같은 원한이었다. 그것은 루터처럼 욱하는 성격과 피와 흥분에서 솟아나오는 것이 아니었다. 칼뱅의 끈질기고 차디찬 복수욕은 그의 두뇌에서 나왔다. 그의 증오는 무서울 정도로 뛰어난 기억력을 갖고 있었다.

  칼뱅은 단 한 번도, 어느 누구도 용서한 적이 없었다.—"그가 누군가에 대해서 원한을 품게 되면 그 일은 절대로 잊혀지지 않는다quand il a le dent contre quelqu'un ce n'est jameis fait"라고 드 라 마르de la Mare라는 목사가 말한 적이 있다—그리고 그가 단단한 철필로 자기 내면에 한번 새겨넣은 이름은, 그 사람이 생명책에서 지워지기 전까지는 절대로 말소되는 법이 없었다.

  그러므로 칼뱅이 세르베투스에 대한 소식을 듣지 못한 채로 오랜 시간이 지났다 해도, 별 의미가 없다. 그렇다고 해서 잊어버릴 칼뱅이 아니기 때문이다. 그는 말 없이 서랍에는 자기 체면을 깎아내린 편지를 보관하고, 화살통에는 화살을 담아두고, 완고하고 무자비한 영혼에는 오래 묵은 그러나 결코 해소될 길 없는 증오를 담아두었다.

실제로 세르베투스는 이 오랜 기간을 완벽하게 조용히 있었다. 그는 가르칠 수 없는 인간을 설득하는 것을 포기했다. 그리고 자신의 모든 정열을 오직 책에만 쏟아부었다. 조용하고 참으로 두려운 헌신으로 이 대주교의 주치의는 남몰래 자신의 《기독교 재건》을 계속 써나갔다. 그의 희망대로라면, 진실성 면에서 칼뱅, 루터, 츠빙글리의 개혁을 훨씬 능가하는 것으로서 마침내 세계를 참된 기독교로 안내해줄 책이었다.

세르베투스는 나중에 칼뱅이 그를 탄핵한 것처럼 "복음서를 비웃는 인간"은 결코 아니었다. 또한 오늘날 자주 찬양되듯이 자유사상가나 무신론자도 아니었다. 세르베투스는 여전히 기독교 영역 안에 머물러 있었다. 그의 책 서문을 보면 그가 자신의 생명까지도 신앙을 위해 바치려고 하는 독실한 기독교도라고 얼마나 진지하게 느끼고 있는지를 알 수 있다.

"오, 하늘에서 우리에게 스스로를 내주신 예수 그리스도, 하나님의 아들이시여! 그 위대한 계시를 진실한 방식으로 우리가 확실히 알도록 당신의 종에게 당신 자신을 열어서 보여주십시오. 제가 지금 내면의 신적인 열망에 따라 옹호하려고 하는 것은 당신의 일입니다. 전에도 최초의 시도를 했던 적이 있습니다. 이제 시간이 되었으니 새로이 그 일을 해야 할 필요성을 절실하게 느낍니다. 우리의 빛을 감추지 말라고 당신은 우리에게 가르쳤습니다. 그러므로 제가 진실을 고하지 않는다면 저는 저주를 받아 마땅합니다!"

세르베투스가 이 책을 출간함으로써 불러올 위험에 대해 분명하게 인식하고 있었다는 것은 인쇄할 때에 특별한 예방조치를 취한 것만 보더라도 알 수 있다. 대주교의 주치의가 말 많은 소도시에서 칠백 쪽에 이르는 이단서를 인쇄한다는 것은 얼마나 무모한 일인가! 저자뿐 아니라 출판업자와 관여한 노동자들까지도 이 미친 행동으로 인해 목숨을 내놓게 될 일이었다.

그러나 세르베투스는 여러 해 동안 의사 노릇을 해서 힘들게 벌어들인 전 재산을 쏟아부으며 망설이는 노동자들을 설득하여 종교재판에 대한 두려움을 무릅쓰고 남몰래 자기 책을 인쇄하도록 했다. 안전을 위해 본래의 인쇄소에서 세르베투스가 이 일을 위해 빌린 집으로 인쇄기도 옮겼다. 그곳에서 비밀을 지키겠다고 맹세한 믿을 만한 사람들이 남의 눈에 띄지 않게 이 이단의 책을 만들었다. 완성된 책에는 인쇄장소나 출판장소가 나와 있지 않았다. 다만 마지막 페이지에 세르베투스는, 불운한 일이었지만, 인쇄년도 위쪽에 자신의 이니셜인 M.S.V.(미겔 세르베투스 빌라노부스)를 써넣었다. 그럼으로써 종교재판 탐색견들에게 작가에 대한 확고한 증거를 남겼다.

그런데 사실 세르베투스는 자기 자신을 드러낼 필요도 없었다. 가차없는 적의 증오가 날카롭게 탐색하는 눈길을 빛내면서 이미 그 일을 준비하고 있었기 때문이다. 칼뱅이 제네바에서 점점 더 조직적이고 세심하게 구축한 염탐과 감시의 조직망은 멀리 떨어진 이웃나라에까지 미쳐서 프랑스에서도 교황의 종교재판보다 더 치밀하게 일이 진행되고 있었다. 실제로 세르베투스의 책이 아직 공식적으로 출간되지도 않았고, 거의 일천 권에 이르는 책들이 리옹에 쌓여만 있고 아직 마차에 실려 프랑크푸르트 도서시장으로 굴러가기도 전에, 세르베투스 자신도 사람들에게 책을 몇 권밖에 보내지 못해서 오늘날에도 겨우 서너 권 정도밖에 전해지지 않을 정도인데, 칼뱅은 벌써 한 권을 손에 넣은 상태였다. 그는 이 단자와 그의 책 둘 모두를 단번에 파멸시키는 일에 곧바로 착수했다.

칼뱅이 취한 최초의 (별로 알려지지 않은) 세르베투스 살해기도는 음흉하다는 면에서는 뒷날 샹펠 광장에서 공공연히 살해한 것보다 훨씬 더 역겹다. 칼뱅은 하늘 아래 최고의 이단서라고 느껴지는 이 책을 손에 넣자마자, 마치 공개적이고 정직한 방법이기라도 한 것처럼 적을 곧장 가톨릭 종교관청의 손아귀 속으로 밀어넣으려고 했다. 그가 강단에서 기독교 세계를 향해 이 책에 대해 경고만 해도 가톨릭 종교재판 당국이 곧이 책의 저자를 대주교 궁전의 그림자 안에서 찾아낼 것이었다.

그러나 개신교 지도자는 교황 성무청의 수고를 덜어주었다. 그것도 가장 비열한 방법으로. 칼뱅의 찬양자들은, 그의 생애에서 가장 어두운 이 부분에서 그를 옹호하려고 애쓰지만 아무 소용도 없는 일이다. 그런 사람들은 이런 노력을 하면서 가장 깊이 그의 성격을 잘못 보고 색깔을 바꾸어버리기 때문이다. 개인적으로는 의심의 여지없이 가장 정직한 열성과 가장 순수한 종교적 의지를 가진 인간이었지만, 칼뱅은 자신의 도그마, 자신의 일이 문제되는 순간에는 아주 냉혹한 인간이었다. 자신의 학설과 자신의 패거리를 위해서라면, 그는 효과만 있다면 모든 수단을 다 정당화할 용의가 있었다(로욜라와는 완전히 반대인 칼뱅이 이 점에서는 로욜라와 똑같았다).

세르베투스의 책이 칼뱅의 손에 들어가자마자, 1553년 2월 16일에 벌써 칼뱅의 가장 가까운 친구 중 한 사람이고 개신교 이민자인 트리예 Guillaume de Trye가 제네바에서 프랑스에 사는 사촌 아르네Antoine Arneys에게 편지를 보냈다. 트리예가 열렬한 개신교도가 되었듯이, 아르네는 광신적인 가톨릭 교도였다. 이 편지에서 트리예는 우선 전체적으로 개신교의 제네바는 모든 이단의 활동을 얼마나 훌륭하게 억압하고 있는가를 찬양하고 있다. 그에 반해서 가톨릭의 프랑스에는 이러한 잡초들이 매우 번성하고 있다고 말했다. 그러다가 갑자기 친절한 수다가 위험할 정도로 진지하게 돌변했다. 그곳 프랑스에, 이를테면 화형당해 마땅한 어떤 이단자가 있는데, 언제라도 잡을 수 있는 장소에 머물고 있다고 했다.

이런 말을 들으면 깜짝 놀라지 않을 수 없다. 이 문장은 그 옛날 칼뱅의 고소문과 끔찍할 정도로 일치하기 때문이다. 세르베투스가 제네바로 들어서기만 한다면 그가 살아서 이 도시를 떠나지 못하도록 하리라. 그러나 칼뱅의 하수인인 트리예는 더욱 분명하게 표현한다. 그는 다음과 같이 아주 분명하게 밀고하고 있다.

"미겔 세르베투스라는 에스파냐의 아라곤 사람을 말하는 것으로, 그는 미셸 드 빌뇌브라는 이름으로 의사 노릇을 하고 있다."

그리고 세르베투스 책의 인쇄된 표지를 동봉하고 처음 네 쪽의 내용을 전했다. 그런 다음 그는 죄 많은 세상에 대해 동정심에 넘치는 탄식을 하면서 이 치명적인 편지를 마무리했다.

이 제네바산産 폭탄은 원하는 장소에서 터지도록 아주 정교하게 만들어진 것이었다. 비열한 밀고장이 계획한 대로 모든 일이 진행되었다. 경건한 가톨릭 교도인 사촌 아르네는 완전히 넋이 나간 채 편지를 들고는 리옹의 가톨릭 관청으로 달려갔다. 추기경은 급히 서둘러서 교황의 종교재판관 피에르 오리Pierre Ory를 불렀다. 칼뱅이 밀어붙인 바퀴가 비상한 속도로 굴러갔다. 2월 27일에 제네바에서 온 밀고 편지가 접수되었는데, 3월 16일에는 벌써 비엔에서 빌뇌브가 소환되었다.

그러나 제네바의 경건하고도 열렬한 밀고자들에게는 몹시 화나는 일이었지만, 이 정교한 폭탄은 폭발하지 않았다. 어떤 도움의 손길이 중간에서 뇌관을 제거해버린 것이다. 아마도 비엔의 대주교가 직접 자신의 주치의에게 제때 손을 쓰도록 값비싼 손짓을 해준 것 같았다. 종교재판관이 비엔에 나타났을 때 인쇄기는 마술에 걸린 것처럼 그 장소에서 사라졌고, 노동자들은 그런 책을 인쇄한 적이 결코 없다고 맹세했으며, 대단히 존경받는 의사 빌뇌브는 미겔 세르베투스와 동일인물이라는 사실을 극구 부인했다.

이상스럽게도 종교재판 당국은 이런 단순한 항변에 만족했는데, 이렇게 이상한 너그러움은 당시 어떤 강력한 손길이 세르베투스를 보호하고 있었다는 추측을 뒷받침해준다. 보통은 엄지손가락을 나사로 조이는 등 즉시 고문을 시작하곤 하던 재판소가 빌뇌브만은 아무 일 없이 풀어주고, 종교재판관은 아무런 성과도 없이 리옹으로 돌아갔다. 아르네에게는 그가 가져온 정보들은 고소하기에 불충분한 것이라고 통보되었.

가톨릭 종교재판을 통해 세르베투스를 제거하려던 제네바의 암살모의는 실패로 돌아간 듯했다. 아르네가 제네바의 사촌 트리예에게 새로운, 이번에는 더욱 확실한 증거를 청하지 않았다면 이 사건 전체가 모래 속에 파묻혀버리고 말았을 것이다.

교활한 살인 음모

지금까지는 그래도 극단적인 너그러움으로 트리예가 정말로 순수한 믿음의 열성에서 가톨릭 교도인 사촌에게 자기는 직접 알지도 못하는 작가를 알려주었을 뿐이며, 그 자신이나 칼뱅은 그것이 교황의 종교재판 측에 밀고 될 수도 있다는 생각은 전혀 못했다고 생각할 수도 있다. 그러나 이제는 이 형법기관이 본격적으로 가동되었고, 아르네가 순수한 호기심에서가 아니라 종교재판 당국의 부탁을 받고서 더욱 확실한 증거를 청하고 있다는 사실을 제네바 쪽에서 알게 되었으므로, 자신들이 지금 누구 좋은 일을 하고 있는지 모른다고 할 수는 없게 되었다.

그저 일반 세속의 생각만으로도 개신교 목사가 자기 친구들을 불태워 죽인 저 끔찍한 가톨릭의 종교재판 당국에 스파이 노릇을 해주는 짓만은 하지 말았어야 했다. 세르베투스가 훗날 자신의 살인자인 칼뱅을 향해 이런 질문을 던진 것은 지극히 온당한 일이었다.

"복음서의 종이라는 직분이 종교재판의 고소자가 되거나, 한 사람에게 올가미를 씌우는 것은 아니라는 사실을 정말 몰랐단 말이오?"

그러나 자신의 이론이 문제되면, 다시 한 번 말하지만 칼뱅은 모든 도덕적인 한계와 인간적인 감정을 잃고 만다. 세르베투스를 처치해버려야 한다. 이 순간 이 끈질긴 증오의 남자에게는 그것이 어떤 무기, 어떤 방법으로 이루어지든 간에 전혀 문제되지 않았다. 그래서 가장 심술궂고도 비열한 방식으로 일이 진행되었다.

트리예가 사촌인 아르네에게 보낸 편지는 (칼뱅의 구술을 받아서 쓴 것이 분명한) 위선의 걸작품이다. 트리예는 처음에 자기 사촌이 이 편지를 종교재판 측에 넘겼다는 사실에 매우 놀라워했다. 그는 이 소식을 사촌 개인에게만 알리려고 했었다.

"나의 의도는 다만 스스로 교회의 기둥이라고 자처하는 사람들이 얼마나 열성적인 신자인가를 표현하려는 것뿐이었다."

그러나 화형 장작더미가 이미 만들어져 있다는 사실을 알게 되었으므로, 가톨릭 종교재판 측에 더 이상의 증거를 줄 수 없다고 거부하는 대신에 이 동정심 많은 밀고자는 경건한 눈길을 쳐들고서 말했다.

"이미 잘못이 행해졌으니 하나님께서도 기독교가 그러한 오욕과 치명적인 페스트 질병에서 정화되기를 열렬히 바라신다."

믿을 수 없는 일이 일어났다. 하나님을 인간적인, 혹은 차라리 비인간적인 증오의 사건에 개입시키려는 고약한 시도를 한 다음, 이 완고하고도 열성적인 개신교도는 가톨릭 종교재판에 가장 살인적인 증거물을 넘겼다. 즉 세르베투스가 손수 쓴 편지들과 저작물의 원고 일부를 보낸 것이다. 이제 이단재판은 편안하고도 빠르게 일을 진행할 수 있게 되었다.

세르베투스가 손수 쓴 편지들? 그러나 세르베투스가 트리예에게 한 번도 편지를 보낸 적이 없는데, 그가 어떻게 어디서 이런 편지들을 구했단 말인가? 더는 감출 수 없는 일이다. 배후에 칼뱅이 있었음이 분명하다. 그는 이 어두운 사건에서 트리예의 배후에 조심스럽게 숨어 있으려고 했다.

그것은 칼뱅에게 보낸 편지들이었으며, 그에게 보낸 원고의 일부였다. 그리고 칼뱅은 누구 때문에 이 증거물을 꺼내들었는지 — 이것이야말로 결정적인 잘못이다 — 정확하게 알고 있었다. 그가 매일 강단에서 사탄의 종이라고 부르고, 자신의 추종자들을 고문하고 불태우는 바로 '교황파'를 위한 것이었다. 그는 물론 어떤 목적으로 대심문관이 이 편지들을 그토록 절박하게 필요로 하는지 정확하게 알고 있었다. 바로 세르베투스를 화형장으로 보내기 위한 것이었다.

그가 훗날 궤변을 늘어놓으면서 이 분명한 사실을 감추려고 애썼지만 소용없는 일이었다.

"세르베투스가 교황의 종교재판 측에 체포되도록 내가 일을 꾸몄다는 소문이 돌고 있습니다. 어떤 사람은 내가 그를 신앙의 원수들에게 넘기고 늑대들에게 복수하라고 내던졌다고 말합니다. 하지만 대체 어떤 방식으로 내가 갑자기 교황의 추종자들과 연락을 취할 수 있겠습니까? 우리가 서로 교류하고 있으며, 내게는 사탄과 같은 저들과 내가 함께 모의했다는 것은 도저히 있을 수 없는 이야기입니다."

그러나 이렇게 귀띔을 해서 진실을 얼버무리려는 술책은 논리적으로도 너무 서툰 짓이다. 칼뱅은 "어떤 방식으로 교황의 추종자들과 연락을 취할 수 있겠는가"라고 우물거리지만, 서류들은 너무나 분명하게 친구인 트리예를 통해서 직접 연락했다고 답하고 있다. 트리예는 아르네에게 보낸 편지에서 아주 순진하게 자신이 칼뱅의 하수인이라는 사실을 고백하고 있다.

"여기 동봉하는 이 서류들을 칼뱅 선생님으로부터 얻어내는 것이 정말로 힘든 일이었음을 고백해야겠어요. 그분이 하나님에 대한 수치스런 모독을 숨겨주어야 한다고 생각하기 때문이 아니라, 이단자들을 법정의 칼로 없애지 않고 가르침으로 설득하는 것이 그분의 개인적인 의무라고 생각하고 계시기 때문이지요."

칼뱅의 구술을 받은 것이 분명한 이 서투른 편지의 발신자는 모든 죄를 스스로 떠맡으려고 하지만, 아무 소용없는 일이다. 그는 이렇게 적고 있다.

"그러나 내가 칼뱅 선생님을 계속 조르고, 그분이 나를 도와주지 않는다면 나는 경박한 사람이라는 비난을 받을 것이라고 열심히 설득한 끝에 여기 동봉하는 증거물들을 마침내 내주셨습니다."

그러나 서류상의 사실들이 모든 발언보다도 더욱 정확하게 말해주고 있다. 거부를 했든 하지 않았든, 어쨌든 칼뱅은 개인적으로 자기에게 보낸 세르베투스의 편지들을 살인을 목적으로 '교황의 추종자들'에게 넘긴 것이다. 그가 알면서도 협조했기 때문에 트리예가 아르네에게 보내

불운한 희생양 143

온— 사실은 교황의 종교재판 측에 보낸— 편지에 이 살인적인 증거자료들이 포함될 수 있었다. 그리고 이 편지는 분명한 암시를 하면서 이렇게 끝맺고 있다.

"당신에게 훌륭한 증거물을 넘겨드린 것 같군요. 이제는 세르베투스를 잡아서 재판에 넘기는 데 아무런 어려움이 없겠지요."

투르농Tounon의 추기경과 오리Ory 재판관은, 불구대천의 원수이고 모든 이단자 중에서도 최고의 이단자인 칼뱅의 사랑스런 열성 덕분에 이 단자 세르베투스에 대한 이 결정적인 증거물을 손에 쥐게 되자, 우선 큰 웃음부터 터뜨렸다고 전해지고 있다. 그리고 이 가톨릭 지도자들이 기분 좋아하는 까닭을 충분히 짐작할 수 있다. 편지의 위선적인 문체가 칼뱅의 명예에 새겨진 지울 수 없는 오점을 덮어버리기에는 너무나도 서툰 것이었다. 칼뱅이 트리예에 대한 선의와 부드러운 마음과 충실한 우정에서 그랬다고 해도, 개신교 지도자가 바로 가톨릭 종교재판 당국의 이단자 화형을 가장 충실하게 도운 것이다.

평소에는 쇠와 불과 교수대와 형차刑車 등을 동원해서 지구상의 모든 나라에서 죽도록 싸우고 있는 두 종교 사이에 그와 같은 예절과 호의는 결코 흔한 일이 아니었다. 그러나 이 넉넉하게 기분 좋은 순간이 지나자마자 종교재판관들은 정열적으로 자기들의 냉혹한 사업에 착수했다. 세르베투스는 체포되었고, 갇혀서 모질게 고문당했다. 칼뱅이 보내준 편지들은 아주 어처구니없으면서도 결정적인 증거였기 때문에, 피고는 미셸 드 빌뇌브와 미겔 세르베투스와 동일인이며, 그 책의 저자라는 사실을 부인할 수 없었다. 그는 패배했다. 곧이어 비엔에서 화형의 불길이 솟아오를 것이다.

세르베투스, 감옥에서 도망치다

불구대천의 원수들이 또 다른 불구대천의 원수를 없애주리라는 칼뱅의 기대는, 그러나 너무 빠른 것이었음이 한 번 더 밝혀졌다. 의사로서 이 지역에서 높은 인기를 누리고 있던 세르베투스가 특별히 훌륭한 후원자들을 가진 탓인지, 아니면— 이쪽이 더 그럴 듯하다 — 이 남자를 처형대로 끌고 가는 일이 칼뱅에게 더할 수 없이 중요한 일이라는 사실을 알게 된 가톨릭 교회 당국이 감시를 게을리 한 탓인지는 알 수 없는 일이다. 이 모든 이단의 조직자이며 선전자인 제네바에 있는 칼뱅 선생, 세르베투스라는 하찮은 이단자 한 명보다 수천 배나 위험한 인물이 원하는 일을 하기보다는 차라리 세르베투스를 놓아주는 편이 낫다고 생각한 모양이었다. 세르베투스에 대한 감시는 눈에 띄게 느슨한 상태였다. 이단자들을 이단자 감옥에 가두어 놓고 벽에 쇠사슬로 묶어놓던 시절에, 세르베투스에게만은 아주 이상스럽게도 시원한 공기를 마시라고 매일 정원 산책을 허용해주었다. 그리고 4월 7일, 산책을 마친 후에 보니 세르베투스는 사라지고 없었다. 간수장은 그의 잠옷과 그가 정원의 담을 넘는 데 이용한 사다리만 찾아냈을 뿐이다. 그래서 살아 있는 사람 대신 그의 초상화와 《기독교 재건》 책더미만이 비엔 시장에서 화형을 당했다.

개인적이고 정신적인 적을 상대방의 광신주의를 이용해서 제거하고, 자신은 깨끗한 손을 지키려고 간교하게 생각해냈던 제네바 계획은 실패로 돌아갔다. 칼뱅은 손에 피를 묻히고, 모든 인문주의자들의 미움을 사면서 계속해서 세르베투스를 증오하고, 한 인간을 오직 그가 가진 신념을 이유로 죽게 만든 책임을 손수 짊어지지 않으면 안 되었다.

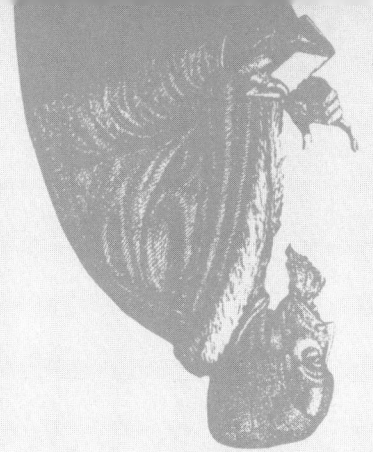

제5장
'다른 의견'의 비극적 종말

잔인한 비극이 시작되다

감옥에서 도망친 세르베투스는 몇 달 동안 흔적도 없이 사라졌다. 이 쫓기는 사람이 어떤 영혼의 악몽에 시달리다가, 8월의 어느 날 나귀를 타고 세상에서 자신에게 가장 위험한 장소인 제네바에 나타나 장미 여관에 들게 되었는지는 아무도 알 수 없는 일이다.

어째서 칼뱅이 말한 것처럼 "나쁜 별에 이끌린" 이 사람이 하필이면 제네바에서 숙소를 구했는지도 결코 설명되지 않는다. 그는 정말로 다음날 배를 타고 호수를 건너기 위해 여기서 단 하룻밤 묵을 생각이었던가? 얼굴을 직접 대하면 자신의 철천지원수를 편지보다 더 잘 설득할 수 있으리라고 기대했던가? 아니면 제네바로 온 것은, 지나치게 자극받은 신경에서 나온 아무 의미 없는 행동이었던가? 극단적인 절망의 순간에 여러 번이나 사람들의 마음을 사로잡았던 일이지만, 위험과 한판 붙어보겠다는 악마적으로 달콤하고도 타오르는 듯한 유희의 심정이었던가? 그것은 알 수 없으며, 앞으로도 결코 알 수 없는 일이다. 모든 심문과 보고서들은 어째서 세르베투스가 하필이면 제네바를 찾아왔는가, 칼뱅에게서 가장 잔혹한 일만을 기대할 수 있는 이곳으로 왜 왔는가 하는 비밀을 밝혀주지 않는다. 그러나 정신 나간 도전의 용기가 이 미친 사람을 계속 이끌었다.

제네바에 도착하자마자 세르베투스는 일요일에 칼뱅의 공동체 전체가 모여드는 교회로— 이것도 역시 미친 짓이다 — 이미 지난 파리 시절에 서로 대면한 적이 있어서 자기 얼굴을 알아볼 수 있는 칼뱅이 설교를 맡고 있는 성 피에르 교회로 갔다. 그곳은 모든 논리적인 해석이 거부되고 영적인 최면상태가 지배하는 곳이었다. 뱀이 자기 희생제물의 눈길을 찾는 것일까, 아니면 오히려 제물 쪽에서 강철같이 무시무시하게 끌어당기는 뱀의 눈길을 찾는 것일까? 어쨌든 어떤 비밀스런 강제력이 세르베투스를 자기의 운명을 향해 이끈 것이 분명하다. 모든 사람이 다른 사람을 감시하는 일이 의무가 되어 있는 곳에서 낯선 사람은 피할 도리 없이 호기심에 찬 눈길을 받게 된다. 그리고 예측할 수 있는 일이 실제로 일어났다. 칼뱅은 자신의 경건한 양떼 속에서 물어뜯는 늑대를 알아보았다. 그리고 지체 없이 수하들에게 세르베투스가 교회를 떠날 때 체포하라고 명령했다. 한 시간 뒤에 세르베투스는 쇠사슬에 묶였다.

이 같은 세르베투스 체포는 물론 명백한 법률위반이었고, 전 세계 모든 나라에서 통용되는 손님의 권리와 민족의 권리를 침해한 것이었다. 세르베투스는 외국인이었다. 그는 에스파냐 사람이었으며, 제네바에는 그때 처음 발을 들여놓은 것이다. 게다가 그곳에서 체포당할 아무런 죄도 지은 적이 없었다. 그가 쓴 책들은 모두 다 외국에서 인쇄되었고, 그는 제네바에서 아무도 사주한 적이 없으며, 그곳의 어떤 경건한 영혼도 자신의 이단적인 생각으로 망가뜨린 적이 없었다.

그 외에도 제네바시 안에서는 '하나님의 말씀을 전하는 설교자'가 사전에 법적 결정을 받지 않은 상황에서 체포되거나 사슬에 묶이는 일은 그 어떤 법적인 권한에서도 벗어나는 것이었다 — 어느 면으로 보더라도 칼뱅이 세르베투스를 기습적으로 체포한 것은 세계사적으로 볼 때 법을 무시하는 전제군주의 행동이었다. 그것은 모든 법규정을 공개적으로 무시했다는 면에서 나폴레옹의 앙기앙 공작[1] 기습살해 사건과 견줄 만하

---

1) 프랑스 부르봉·콩데 왕가의 마지막 왕자. 죄가 없었음에도 불구하고 음모자로 몰린 앙기앙 공작은 나폴레옹의 명에 따라 사건과 무관한 나라에서 체포되어 처형당했다. 이 사건은 여론을 조작하기 위해 날조된 것이었다. 당대의 정치가였던 푸셰는 이 사건에 대해 "이것은 단순한 범죄가 아니라 정치적 실책"이라는 유명한 말을 남겼다.

다. 여기서 법에 어긋나는 구속과 더불어 정상적인 소송절차가 아니라 사전에 계획된, 어떠한 경건한 거짓말로도 정당화할 수 없는 살인사건이 시작되었다.

세르베투스는 사전에 고소도 당하지 않은 상태에서 체포되어 감옥에 갇혔다. 그렇다면 사후에라도 하나의 죄가 구성되어야 한다. 양심상 이 체포에 책임 있는 사람 ― '나의 권유로'라고 칼뱅 자신이 고백하고 있다 ― 이 세르베투스의 고소인으로 나서는 것이 논리적으로 맞을 것이다.

그러나 정말 모범적인 제네바의 법에는 다른 사람을 범죄자라고 고소한 시민은 누구든 피고와 동시에 구금되어서 자신의 고소가 근거 있다는 사실이 입증될 때까지 그곳에 머물도록 규정되어 있었다. 그러니까 칼뱅이 합법적으로 세르베투스를 고소하기 위해서는 자신도 법정에 구속되어야 했다.

칼뱅은 제네바 신국神國의 통치자로서 그와 같이 고통스러운 소송절차에 나서기에는 자신이 너무 고귀하다고 여겼다. 시의회가 세르베투스에 대해 사실상 죄가 없다고 인정하고, 자신이 오히려 밀고자로 계속 감금되어야 할 처지가 된다면 어떻게 되겠는가! 자신의 체면은 어떤 파탄 지경에 이를 것이며, 또한 적들에게는 어떤 승리를 가져다주겠는가!

칼뱅은 언제나처럼 외교적인 방법을 동원해 비서인 니콜라우스 드 라 퐁텐Nicholaus de la Fontaine에게 불쾌한 고소인 역할을 떠넘겼다. 그래서 칼뱅의 비서가 우선 세르베투스에 대한 고소문 ― 물론 칼뱅이 작성한 23개 조항으로 이루어진 ― 을 관청에 제출한 뒤에 얌전하고도 조용하게 감옥에 들어앉았다. 이 잔인한 비극은 이렇게 하나의 코미디로 시작되었다.

위선의 제물

광채가 번쩍이는 법 위반이 있은 다음에는 언제나 적어도 합법적인 절차가 모습을 드러내기 마련이다. 세르베투스는 처음으로 심문을 받았다. 그리고 고소인이 지적한 죄목들을 항목별로 전해 듣게 되었다. 이 질문들과 고소에 대해 세르베투스는 침착하고도 영리하게 답변했다. 그의 에너지는 아직 감옥에서 쇠진되지 않았고, 그의 신경은 훼손되지 않았다.

그는 죄목들에 대해서 조목조목 답변했다. 예를 들면 그의 책에서 칼뱅을 공격했다는 비난에 대해서, 그것은 사실을 뒤집어서 말한 것이라고 반박했다. 칼뱅이 먼저 자신을 공격했고, 그래서 자기도 칼뱅이 몇 가지 점에서 잘못이 있다는 사실을 지적했을 뿐이라고 말했다. 그리고 자기가 집요하게 개별적인 논의에만 매달린다고 칼뱅이 비난한다면, 자기도 칼뱅의 똑같은 고집스러움을 탓할 수 있다고 말했다. 칼뱅과 자기 사이에는 신학적인 의견 차이가 있을 뿐이며, 그것은 세속의 법정에서 결정될 수 있는 일이 아니다. 그런데도 칼뱅이 자신을 체포하도록 명령했다면, 그것은 철저히 개인적인 복수일 뿐이다. 다름 아닌 이 개신교 지도자가 지난번에 자신을 가톨릭 종교재판 측에 밀고했으며, 자기가 벌써 오래전에 화형당하지 않은 것이 하나님 말씀의 설교자인 칼뱅의 덕은 아니라고 주장했다.

이러한 세르베투스의 주장은 법적인 근거가 나무랄 데가 없었기에, 시의회의 분위기는 그에게 매우 유리하게 돌아갔다. 어쩌면 세르베투스를 단순히 국외추방형 정도로 끝낼 수도 있을 정도였다. 그러나 어떤 암시 덕분인지 칼뱅은 사태가 세르베투스에게 불리하지 않으며, 자신의 희생 제물이 마지막 순간에 올무에서 빠져나갈 수 있는 상황이라는 사실을 알아차린 것 같았다.

8월 17일 갑자기 의회에 출두한 칼뱅은 그 동안 이 사건과 무관한척 하던 코미디를 끝내버렸다. 그는 이제 분명하게 자기 색깔을 드러냈다. 자신이 세르베투스의 고소인이라는 사실을 부인하지 않았고, 시의회에 이제부터는 심문에 참석할 수 있도록 허락해달라고 청원했다.

칼뱅은 "피고에게 그의 잘못을 좀 더 잘 입증해주기 위해서"라는 위선적인 핑계를 댔다. 사실은 자기가 직접 관여함으로써 희생자가 도망치는 것을 막으려는 의도였다.

칼뱅이 당당하게 피고인과 재판관들 사이에 끼어든 순간부터 세르베투스 사건은 더욱 악화되었다. 훈련받은 논리학자이며 법학자인 칼뱅은, 보잘것없는 비서 라퐁텐과는 다른 방법으로 고소를 유도했다. 그리고 고소인이 강점을 보이면 보이는 만큼 피고인의 안전은 점점 허물어져 갔다. 격분하기 쉬운 에스파냐 사람은 점차 신경의 통제력을 잃어버렸다. 뜻밖에도 자신의 고소인이자 철천지원수인 칼뱅이 차갑고도 엄숙한 표정으로 절대적 객관성을 나타내는 표정을 짓고서 재판관들 사이에 앉아 자신에게 개별적인 질문들을 던지는 것을 보자, 세르베투스는 그 질문들이 자신의 목을 조르려는 미끼라는 사실을 뼛속 깊이 알아차렸다.

사나운 투쟁욕과 쓰라린 분노가 이 대책 없는 인간을 무너뜨렸다. 침착하게 자신의 확고한 법적인 주장에 머물지 않고, 그는 칼뱅의 유도심문에 걸려들어 신학적 논쟁이라는 미끄러운 바닥으로 끌려들어갔다. 그리고 자신의 독선으로 스스로를 위험하게 만들었다. 그가 단 한 가지만 주장해도, 이를테면 '악마는 하나님의 본체의 일부'라는 주장 하나만 놓고 보더라도 벌써 경건한 재판관들의 등줄기에 경련을 일으키기에 충분했다.

'다른 의견'의 비극적 종말 153

그러나 한번 자신의 철학적 명예욕에 자극을 받은 세르베투스는 조금도 거침없이 가장 미묘하고 섬세한 신앙조항들로 넘어갔다. 마치 맞은편에 앉아 있는 재판관들이 교육받은 신학자들이어서 그들 앞에서 아무 거리낌 없이 진실을 말해도 되는 것처럼 떠들어댔다. 이러한 연설벽과 정열적인 토론의 욕망이야말로 세르베투스를 의심스러운 존재로 만들어버렸다.

재판관들은 점점 더, 저기서 두 눈을 깜박이며 주먹을 부르쥐고 개신교의 학설에 반대되는 의견을 내놓고 있는 저 외국인이, 종교적인 평화를 위협하는 위험한 선동가이고 구제할 길 없는 이단자라는 칼뱅의 주장 쪽으로 생각이 기울기 시작했다. 어쨌든 근본적인 조사를 해보는 것이 좋겠다는 결론이 나왔다. 그래서 그는 계속 철장 속에 가두고, 고소인인 라퐁텐은 석방한다는 결정이 나왔다. 칼뱅은 자신의 의지를 관철했다. 기쁨에 넘쳐서 그는 친구에게 이렇게 써 보냈다.

"그가 사형선고를 받았으면 합니다."

어째서 칼뱅은 그토록 절실하게 세르베투스가 사형선고받기를 바랐던가? 어째서 그는 이 반대자를 나라 밖으로 내쫓거나, 아니면 다른 어떤 식으로 치욕을 주는 좀 더 온건한 승리에 만족하지 못한 것일까?

언뜻 보면 아주 사적이고도 개인적인 증오가 여기서 폭발한 것 같은 인상이 든다. 그러나 칼뱅이 카스텔리오나 자신의 권위를 거부한 다른 어떤 사람보다 세르베투스를 더 미워한 것은 아니었다. 자신과는 다른 방식으로 가르치려는 모든 사람에 대한 절대적인 증오는, 그의 폭군적인 성향에 비추어볼 때 순전히 본능적인 감정이었다.

그런데 하필이면 세르베투스를 향해서, 그것도 바로 이 순간에 가능한 가장 날카로운 방식으로 사건을 이끌어간 것은 어떤 사적인 이유에서가 아니라 정치적인 이유에서였다. 자신의 권위에 도전한 미겔 세르베투스는 그의 정통이론에 대한 또 다른 반대자, 즉 과거 도미니크회 수도사였던 히에로니무스 볼섹Hieronymus Bolsec, ?~1584[2] 대신 희생양이 되었던 것이다.

칼뱅은 볼섹을 똑같이 이단의 가위로 집어내고 싶었지만, 그는 칼뱅이 가장 싫어하는 방식으로 이미 그의 손길을 빠져나갔다. 제네바의 가장 명망 있는 집안의 주치의로서 일반인의 존경을 받고 있던 볼섹은 칼뱅 학설의 가장 약점 많고 논란이 많은 부분, 즉 그의 완강한 예정설에 대해 공개적으로 도전했다. 그는 에라스무스가 루터를 향해 던진 질문과 비슷한 논리적 근거를 가지고, 모든 선善의 원칙인 하나님이 뻔히 알면서도 의도적으로 인간이 그토록 흉악한 비행을 저지르도록 규정하고 그렇게 몰아갈 수도 있다는 생각은 부조리한 것이라고 공격했다.

루터가 얼마나 불친절한 태도로 에라스무스의 비난을 대했는지, 이 시골뜨기 신학자가 늙고 현명한 인문주의자에게 얼마나 욕설을 퍼부어댔는지 우리는 안다. 그러나 루터는 화를 내면서도 거칠고 무례한 방식이었지만 그래도 에라스무스에게 정신적 논쟁의 형식으로 답변했으며, 에라스무스가 자신의 예정설에 반대했다는 이유로 곧바로 그를 이단으로 몰아 세속의 법정에 고소하겠다는 생각은 털끝만큼도 해본 적이 없었다.

그러나 칼뱅은 자신은 잘못을 범하지 않는다는 망상에 사로잡혀서 모든 반대자를 이단으로 몰아세웠다. 자신의 신학 이론을 비난한 자를 국사범과 마찬가지로 생각했다. 그래서 신학자 볼섹에게 답변도 하지 않

---

[2] 프랑스 출신의 가톨릭 도미니크회의 수도사였으나 종교개혁에 가담하고 제네바로 망명했다. 하지만 1551년 칼뱅의 5대 강령론 중 하나인 예정론을 놓고 칼뱅과 논쟁을 벌이다가 제네바에서 추방당했다. 후에 칼뱅의 전기를 집필해서, 칼뱅의 인격적 결함과 부도덕성을 공박하고, 세르베투스의 죽음에 대한 책임이 전적으로 그에게 있다고 주장했다.

고, 그를 곧장 감옥에 처넣었다.

그런데 생각도 못한 일이었지만, 볼섹을 본보기로 혼내주려던 일은 실패하고 말았다. 학식이 풍부한 이 의사가 경건한 사람이라는 사실이 제네바에서 너무 많이 알려져 있었기 때문이다. 그리고 카스텔리오의 경우와 마찬가지로, 칼뱅이 제네바에 유일한 강자로 남기 위해 독자적으로 생각하고 자신에게 완전히 굴복하지 않은 사람을 없애버리려 한다는 의심의 물결이 일어났다. 볼섹이 자신은 아무런 죄도 없다고 감옥에서 지은 탄식의 노래는 곧 베껴져서 사람들의 손에서 손으로 돌아다녔다. 그리고 칼뱅이 시 당국을 아무리 몰아붙여도 재판관들은 그가 원하는 이단 판결을 내리려 하지 않았다. 그런 고통스런 결정을 피하기 위해 그들은 이러한 종교상의 문제를 다루기에는 자신들의 지식이 충분치 못하다고 선언했다. 이 신학적인 논쟁이 자신들의 판단능력을 넘어서는 것이므로 판결내리기를 거부했던 것이다. 그들은 이 까다로운 사건에 대해 스위스의 다른 지역에 있는 교회들로부터 소견서를 받기로 했다.

이러한 질문을 통해 볼섹은 구원을 얻을 수 있었다. 취리히와 베른, 바젤의 개신교 교회들은 속으로 은근히 자기들의 광신적 동료인 칼뱅이 가진, 스스로 오류를 범하지 않는다는 믿음에 한방 먹이고 싶어 했다. 그래서 볼섹의 발언에 하나님을 모독하는 마음이 들어 있는 것으로 보이지 않는다고 분명하게 잘라 말했다. 그래서 제네바시는 그를 석방했다. 칼뱅은 자신의 희생제물에서 손을 떼야 했고, 볼섹이 당국의 지시에 따라 도시에서 떠나는 것으로 만족해야만 했다.

그의 신학적 권위에서 이처럼 확실한 패배는 오직 다른 이단자 처형을 통해서만 잊혀질 수 있었다. 볼섹 대신에 세르베투스를 잡았는데, 이번에는 칼뱅에게 말할 수 없이 유리했다. 에스파냐 사람 세르베투스는 외국인이었고, 제네바에서 카스텔리오나 볼섹처럼 친구나 숭배자 혹은 도움을 주는 사람도 없었다. 그 밖에도 세르베투스는 벌써 여러 해 전부터 삼위일체설에 대한 공격과 도전적인 태도 때문에 개신교 신학자들 세계에서 미움을 사고 있었다.

배후도 없는 이런 아웃사이더라면, 그를 징계하여 만천하에 모범을 보이기는 훨씬 쉬운 일이었다. 그래서 처음부터 이 재판은 철저히 정치적이었고, 칼뱅의 권력문제와 결부된 것이었다. 정신적 독재를 바라는 그의 마음에 중요한 적재능력의 시험이 되고 있었다.

칼뱅이 단순히 개인적인 신학상의 적대자 세르베투스를 처치하는 것만을 원했다면 상황은 매우 간단했다. 제네바에서 조사가 시작되자마자 프랑스 사법부의 특사가 나타나서 프랑스에서 처형판결을 받은 이 도망자를 비엔으로 인도해달라고 요구했기 때문이다. 비엔에는 화형의 장작 더미가 그를 기다리고 있었다. 칼뱅으로서는 너그러운 행동을 보이면서도 증오스런 상대방을 처치하는 절호의 기회가 되었을 것이다! 제네바 시의회가 인도를 결정하기만 하면, 이 고약한 세르베투스 사건은 거기에서 끝났을 것이다.

그러나 칼뱅이 이러한 인도를 방해했다. 그에게는 세르베투스가 살아 있는 인간, 한 명의 주체가 아니라 단순한 하나의 대상에 불과했다. 이 대상을 통해서 그는 아무도 자신의 학설을 공격해서는 안 된다는 사실을 온 세상에 분명하게 보여주려고 했다. 프랑스 측 특사는 목적을 이루지 못하고 돌아갔다. 개신교의 독재자는 자신의 권력영역 안에서 이 사건을 매듭짓고 싶어 했다. 자기에게 맞서는 자는 누구든 목숨이 위태롭다는 사실을 국법을 통해 보여주고 싶었던 것이다.

세르베투스의 미칠 듯한 분노

제네바에 있는 그의 친구들과 적들은 곧 칼뱅이 세르베투스 사건을 정치적인 권력의 본보기로 여기고 있다는 사실을 알아차렸다. 그러므로 이들 모두가 칼뱅이 멋진 본보기를 보여주는 일을 방해하려고 든 것은 아주 당연했다. 물론 이 정치가들에게 인간 세르베투스는 전혀 문제가 되지 않았다. 그들도 이 불행한 인물을 하나의 놀이공, 시험대상 동물, 독재자의 권력을 뒤집어엎을 작은 지렛대 이상으로는 여기지 않았다. 그리고 이러한 시험에서 이 도구가 자기들 손 안에서 부서지든 말든 상관하지 않았다.

사실 이 위험한 친구들은 세르베투스에게 오로지 고약하게만 대했다. 그들은 히스테리를 일으킨 이 인간의 흔들리는 자의식自意識을 거짓소문들로 더욱 흔들어놓았을 뿐이었다. 그들은 남몰래 감옥으로 심부름꾼을 보내 칼뱅에게 확실하게 대항하라고 세르베투스를 부추겼다. 그들은 이 재판이 가능하면 시끄럽고 세상의 주목을 끄는 형태로 이루어지기만을 바랐다. 세르베투스가 정력적으로 방어할수록, 그가 증오하는 상대를 미쳐 날뛰며 공박할수록 더욱 좋았다.

그러나 불행한 일이었지만, 이미 제정신을 잃은 사람이 더욱 정신을 잃도록 부추길 필요도 없었다. 오랜 시간 잔혹한 감방생활을 겪으면서 이 과격한 인간은 억제할 길 없는 분노에 빠져들었다. 세르베투스는 감옥에서 (칼뱅도 분명히 알았을 것이다) 교묘한 방식으로 가혹한 대접을 받았다. 스스로 죄가 전혀 없다고 생각하는 이 병들고 히스테리 발작을 일으킨 남자를 벌써 몇 주일 전부터 살인자처럼 손과 발에 쇠고랑을 채워서 축축하고 얼음처럼 차디찬 감방에 가두어두었기 때문이다. 얼어붙은 몸뚱이에 썩은 옷조각들이 붙어 있었다. 그런데도 새 옷을 내주지 않았다. 가장 원초적인 청결의 계율조차 지켜지지 않았다. 그에게 아주 작은 도움이라도 주는 일은 모두에게 금지되어 있었다. 끝없는 곤란 속에서 세르베투스는 매우 간절한 편지를 써서 시 당국에 인간성을 호소했다.

"벼룩이 나를 산 채로 물어뜯어 죽이고 있어요. 신발은 다 망가졌고 옷도 내복도 없습니다."

의회가 세르베투스의 불평을 듣고 잘못을 시정하려 하자, 어떤 비밀스런 손길 — 나사돌리개처럼 모든 저항을 비인간적으로 억누르는 이 냉혹한 손길이 누구의 것인지 알 수 있을 것 같다 — 이 그것을 방해했다. 오물더미 위에 있는 옴 오른 개처럼 이 대담한 사상가, 독자적 사상을 가진 학자는 축축한 구덩이에서 계속 시들어가도록 방치되었다. 몇 주 뒤에 보낸 두 번째 편지의 외침은 더욱 끔찍하다. 그는 말 그대로 자기 똥에 파묻혀서 질식할 지경이었다.

"사랑의 그리스도 이름으로 간청합니다. 여러분이 터키 사람이나 범죄자에게도 허용하는 일을 내게 거부하지 말아주십시오. 나를 청결케 하도록 여러분이 명령하신 일 중 아무것도 실현되지 않았습니다. 나는 전보다 더 비참한 상태에 있습니다. 나의 배설물을 치울 기회조차 주지 않는 것은 너무나 잔혹한 짓입니다."

그러나 아무 소용도 없었다!

손은 쇠사슬에 묶이고 냄새 나는 넝마조각을 걸친 채 축축한 구덩이에서 밖으로 끌려나온 남자가, 자기 맞은편의 재판관석에 잘 솔질된 검은 가운을 차려입고서 차갑고 냉정한 모습으로, 미리 준비하여 정신적으로 침착한 칼뱅이 앉아 있는 것을 보고서, 자기는 아무리 학자 대 학자, 정신 대 정신으로 이야기해보려고 하지만 자신을 살인자보다 더 가

'다른 의견'의 비극적 종말 159

혹하게 취급하고 학대하는 이 사람을 볼 때마다 미칠 듯한 분노를 폭발했다면, 어째서 그것이 이상한 일이겠는가?

그가 극도로 야비하고 심술궂은 질문들과 자신의 가장 은밀한 성생활까지 들먹이는 암시들로 고통받고 자극받아서, 모든 조심성과 통찰력을 잃어버리고 오히려 자기 쪽에서 무시무시한 욕설들을 퍼부으며 이 위선자를 공격한 것은 어쩔 수 없는 일이 아니었겠는가? 잠 못 이루는 밤을 보내고 열이 올라서 자신에게 이 모든 비인간적인 대우를 선물한 남자의 목을 노리고 다음과 같은 말을 한다면, 오히려 당연하지 않겠는가?

"네가 살인자라는 걸 부정하느냐? 네 행동을 통해서 그것을 입증해 보이겠다. 내가 옳다는 것을 분명히 알기에 나는 죽음도 두렵지 않다. 하지만 너는 사막에서 눈먼 놈처럼 소리 지르고 있지. 복수의 귀신이 너의 가슴을 불태우고 있으니 말이다. 너는 거짓말했어, 넌 거짓말쟁이야. 넌 아무것도 모르고 남을 비방하는 놈이야! 네가 다른 사람을 박해해서 죽음으로 몰아넣는다면, 분노가 네 안에서 끓어오르고 있다는 증거야. 네 모든 마력이란 네 어미의 배에서 받은 것이고, 내게 기회만 있다면 네 놈의 모든 잘못을 낱낱이 밝혀 보이겠다."

시뻘건 분노의 불길 속에서 불행한 세르베투스는 자기가 아무런 힘도 없다는 사실을 완전히 잊었다. 쇠사슬을 철렁거리며 입에 거품을 물고서 미쳐가는 이 남자는 자신을 심판할 의회에 대고 자기 대신에 저 흉악한 범법자 칼뱅, 저 제네바의 독재자를 판결하라고 절규했다.

"저놈은 마법사요, 자기 죄를 밝혀서 판결받고 쫓겨나야 할 놈은 바로 저놈이오. 저놈의 재산은 내가 받은 이 고통에 대한 보상으로 나에게 줘야 합니다."

물론 그토록 거친 말과 그런 광경을 바라보면서 시의원들은 두려움을

피카소Pablo Picasso의 '감옥 속의 세르베투스'

느꼈다. 말라비틀어진 수염에 깡마르고 창백하고 수척한 남자가 타오르는 눈길로, 외국인의 억양이 섞인 말로 자기들의 기독교 지도자에게 가장 끔찍한 죄를 덮어씌우는 것을 보자, 그들 눈에는 그가 귀신들린 인간, 악마에 사로잡힌 인간으로 보였다. 심문이 계속될수록 분위기는 세르베투스에게 점점 더 불리해졌다. 그때 재판을 끝냈어도 세르베투스가 유죄판결을 받는 것은 피할 수 없었다.

그러나 칼뱅의 숨은 적들은 재판을 질질 끌기 위해 온갖 수단을 다했

'다른 의견'의 비극적 종말

다. 그들은 적을 법의 심판을 통해 파멸시키는 승리를 칼뱅에게 주고 싶지 않았다. 한 번 더 그들은 세르베투스를 구하기 위해 노력했다. 볼섹의 경우처럼 그의 사상에 대해 스위스 다른 도시의 개신교 지도자들의 의견을 구했다. 이번에도 칼뱅 독단론의 희생자가 마지막 순간에 그의 손아귀에서 빠져나가기를 은근히 바라는 마음에서였다.

그러나 칼뱅은 이번에는 그야말로 자신의 권위가 달린 문제라는 사실을 너무나 잘 알고 있었다. 그에게는 한 번 더 똑같은 일을 당할 생각이 추호도 없었다. 그래서 늦기 전에 아주 부지런히 조치를 취했다. 불행한 희생자가 아무런 대책도 없이 감방에서 썩어가는 동안, 칼뱅은 취리히, 바젤, 베른, 샤프하우젠 등의 기독교 지도자들에게 편지를 쓰고 또 썼다. 그들의 감정에 미리 영향을 주기 위해서였다. 그는 모든 곳에 심부름꾼을 보내고, 모든 친구들을 동원해서 다른 기독교 지도자들에게 그토록 벌 받아야 할 하나님의 모독자가 받아 마땅한 판결을 받는 것을 면하게 해서는 안 된다고 경고하도록 했다. 이번의 세르베투스는 잘 알려진 신학상의 훼방꾼이고, 츠빙글리와 부처 시절 이후로 이 "뻔뻔스런 에스파냐놈"은 모든 교회에서 미움 받는 존재였다는 사정이 그의 일방적인 영향력 행사를 도와주었다.

실제로 스위스의 모든 교회들은 세르베투스의 견해가 잘못된 것이며 죄악이라고 선언하였고, 주요 도시 네 곳의 교회 지도부가 공개적으로 사형을 요구하거나 좋은 일이라고 칭찬하지는 않아도 어쨌든 원칙적으로 엄격하게 다루는 일을 승인했다. 취리히 쪽에서는 이런 답이 왔다.

"이 사람에 대해서 어떤 형벌을 내리느냐 하는 것은 당신의 지혜에 달려 있습니다."

베른 쪽 의견은 이러했다.

"칼뱅 당신이 제네바 사람들에게 지혜와 강함의 정신을 부여하기를 바랍니다. 당신이 당신 교회와 다른 교회에 봉사하고, 교회가 이런 페스트에서 해방될 수 있도록 말입니다."

그러나 세르베투스 제거에 대한 암시는 어느 정도 완화되어 다음과 같은 경고를 담고 있었다.

"그러나 동시에 기독교 당국에 적합하지 않은 것으로 보일지도 모르는 일은 하지 말고 처리해주시기 바랍니다."

그 어디에서도 칼뱅에게 사형선고를 부추기지는 않았다. 그렇지만 교회들이 이미 세르베투스에게 불리한 조치를 인정했기 때문에 그들은 그 이상의 것도 인정하게 되리라는 점을 칼뱅은 알았다. 그들은 이중의미를 가진 말로써 그에게 어떤 결정이든 내릴 수 있는 권한을 인정해주었다. 그리고 그의 손은 권한을 얻기만 하면 아주 냉혹하고 확고하게 움켜쥐는 손이었다.

세르베투스를 은밀히 돕는 사람들은 교회가 내린 판정 소식을 듣고 마지막 판결을 미루어보려 했지만 헛일이었다. 페렝Perrin과 다른 공화주의자들은 도시의 최고 심급기관인 200인 위원회를 소집하자고 제안했다. 그러나 이미 너무 늦었다. 저항하기에는 너무 위험했다. 10월 26일에 만장일치로 세르베투스를 산 채로 불태우라는 판결이 내려졌다. 이 잔인한 판결을 바로 다음날 샹펠 광장에서 집행하라는 명령도 이미 나왔다.

화형의 불길이 정신까지 태울 수는 없다

세르베투스는 여러 주 동안 현실세계와 격리된 채 감방에 갇혀서 극히 허망한 희망에 부풀어 있었다. 천성적으로도 공상적이고 자극받기 쉬운 데다가 도와준다는 사람들의 온갖 비밀스런 속삭임에 흔들려서, 그는 완전히 망상에 사로잡혀 있었다. 재판관들은 이미 자신의 생각이 맞는 다고 설득 당하였고, 찬탈자인 칼뱅은 며칠 지나지 않아서 욕설과 수치 속에 쫓겨가리라는 망상이었다.

시의회 서기들이 굳은 얼굴로 그의 감방에 들어서서 판결문을 낭독하기 위해 양피지를 엄숙하게 펼치는 순간, 이러한 망상에서 깨어나는 것은 끔찍한 일이었다. 판결은 세르베투스 위에 청천벽력처럼 떨어졌다. 이 무서운 말을 전혀 이해하지 못하는 듯이 굳은 모습으로, 그는 하나님을 모독했기 때문에 내일 산 채로 불태워지리라는 판결문에 귀를 기울였다. 몇 분 동안 그는 귀가 먹은 듯, 의식이 없는 듯 가만히 있었다. 그러더니 신음하고 탄식하며 흐느끼기 시작했다. 목구멍에서 어머니에게 배운 에스파냐어로 끔찍한 공포의 외침이 터져나왔다.

"맙소사!"

지금까지 병적으로 팽팽하게 부풀어 올랐던 오만함이 이 공포의 소식으로 뿌리까지 무너져내린 듯했다. 부서져내린 인간, 이 불행한 사람은 얼이 빠진 모습으로 자기 앞을 뚫어질 듯 응시했다.

그러자 독선적인 설교자들은 세속적인 승리에 뒤이어 세르베투스로부터 정신적인 승리까지 얻을 순간이 다가왔다고 생각했다. 절망감에서 자기가 잘못했다는 고백이 자발적으로 터져나오리라고 생각했다. 그러나 이상한 일이었다. 무너져서 거의 빛을 잃은 인간에게 그의 신념의 가장 내면적인 점을 건드리자마자 — 그에게 주장을 철회하라고 요구하자마자 — 예전의 오만함이 강력하고 자랑스럽게 불길처럼 다시 타올랐다.

"나를 판결하고 고문하고 불태워보아라! 내 몸을 갈가리 찢어보아라!"

세르베투스는 자신의 세계관에서 손톱만큼도 물러서지 않았다. 이 최후의 며칠이 이 방랑하는 신학의 기사를 순교자로, 신념의 영웅으로 승화시켜주었다. 그는 칼뱅의 승리를 함께 축하하기 위해 로잔에서 달려온 파렐의 요구를 냉정하게 뿌리쳤다. 그리고 이렇게 말했다.

"지상의 판결문은 절대로 어떤 인간이 하나님 앞에서 옳은지 그른지 판단할 수 없다. 죽이는 것은 확신이 아니다. 그들은 내게 아무것도 증명하지 못했다. 나를 질식시키려고만 할 뿐이다."

파렐은 어떤 협박이나 약속으로도, 쇠사슬에 묶여 죽음에 바쳐진 이 희생자에게서 신념의 철회를 단 한 마디도 얻어낼 수 없었다. 세르베투스는 자신의 신념을 굳게 지키고 있지만 절대로 이단이 아니라 신앙심 깊은 기독교도이며, 따라서 가장 살인적인 적들과도 화해할 의무가 있다는 사실을 분명하게 보여주기 위해 죽기 전에 칼뱅이 자신의 감옥으로 방문하는 것을 맞아들일 준비가 되어 있다고 선언했다.

칼뱅의 이 방문에 대해서는 한쪽의 보고밖에 없다. 즉 칼뱅 자신의 보고다. 그런데 바로 자신이 묘사한 것을 보더라도 칼뱅의 내적인 완고함과 영혼의 냉혹함이 잔인하게 드러나 있다. 희생제물을 바치는 자는 축축한 지하감옥으로 내려가 자기 제물에게 다가갔다. 그러나 사형수에게 한마디 위로를 건네기 위해서는 아니었다. 내일이면 가장 끔찍한 고통을 당하며 죽어갈 인간에게 형제로서 혹은 기독교도로서 위로의 말을 전하기 위해서가 아니었다.

칼뱅은 냉정하고 사무적으로 어째서 세르베투스가 자신을 청했는지, 하고 싶은 말이 무엇인지 묻는 것으로 대화를 시작했다. 이제는 세르베투스가 무릎 꿇고 신음하면서, 전능한 독재자께서 판결을 되돌리거나 아니면 적어도 완화시켜달라고 간청하리라고 기대했던 것이 분명하다.

'다른 의견'의 비극적 종말 165

그러나 판결을 받은 자는 아주 간결하게— 이것만 해도 인간적인 인간이었다면 마음이 통째로 뒤흔들릴 일이었다— 자신은 오직 칼뱅에게 용서를 구하기 위해서 그를 만나려 한 것이라고 말했다. 희생자가 제물을 바치는 사람에게 기독교도의 화해를 제안한 것이다.

그러나 칼뱅의 돌 같은 눈길은 정치적·종교적 적을 한 번도 기독교도라고 여긴 적이 없었으며, 인간이라고 인정한 적도 없었다. 얼음처럼 냉혹한 보고문에는 이렇게 적혀 있다.

"그래서 나는 그에게 한 번도 증오를 품어본 적이 없노라고 진실 그대로 간결하게 말했다."

세르베투스의 죽음의 몸짓에서 기독교적인 요소를 이해하지도 못하고 이해하려고 들지도 않은 채, 그는 두 사람 사이의 어떤 인간적인 화해도 거부했다. 세르베투스는 칼뱅에 관한 것은 모두 빼고, 오직 삼위일체의 하나님을 부인한 사실에 대해서 하나님께 저지른 잘못만을 고백하는 것이 좋을 것이다. 의식적이었든 무의식적이었든 이론가로서의 칼뱅은 내일이면 벌써 아무런 가치도 없는 땔나무 한 조각처럼 불길에 휩싸이게 될, 이미 제물로 바쳐진 이 남자를 동지라고 여기기를 거부했다.

완고한 독단론자인 그는, 세르베투스를 자신이 가진 하나님의 개념, 곧 하나님 자체를 부인한 사람으로만 보았다. 이토록 집요한 독단론자에게는 단 한 가지 사실만이 중요했다. 죽기로 정해진 사람에게서 마지막 숨을 거두기 전에 그 고백을 받아내는 것, 즉 세르베투스는 틀렸고, 칼뱅 자신이 옳았다는 고백을 이끌어내는 것이었다.

그러나 세르베투스는 이 비인간적인 광신자가 이미 죽은 자기 몸에서 아직 살아 있는 것, 앞으로도 죽지 않고 살아 있을 그것, 즉 자신의 신앙, 자신의 신념을 빼앗으려 한다는 사실을 알아차렸다. 그래서 이 고통받은 자는 저항했다. 그는 단호한 태도로 그 어떤 비겁한 고백도 거부했다.

칼뱅은 더 이상 말하는 것이 무의미하다는 사실을 알았다. 그는 종교적인 문제에서 자기에게 완전히 굴복하지 않은 인간은, 그리스도 안에서 형제가 아니라 사탄의 종이요, 죄인으로만 여겼다. 그런 사람에게 친절한 말을 해봤자 시간만 허비할 뿐이다. 무엇을 위해 이단자에게 겨자씨만한 선의라도 베풀겠는가? 칼뱅은 냉혹하게 돌아섰다. 자신의 희생자에게 말도 남기지 않고 친절한 눈길 한 번 주지 않았다. 그의 뒤에서 빗장이 철커덕 하고 내려앉았다. 무서울 정도로 무감동한 말로 이 광신자는 영원히 자신을 고소할 이 보고서를 마무리 짓는다.

"나는 설득이나 경고로 아무것도 이룰 수 없었으므로, 주님께서 내게 허락하신 것보다 더 똑똑해지기를 바라지 않았다. 나는 사도 바오로의 법칙을 따랐다. 나는 스스로에게 자기 판결을 내린 이 이단자에게서 물러나왔다."

불기둥에 묶어놓고 서서히 불에 그을려 죽이는 것은 모든 처형방식 중에서 가장 가혹한 것이다. 잔인성으로 이름 높은 중세에도, 화형의 경우에 극히 드물게만 그토록 잔인하게 오래 끄는 방법을 택했다. 대개의 경우 사형수들은 화형대에 묶이기 전에 미리 목 졸려 죽어 있거나 아니면 마취된 상태였다. 그런데 개신교 최초의 이단자 처형이 바로 이 가장 잔혹하고 끔찍한 화형 방식을 택했다. 그러므로 칼뱅이 온 인문주의 세계에서 격분의 외침이 터져나온 다음 뒤늦게, 너무 늦게 세르베투스 처형에 들어 있는 이 특별한 잔인성의 책임을 벗어보려고 애쓴 것도 이해가 된다.

그는 말하기를 (세르베투스의 몸은 이미 오래전에 잿더미로 바뀌고 말았는데) 자신과 종교국은 산 채로 불에 그을려 죽이는 너무나 고통스런 사형

방식을 참수형 같은 좀 더 완화된 방식으로 바꾸어보려고 노력했지만, "자신들의 노력은 물거품이 되고 말았다"고 했다.

그러한 노력에 대해서 의회기록에는 단 한 마디의 언급도 없었다. 그리고 이 문제에 대해서 아무런 편견 없는 사람 중에 어느 누가 대체 이 말을 믿겠는가. 이 소송을 혼자서 이끌어가고, 말 잘 듣는 시의회를 강요하여 세르베투스에 대한 사형선고를 이끌어낸 칼뱅이, 갑자기 제네바에서 좀 더 인간적인 처형방식을 얻어낼 힘조차도 없을 정도로 그렇게 영향력을 잃어버렸다고 누가 믿겠는가!

칼뱅이 그의 말대로 세르베투스의 처형방식을 완화시킬 생각을 갖고 있었다고 해도, 그것은 (바로 여기서 그의 주장의 변증법적 전환이 나타난다) 오직 단 한 가지 경우, 즉 세르베투스가 마지막 순간에 자신의 신념을 철회할 경우에만 가능한 일이었다. 인간적인 배려에서가 아니라 오직 정치적인 계산에서만 칼뱅— 일생 처음으로— 은 적에 대해서 온건해졌을 것이다.

화형의 불기둥을 바로 앞에 놓고 세르베투스가 자기는 틀렸고 칼뱅이 옳다는 고백을 하도록 할 수만 있다면 제네바 일파에게는 얼마나 큰 승리가 되겠는가! 두려움에 질린 사람이 마지막 순간에 제 신념을 위한 순교자로 죽지 않고, 모든 사람이 보는 앞에서 자신의 주장이 아니라 칼뱅의 주장이 옳고 지상에서 유일하게 옳은 가르침이라고 알린다면 얼마나 대단한 승리일까!

그러나 세르베투스도 자신이 지불해야 할 대가를 정확하게 알고 있었다. 이 점에서 고집이 고집에 맞서고 광신이 광신에 맞섰다. 장 칼뱅 선생의 교리를 옳다고 선언하고 온건한 죽음을 얻느니 차라리 자기 자신의 신념을 위해 이루 말할 수 없는 고통 속에서 죽어가겠다! 차라리 반

시간 동안 이루 측량할 길 없는 고통을 받고, 정신적인 순교자라는 명성을 얻자. 그리고 상대방이 비인간적이라는 악평惡評을 영원히 짊어지도록 만들자! 세르베투스는 냉정하게 거부하고, 온갖 고통을 다 감수하는 것으로 고집의 쓰라린 대가를 지불할 각오를 했다.

마지막 절규

남은 것은 잔혹함뿐이다. 10월 27일 오전 11시, 다 떨어진 넝마 조각을 몸에 걸친 죄수가 감방에서 끌려나왔다. 빛을 못 본 지 오래된 두 눈은 참으로 오랜만에, 그리고 마지막으로 하늘을 바라보았다. 엉클어진 수염에, 지저분하고 지극히 쇠약한 모습으로 쇠사슬을 쩔렁거리면서 사형수는 비틀거렸다. 밝은 가을빛 속에서 그 잿빛 얼굴의 초췌함이 몸서리치도록 끔찍했다. 시청 계단 앞에서 형리들은 힘들게 비틀거리며 걷는 사람—여러 주 전부터 그는 걷는 법조차 잊었다—을 우악스럽게 떠밀어 쓰러뜨렸다. 그는 땅에 쓰러져 머리를 숙인 채 판결문을 들어야 했다. 재판관이 모여든 사람들 앞에서 판결문을 읽었다. 판결문은 이렇게 끝을 맺었다.

"우리는 그대 미겔 세르베투스에게 다음 판결을 내린다. 쇠사슬로 묶어 샹펠 광장으로 끌고 가 산 채로 화형에 처한다. 그와 더불어 그대의 몸이 재가 될 때까지, 그대가 쓴 책의 원본과 인쇄된 책도 함께 불태운다. 그와 같은 범죄를 저지르고자 하는 모든 사람에게 경고하는 본보기를 남기도록, 그대는 이렇게 삶의 시간을 끝내야 한다."

사형수는 몸을 떨면서 그 말을 들었다. 죽음을 앞두고 그는 무릎으로 기어서 시의원 나으리들에게 다가가서 '지나친 고통이 자신을 절망으로 몰아가지 않도록' 참수형에 처하는 작은 은총을 간절히 청원했다. 자신에게 죄가 있다면 그것은 몰라서 저지른 일이다. 그래도 언제나 하나님의 명예를 높이겠다는 단 하나의 생각만이 자신을 이끌어왔다고 말했다.

이 순간에 파렐이 재판관들과 무릎 꿇은 남자 사이로 끼어들었다. 모든 사람이 듣도록 큰 소리로 그는 사형수에게 물었다.

"그대는 삼위일체에 반대하는 자신의 학설을 철회하고, 그럼으로써 온건한 처형이라는 은총을 얻으려 하는가?"

그러나 바로 이 마지막 순간이야말로 평소 중간 정도에 불과했던 이 남자의 모습을 도덕적으로 승화시키는 순간이었다. 세르베투스는 이러한 협상 제안을 다시 물리쳤다. 단호한 태도로 자신은 신념을 위해 모든 고통을 감당할 각오가 되어 있다는 스스로의 말을 다시 확인했다.

이제는 오직 비극적인 결말만이 남아 있을 뿐이다. 행렬이 움직이기 시작했다. 맨 앞쪽에서 각기 계급장을 단 소위와 그의 부관이 궁수들에게 둘러싸여서 걸어나갔다. 언제나 호기심에 넘친 대중이 몰려들었다. 수없이 많은 사람들이 말없이 지켜보는 가운데 행렬이 도시를 통과해가는 동안 파렐은 줄곧 사형수 옆에 붙어 있었다. 걸음을 옮길 때마다 그는 쉬지 않고 세르베투스에게 이 마지막 순간에라도 잘못을 시인하고 잘못된 견해를 철회하라고 설득했다. 그런데 세르베투스가 자신은 부당하게 죽지만 하나님께 자신을 고소한 사람들을 불쌍히 여겨주십사 기도한다는 경건한 대답을 하자, 파렐은 독단론자의 분노를 터뜨렸다.

"무어라고? 모든 죄악 중에서 가장 무서운 죄를 범하고도 여전히 자신을 정당화하려 들다니! 자네가 계속 이렇게 나간다면 나는 자네를 하나님의 심판에 맡기고 더 이상 자네를 따라가지 않겠네. 마지막 숨이 붙

프랑스 파리 아스피랑 뒤낭Aspirant Durand 광장에 서 있는
장 바피에Jean Baffier의 세르베투스 상

어 있는 순간까지 자네 곁을 떠나지 않을 생각이었지만 말이야."

그러나 세르베투스는 대답하지 않았다. 그는 형리와 잔소리꾼이 지켜 왔다. 그들에게는 이제 더 이상 한마디도 하지 말자! 마치 스스로를 마취시키려는 듯 이른바 이단자이고 하나님을 모독했다는 이 사람은 끊임없이 혼잣말을 중얼거렸다.

'다른 의견'의 비극적 종말

"오 하나님, 제 영혼을 구하소서. 오, 영원한 하나님의 아들 예수님이시여, 저를 불쌍히 여기소서……"

그리고 그는 목청을 높여 곁에 있는 다른 사람들에게 그들도 자기와 함께 자기를 위해서 기도해달라고 부탁했다. 형장에서도 화형의 기둥을 바로 눈앞에 두고 그는 한 번 더 무릎 꿇고서 경건하게 자신의 힘을 모았다. 그러나 이 이단자의 순수한 몸짓이 사람들에게 깊은 인상을 심어줄지 모른다는 두려움에서 광신적인 파렐은 경건하게 무릎 꿇은 사람 위로 소리를 질렀다.

"사탄이 한 인간을 발톱 안에 움켜쥐면 얼마나 큰 힘을 가지는지 보시오! 이 사람은 많은 공부를 했으면서도 아마 자신이 옳게 행동한다고 믿고 있나 봅니다. 하지만 그는 지금 사탄의 손 안에 있으며, 이런 일은 여러분 누구에게라도 일어날 수 있습니다."

그러는 사이에 끔찍한 준비가 시작되었다. 화형대 주변으로 장작더미가 쌓였고, 세르베투스를 화형대에 묶을 쇠사슬이 쩔렁거리고, 형리가 사형수의 손을 묶었다. 그때 마지막으로 한 번 더 파렐이 나직하게 한숨 쉬는 세르베투스에게 졸랐다. 그는 잔뜩 화가 나서 소리쳤다.

"오, 하나님! 나의 하나님. 자네는 정말 달리 할 말이 없는가?"

아직도 이 독단적인 사람은, 고문 기둥을 앞에 둔 세르베투스가 칼뱅의 가르침이야말로 유일하게 참된 가르침이라고 고백하기를 기대하고 있었다. 그러나 세르베투스는 다음과 같이 대답했다.

"하나님에 대한 것 말고 내가 무슨 말을 할 수 있겠는가?"

파렐은 실망해서 자신의 희생제물에서 떨어져 나갔다. 이제는 육신의 형리가 자기 임무를 수행할 차례였다. 세르베투스는 쇠사슬로 화형대에 묶였다. 야윈 몸뚱이 위로 밧줄이 너덧 번이나 돌아갔다. 형리는 책과 세르베투스가 칼뱅의 동의를 구하기 위해 극비리에 보냈던 그 원고를, 살아 있는 몸뚱이를 잔인하게 옥죄고 있는 밧줄 사이에 끼워넣었다. 마침내 세르베투스의 머리 위에 끔찍한 고통의 면류관이 씌워졌다. 유황을 묻힌 잎으로 만든 관이었다. 이 모든 잔인한 준비를 마침으로써 형리의 일은 끝났다. 이제 장작더미에 불을 붙이기만 하면 되었다. 살인이 시작된 것이다.

사방에서 불꽃이 솟구쳐 오르자 고문당하는 사람은 모든 사람이 한순간 몸서리치며 물러설 만큼 끔찍한 외침을 토해냈다. 곧이어 연기와 불길이 고통으로 죄어드는 육체를 감쌌다. 그러나 점점 더 끔찍하게 살아 있는 육체를 천천히 갉아먹는 불길 속에서, 이루 말할 수 없이 고통받는 사람의 날카로운 절규가 여전히 울려나왔다. 그러다가 마지막 고통의 외침이 들렸다.

"예수, 영원한 하나님의 아들이시여, 저를 불쌍히 여기소서!"

형언할 길 없이 두려운 죽음의 투쟁이 반 시간이나 더 계속되었다. 그러고 나서야 만족한 불꽃이 잦아들고 연기가 사방으로 흩어졌다. 검게 탄 기둥에는 시커멓게 탄, 연기를 내뿜는 덩어리가 빨갛게 달구어진 쇠사슬에 묶여 있었다. 더는 인간의 어떤 형체라고 여겨지지 않을 만큼 끔찍하게 녹아내린 모습이었다. 한때는 생각하고, 열정적으로 영원을 갈구하던 이승의 피조물, 하나님의 영혼이 깃들어 숨 쉬었던 한 피조물이 이제는 끔찍하게 역겹고 냄새 나는 오물덩이로 변해버렸다. 칼뱅이 이 모습을 보았다면, 어쩌면 한순간이나마 감히 자기와 똑같은 형제의 재판관이며 살인자 노릇을 한 오만의 비인간성을 실감했을지도 모른다.

이 두려운 순간에 칼뱅은 어디에 있었던가? 그는 공평하게 보이려고, 아니면 자신의 신경을 보호하기 위해 조심스럽게 집에 남아 있었다. 그는 창문을 닫고 자기 방안에 틀어박힌 채 형리와 그보다 잔인한 신앙의 형제 파렐에게 무시무시한 일을 맡겼다. 죄 없는 사람을 염탐하고 고소하고 자극해서 화형대로 이끌기까지 칼뱅은 조금도 지치지 않았고, 어느 누구보다도 열심이었다. 그러나 처형의 순간에는 오직 돈을 주고 고용한 형리들만을 볼 수 있을 뿐, 이 '경건한 살해'를 명령한 진짜 책임자는 볼 수 없었다.

다음 일요일에야 그는 검은 수도복을 입고 엄숙하게 강단에 올라서서 말없는 교인들을 향해, 자신은 두 눈으로 쳐다볼 엄두도 내지 못했던 그 행위를 위대하고도 꼭 필요한 일이며, 정당한 일이었다고 찬양했다.

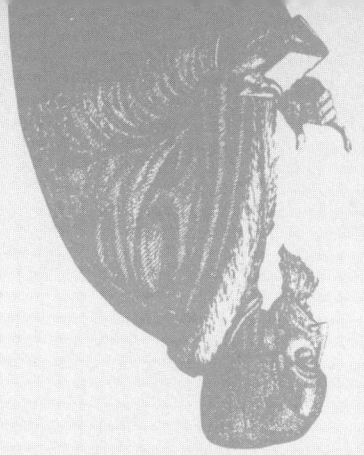

제6장
관용의 선언

> 진리를 구하고, 자기가 생각하는 대로 그것을 말하는 것은 절대로 범죄가 아니다.
> 아무도 어떤 신념을 갖도록 강요당해서는 안 된다. 신념은 자유다.
>
> ─세바스티안 카스텔리오, 1551

폭력에 반대한다!

당시 사람들은 곧바로 세르베투스의 화형을 종교개혁의 도덕적인 분기점으로 받아들였다. 이 잔인한 세기에 한 인간의 처형 자체가 그다지 두드러진 의미를 가진 것은 아니었다. 당시만 해도 에스파냐의 해안에서 멀리 북해와 브리튼 섬에 이르기까지, 그리스도의 명예를 위해 수없이 많은 이단자들을 불태워 죽이던 시대였다. 제각기 다른 유일하게 참된 교회나 종파의 이름으로 아무런 방어책도 없는 사람들을 수천 명씩이나 재판정으로 끌고 가서 불태워 죽이고, 목 잘라 죽이고, 목 졸라 죽이고, 물에 빠뜨려 죽이던 시대였다. 카스텔리오의 《이단자에 관하여》에는 이런 말이 나온다.

"이렇게 죽어간 사람들이 말[馬]도 아닌 돼지였다 하더라도 모든 영주는 상당한 손실을 입었다고 생각했을 것이다."

그러나 제거된 것은 겨우 사람일 뿐이었으니, 어느 누구도 희생자의 수를 헤아려볼 생각조차 하지 않았다. 카스텔리오는 절망해서 신음했다.

"이전의 그 어느 시대에 우리 시대만큼 많은 피를 흘린 적이 있었던가?"

물론 그는 우리 세기(20세기)의 살인에 대해서는 전혀 예감도 하지 못했으리라. 그러나 여러 세기에 걸쳐 수없이 많은 것 중에서 단 하나의 비행非行이 잠든 것처럼 보이는 세계의 양심을 일깨운다. 세르베투스를 죽인 고문의 불꽃은 그 시대의 다른 모든 사람들 위로 빛을 비추었다. 200년이 지난 다음에 역사가 기번Edward Gibbon, 1737~1794[1]은 이렇게 고백하고 있다.

"이 하나의 희생이 종교재판의 화형대에서 사라져간 수천 명보다도 더 나의 가슴을 뒤흔들었다."

세르베투스의 처형— 볼테르의 말을 인용하면— 은 개신교에서 일어난 최초의 '종교적 살인'이었고, 따라서 개신교 원래의 이념을 분명하게 부정한 사건이었기 때문이다. 사실 '이단자'라는 개념 자체가 개신교의 가르침에는 맞지 않는다. 개신교는 모든 사람에게 성서 해석에 대한 자유로운 권리를 인정하고 있었다. 그리고 처음부터 실제로 루터와 츠빙글리, 멜랑히톤 등은 종교개혁 운동의 아웃사이더나 극단론자에 대한 어떠한 형태의 폭력적인 조치에 대해서도 분명한 거부감을 보였다. 루터는 분명하게 선언했다.

"나는 사형선고를 좋아하지 않는다. 그것을 받아 마땅한 사람들의 경우에도 그렇다. 이런 일에서 내가 두려워하는 것은 사람들이 제시하는 예이다. 그렇기 때문에 나는 어떤 경우에도 다르게 생각하는 학자들을 처형하는 일은 인정할 수 없다."

특별한 엄밀함으로 그는 이렇게 말하고 있다.

"이단자들을 외적인 폭력으로 억압해서는 안 되고, 오직 하나님의 말씀으로 맞서 싸워야만 한다. 이단이란 어떤 지상의 불길이나 지상의 물로 씻어 없앨 수 없는 정신적인 일이기 때문이다."

---

[1] 영국의 역사가. 계몽주의적 관점에서 역사 서술을 하였으며, 2세기부터 1453년 콘스탄티노플 멸망까지의 로마 역사를 다룬 《로마 제국 쇠망사The History of the Decline and Fall of the Roman Empire》의 저자로 알려져 있다.

마찬가지로 츠빙글리도 분명하게 고발이나 완력의 사용에 대해서 거부감을 표시했다. 그러나 그러는 사이에 이 새로운 교리도 '교회'가 되었기 때문에 — 구교회는 이미 오래전부터 알고 있었던 일이지만 — 권위란 폭력 없이는 지속적으로 유지될 수 없다는 사실을 깨닫게 되었다.

그래서 루터는 피할 수 없는 결정을 미루기 위해 처음에는 타협안을 제시했다. 그는 '다른 의견을 가진 사람Haereticis'과 '말썽을 일으키는 사람Seditiosis'을 구별하려고 했다. 다른 의견을 가진 사람이란 정신적·종교적인 문제에 관해 개신교의 교리와 다른 의견을 가진 사람들Remonstranten이고, 말썽을 일으키는 사람들은 종교적인 질서와 함께 사회질서까지 변화시키려는 사람들을 가리킨다. 오직 이 말썽꾼들(재세례파 공동체를 뜻한다)에 대해서만 당국이 억압할 권리를 가진다고 인정했다.

그러나 개신교 지도자들 중 어느 누구도 결정적인 조치, 즉 다른 의견을 가진 사람이나 자기 멋대로 생각하는 사람을 법정으로 인도해야 한다고 규정지으려 하지는 않았다. 그들의 내면에서는 그들 자신이 교황과 황제들에 대항하는 정신적인 혁명가로서, 내면의 확신을 가장 고귀한 인간의 권리라고 고백했던 시절의 기억이 아직도 남아 있었다. 그러므로 그들에게는 개신교에 종교재판을 도입하는 것은 불가능한 일로 여겨졌다.

그런데 칼뱅이 세르베투스를 불태워 죽임으로써 이러한 세계사적인 첫발을 내디딘 것이다. 그는 개신교가 쟁취해온 '기독교도의 자유'의 권리를 단번에 없애버렸다. 이 단 한 번의 도약으로 그는 가톨릭 교회를 능가했다! 가톨릭 교회는 독자적인 생각을 가졌다는 이유만으로 단 한 사람을 산 채로 불태울 때까지 일천 년 이상을 망설여왔다. 그러나 칼뱅은 통치한 지 겨우 십몇 년 만에 그의 정신적 독재가 행한 이 가장 저급한 행위를 통해 개신교의 명예를 지워버렸다. 도덕적인 의미에서 그의 행위는 어쩌면 토르케마다Torquemada, 1420~1498[2])의 모든 비행보다도 더 가증스럽다.

가톨릭 교회는 이단자를 공동체에서 추방하고 세속 관청으로 넘기는 경우에 사적인 증오심에서 이런 행동을 한다고 생각지는 않았다. 그들은 영원불멸의 영혼을 죄 많은 육체에서 분리시킨다고 생각했으며, 따라서 일종의 정화행동 혹은 영혼을 구원하는 행동으로 이해했다.

칼뱅의 냉혹한 법정에는 이러한 속죄의 생각은 전혀 들어 있지 않았다. 그에게 세르베투스의 영혼을 구하는 것은 문제조차 되지 않았다. 오로지 칼뱅 해석의 절대권위를 강화하기 위해서만 샹펠의 장작더미에 불을 붙였던 것이다. 세르베투스는 하나님을 모독하지도 않았지만, 하나님을 모독했다는 이유로 그토록 괴로운 죽음을 당한 것이 아니다. 그는 오직 칼뱅의 어떤 주장을 부인했다는 이유만으로 죽임을 당한 것이다.

그러므로 수백 년이 지난 다음에 자유도시 제네바가 독자적인 생각을 가졌던 세르베투스를 위해 세운 비명에 "시대의 희생자"였다고 새겨넣었다 해도 칼뱅의 죄가 없어지는 것은 아니다. 왜냐하면 세르베투스가 화형대에 묶인 것은 그 시대— 몽테뉴와 카스텔리오 같은 사람들이 같은 시대에 살고 있었다 — 의 무지나 망상 때문이 아니라, 오직 칼뱅의 개인적인 독재 탓이기 때문이다. 그 어떤 변명을 하더라도 개신교의 토르케마다 칼뱅이 이런 행동을 한 죄를 벗을 수는 없다. 무신앙이나 미신은 시대를 핑계로 삼을 수 있다. 그러나 어떤 비행이 이루어졌다면, 그것은 그 비행을 저지른 사람에게 책임이 있는 것이다.

세르베투스의 잔인한 처형에 대해 점점 커지는 흥분의 소리는 처음부터 너무나 뚜렷했다. 칼뱅의 심복이자 목사인 베즈조차도 이렇게 보고하

---

[2] 에스파냐의 도미니크회 수도사. 15세기 에스파냐 최초의 종교재판관으로 이단자와 유대인들을 무차별적으로 화형에 처하고 추방하여 종교적 편협성과 잔인한 광기의 상징이 되었다.

고 있다.

"이 불행한 사람의 재가 채 식지도 않았는데, 벌써 이단자를 처형해도 좋은가 하는 질문이 격렬하게 쏟아지기 시작했다. 한편에서는 그들을 억압은 해야 하지만 사형에 처해서는 안 된다는 의견이 나왔다. 다른 사람들은 그들에 대한 처벌은 오직 하나님의 판단에만 맡겨야 한다고 말했다."

칼뱅의 모든 행위를 절대적으로 찬양했던 이 인물마저도 갑자기 망설이는 어조를 띠게 된다. 칼뱅의 다른 친구들은 더했다. 그러나 아주 오래전에 세르베투스에게 개인적으로 가장 나쁜 말로 욕설을 퍼부은 적이 있는 멜랑히톤은 '친애하는 형제' 칼뱅에게 다음과 같은 편지를 써 보냈다.

"교회는 당신께 감사하며, 앞으로도 감사할 것입니다. 당신의 사람들이 이 하나님의 모독자에게 사형선고를 내린 것은 올바른 행동입니다."

그리고 무스쿨루스Musculus라는 이름의 성급한 문헌학자는 이를 계기로 경건한 축제의 노래를 만들기도 했다.

그러나 그것 말고 어떠한 환호성도 들리지 않았다. 취리히, 샤프하우젠, 그리고 다른 교회들은 세르베투스의 죽음에 대해 칼뱅이 기대했던 환호성을 지르지 않았다. 그들 모두가 원칙적으로는 '몽상가들'에게 겁을 주는 것이 환영할 만한 일이라고 생각하고 있었다. 그러나 역사상 최초의 개신교 이단자 처형이 자신들의 성벽 안에서 이루어지지 않고, 역사 앞에서 장 칼뱅이 이 끔찍한 결정을 내린 사람으로 낙인찍히게 된 것을 내심 기뻐했다.

그런데 전혀 다른 종류의 목소리들이 나왔다. 그 시대의 위대한 법학자 피에르 부댕Pierre Boudin이 결정적인 소견서를 공공연히 내놓았다.

"나는 종교적인 논쟁을 이유로 형사판결을 이끌어낼 권리가 칼뱅에게 없다는 입장을 밝힌다."

전 유럽의 독자적인 인문주의자들만 분노한 것은 아니었다. 개신교 지도자들 안에서도 반대의 목소리가 높았다. 제네바 성문 앞에서 겨우 한 시간 거리인 베른에서는 바틀란트 성직자들이 강단에서 세르베투스에 대한 칼뱅의 행동을 반종교적이고 불법적인 일이라고 선언했다. 심지어는 칼뱅 자신의 도시에서도 그는 경찰력을 동원해서 비판을 억누르지 않으면 안 되었다.

어떤 부인이 세르베투스가 예수 그리스도를 위한 순교자였다고 공공연히 말했다가 감옥에 갇히고, 어떤 출판업자는 시 당국이 오직 한 사람을 기쁘게 하기 위해 세르베투스에게 사형선고를 내렸다고 주장했다가 역시 감옥에 갇혔다. 뛰어난 외국인 학자들은 보란 듯이 도시를 떠났다. 그들은 칼뱅 같은 폭군에 의해 사상의 자유가 위협받고 있으니 자신들도 안전하지 않다고 느끼게 된 것이다.

얼마 지나지 않아 칼뱅은 세르베투스가 그의 책이나 생명보다는 억울한 죽음을 통해 더욱 위험스러운 존재가 되었음을 깨닫게 된다.

옹색한 변명

칼뱅은 모든 저항에 대해서 참을성 없고 신경질적인 귀를 가진 사람이었다. 제네바 사람들이 두려움 때문에 공공연히 떠들지 못해도 아무 소용이 없었다. 칼뱅은 벽과 창 안에서 사람들이 흥분을 겨우 억누르고 있음을 느꼈다.

그러나 이미 벌어진 일을 없었던 것으로 되돌릴 수는 없었다. 그리고 거기서 도망살 수도 없었으니, 이제는 공공연히 그 행위 앞에 자신을 드러내놓는 수밖에 없었다. 어느새 칼뱅은 자신이 그렇게 공격적으로 시작한 이 사건에서 수세로 몰리고 있었다. 그러나 모든 친구들이 한목소리로 그를 격려했다. 이제야말로 화형이라는 이 센세이셔널 한 사건을 정당화할 때라고 했다. 칼뱅은 용의주도하게 세르베투스의 목구멍을 틀어막아버린 지금에 와서야 자기 의지에 반해 세상을 '일깨우고' 자기 행동을 변명하기로 결심했다.

그렇지만 칼뱅 자신은 세르베투스 사건에 대해 양심의 가책을 느끼고 있었다. 양심의 가책을 느끼면서 글을 잘 쓸 수는 없다. 그래서 그의 해명서 〈세르베투스의 두려운 오류에 맞서서 올바른 신앙과 삼위일체설을 옹호함〉은, 카스텔리오의 말을 빌리면 "손에 아직 세르베투스의 피를 묻힌 상태에서" 씌어졌고, 이것은 그의 가장 보잘것없는 작품들 중 하나가 되었다. 칼뱅 자신도 몹시 서둘러서 신경질적인 상태에서 써내려갔다는 사실을 고백하고 있다. 그가 얼마나 자신감이 없었는가 하는 것은, 이 일에 대한 책임을 혼자 떠맡지 않기 위해 이 강압적인 해명서에 제네바의 모든 성직자들이 함께 서명했다는 사실에서 드러난다.

그는 분명히 세르베투스의 살인자로 낙인찍히는 것을 불쾌하게 여겼다. 그래서 두 개의 상반되는 경향이 이 글에서 상당히 졸렬하게 합쳐져 있다. 한편으로는 일반적인 불쾌감에 경각심을 느껴서 모든 책임을 '당국'에 떠넘기려 하면서, 다른 한편으로는 그와 같은 '괴물'을 처치한 것은 당국이 옳게 행동한 것이라고 입증해야만 했다.

변증법 훈련을 받은 이 사람은 먼저 자기 자신이 특별히 온건하고, 모든 폭력행위에 대해서 내면의 반감을 가진 사람이라는 것을 보여주기 위해 책의 상당 부분을 가톨릭 종교재판의 잔인성에 대한 탄식에 바치고 있다.

"가톨릭 종교재판은 아무런 변론도 없이 신자들을 판결하고 가장 끔찍한 방식으로 처형하고 있다."— 나중에 카스텔리오가 이 말에 대해 "그렇다면 당신은 세르베투스를 위해 누구를 변호인으로 붙여주었는가?" 하고 묻는다.—그러고 나서 그는 "남몰래 끊임없이 세르베투스를 더 나은 생각으로 돌리기 위하여 애썼다"고 말해서 깜짝 놀란 독자들을 질겁하게 만들고 있다.

그러니까 칼뱅 자신은 관용을 베풀 마음이 있었는데, 특별히 잔인한 방식의 사형선고를 강제한 쪽은 시 당국이었다는 것이다. 그러나 세르베투스에 대한 칼뱅의 이러한 노력, 즉 희생자에 대한 살인자의 이러한 노력은 너무나 '은밀한' 것이었기에 그 어떤 사람도 나중에 만들어낸 이런 신화를 믿을 수 없었다. 카스텔리오는 경멸하는 어조로 다음과 같이 사실을 확인시켜주고 있다.

"당신의 최초의 경고는 욕설이요, 두 번째 경고는 감옥이었다. 세르베투스는 화형장으로 끌려가 산 채로 불에 태워진 후에야 비로소 감옥을 떠날 수 있었다."

그러나 칼뱅은 한 손으로는 세르베투스의 고문에 대한 책임을 이렇게 자기에게서 밀어내면서, 다른 손으로는 그 판결을 내린 '당국'을 위해 온갖 변명을 다하고 있다. 억압을 정당화할 필요성을 느끼자마자 칼뱅은 유창해진다.

자신이 생각하는 바를 말할 자유를 누구에게나 주어서는 안 된다. 왜냐하면 그런 일은 쾌락주의자들이나 무신론자, 하나님을 멸시하는 사람들이 무척 좋아할 것이기 때문이다. 오직 진짜 교리(칼뱅 자신의 교리)만이 널리 공표되어야 한다. 그러므로 그와 같은 검열— 이 독재자는 언제나 똑같은 반논리석인 수장을 되풀이한다— 은 절대로 자유를 제한하는 것이 아니라고 한다. 칼뱅과 그의 동료들처럼 다른 의견을 가진 사람들을 죽여서 입을 다물게 한다면— 절대로 강요한 것이 아니다— 다만 올바르게 행동한 것일 뿐이고, 더 높은 이념에 (이 경우는 '하나님의 영광'을 위해서) 봉사한 것이다.

그러나 칼뱅이 방어할 쟁점은 이단자에 대한 도덕적인 억압의 문제가 아니었다(이것은 이미 오래전부터 개신교의 주장으로 받아들여져 있었다). 결정적인 문제는 다른 의견을 가진 사람들을 죽이거나 죽이라고 명령해도 되는가 하는 점이었다.

이 질문에 대해서 칼뱅은 세르베투스 사건을 통해 미리 긍정해버렸기 때문에 뒤늦게 그 이유를 대야 할 형편이었다. 그는 물론 성서에서 자신의 방패를 찾았다. 자신은 오직 '더 높은 명령'에 따라 '하나님의 계율'에 충실하게 세르베투스를 제거했을 뿐이라고 했다. 나아가 그는 이단자 처형의 예를 모세의 계율(복음서는 "네 원수를 사랑하라"고 너무 많이 말하고 있으니까)에서 찾았다. 그러나 진짜로 설득력 있는 예를 제시할 수는 없었다. 성서는 이단자라는 개념을 아예 모르고, 오직 '불경스러운 자'나 비신자의 예만 들고 있기 때문이다. 그런데 불길 속에서도 그리스도의 이름을 부른 세르베투스는 결코 무신론자가 아니었다.

그러나 언제나 성서에서 자기에게 가장 유리한 부분을 인용하는 칼뱅은, 다른 의견을 가진 사람을 제거하는 것은 성서의 권위를 통해 '성스러운' 의무로 주어졌다고 설명한다. 평범한 남자가 자기 집이 우상숭배에 물들고 가족 중 한 사람이 하나님께 저항해도 칼을 빼들지 않으면 죄가 되는 판인데, 종교가 손상을 입는 데 영주가 눈을 감고 있다면 이런 게으름은 얼마나 수치스러운 일인가. '하나님의 명예를 위해' (칼뱅은 폭력 사용을 정당화하기 위해 계속해서 이 말을 함부로 쓰고 있다) 쓰라고 영주들에게 칼이 주어진 것이다. 경건한 열성에서 이루어진 모든 행위는 이미 정당한 것으로 인정되어 있다고 했다.

진짜 정통파 신앙을 지키는 것은, 칼뱅에 따르면 모든 혈연관계와 인간성의 계율을 벗어나도 좋다는 것이다. 가장 가까운 친지라 해도, 사탄이 그들을 유혹해 '참된' 종교를 부정하도록 만든다면 그들을 없애야 한다. 그들은 하나님을 모독하는 존재인 것이다.

"하느님을 섬기는 일보다 온갖 인간적인 일들에 얽매인 사람은, 하느님의 영광을 위해 싸워야 하는 일이라면, 친족도 혈통도 목숨도 그 무엇도 가리지 말고, 심지어는 인간성마저 완전히 저버리고서라도 마땅히 그분께로 돌려야 할 영예를 그분께 바치지 않는다. On ne lui fait point l'honneur qu'on lui doit, si on ne préfère son service à tout regard humain, pour n'épargner ni parentage, ni sang, ni vie qui soit et qu'on mette en oublie toute humanité quand il est question de combattre pour sa gloire."

보통은 명석하게 생각하던 한 사람이 광신狂信으로 인해 얼마나 눈이 멀 수 있는지를 보여주는 무서운 말이며, 비극적인 증거이기도 하다!

칼뱅의 글에 따르면, '가르침'(그러니까 자신의 가르침)을 위해서 인간성의 모든 감정을 말살해버리고, 아내와 친구, 형제와 친족이 단 한 점이라도 종교국의 올바른 신앙과 다른 의견을 가질 경우에는 즉시 그들을 종교재판에 넘기는 사람만이 경건한 사람이라고 무서울 정도로 솔직하게 적혀 있다. 그리고 아무도 이토록 피 냄새를 풍기는 주장에 반기를 들지 못하도록 칼뱅은 자신의 최종적인, 가장 좋아하는 논리의 근거인 테러로 넘어간다. 그는 이단자를 옹호하거나 변명하려는 사람 자신에게도 이단의 죄가 있으며, 따라서 벌을 받을 것이라고 선언했다. 반항을 견딜 수 없었던 칼뱅은 모든 반대자에게 세르베투스의 운명을 보여주면서 처음부터 위협했던 것이다. 침묵하고 복종하지 않으면 화형대로 가리라! 칼뱅은 괴로운 세르베투스 살해 논의를 단칼에 처리하고 마무리 지으려고 했다.

그러나 칼뱅이 아무리 날카로운 목소리로 이 세상에 위협의 말을 외쳐도, 살해당한 자의 고발하는 목소리를 완전히 침묵시킬 수는 없었다. 그리고 이단사냥을 촉구하는 칼뱅의 해명서는 극히 나쁜 인상만 주었다.

자신들의 개신교회 강단에서 종교재판을 촉구하는 소리를 듣게 된 가장 정직한 개신교도들은 지독한 불쾌감을 느꼈다. 이렇게 피비린내 나는 주장은 하나님 말씀의 설교자 그리스도의 종이 아니라, 시 당국에서 나왔다면 더 어울렸을 거라고 말하는 사람들도 있었다. 나중에 카스텔리오의 절친한 친구이자 옹호자가 된 베른 시의회 서기인 체르힌테스 Zerchintes는 결연히 일어나 대답했다. 그는 칼뱅에게 이렇게 써 보냈다.

"나는 공개적으로 고백합니다. 신앙운동의 적들에 대한 사형은 가능한 한 제한되어야 하고, 스스로 오류를 선택한 사람들에게도 역시 극히 제한적으로만 사형판결을 내려야 한다고 나는 믿고 있습니다. 폭력 사용을 반대하는 성서의 구절들뿐만 아니라, 특히 이 도시에서 재세례파에게 행하는 사례들을 보고 이렇게 생각하게 되었습니다. 80세의 노파와 그녀의 딸이 처형장으로 함께 끌려가는 것을 보았는데, 그 딸은 여섯 아이의 어머니였습니다. 그들은 아이들에게 세례 주는 것을 거부한 것 말고는 아무런 죄도 짓지 않았습니다. 이러한 사례를 보고 나는 사법기관이 당신이 제시한 한계도 지키지 않고, 아주 작은 잘못을 엄청난 범죄인 양 벌을 주게 되지 않을까 두려워졌습니다. 그래서 당국이 칼을 엄격하고 무섭게 휘두르기보다는 차라리 지나칠 정도로 온건하게 처리하는 잘못을 저지르는 쪽이 더 낫다고 생각하게 되었습니다.……나 자신에 관해 말하자면, 극히 분명하게 사형 받아 마땅한 사람의 피로 얼룩지기보다는 차라리 내 피를 쏟아붓는 쪽이 더 낫다고 생각합니다."

이 광신의 시대에, 보잘것없고 알려지지 않은 시의회 서기가 이런 말을 한 것이다. 많은 사람들이 그와 같은 생각을 가지고 있었다. 그러나 모든 사람들은 그런 생각을 그저 조용히 했을 뿐이다. 저 용감한 체르힌테스도 스승인 로테르담의 에라스무스가 시대의 논쟁을 두려워한 것과 같은 두려움을 갖고 있었다. 그래서 체르힌테스는 솔직하게 부끄러워하면서 칼뱅에게 오직 편지로만 이 의견을 알릴 뿐 공식적으로는 침묵하고 싶다고 고백했다.

"나의 양심이 강요하지 않는 한, 나는 싸움터로 나가지는 않을 것입니다. 내 양심이 허용하는 한, 토론을 벌여 누군가를 모욕하지 않고 그대로 침묵할 작정입니다."

인문주의적인 사람들은 너무나 쉽게 체념했고, 그럼으로써 폭력을 휘두르는 사람들이 마음대로 행동하기 쉽게 만들어주었다. 인문주의자들, 성직자들, 학자들 중 어떤 사람들은 싸움이 역겨워서, 또 어떤 사람들은 세르베투스의 처형이 칭찬할 만한 것이라고 찬양하지 않았다가는 자기가 이단으로 몰릴까봐 두려워서, 탁월한 견해를 가졌지만 싸우려 들지 않는 체르힌테스처럼 행동했다.

그러자 다른 의견을 가진 자들을 모두 억압해야 한다는 칼뱅의 무시무시한 요구는 이론異論의 여지없이 확정되었다는 인상이 들었다. 이때 갑자기 한 음성—칼뱅이 잘 아는, 싫어하는 목소리였다—이 목청을 높여 모욕당한 인간성의 이름으로 미겔 세르베투스에게 행한 범죄를 공공연히 고발하고 나섰다. 바로 카스텔리오의 또렷한 목소리였다. 제네바를 숨죽이게 만든 폭군의 위협을 두려워하지 않고, 수많은 사람들의 목숨을 구하기 위해 자신의 목숨을 건 카스텔리오의 목소리였다.

더 이상 침묵할 수 없다

쉽게 정열적으로 싸움을 시작하는 사람들이 아니라, 오래 망설이는 사람, 내면에서 진심으로 평화를 사랑하는 사람, 천천히 결심하고 결정을 내리는 사람들이 모든 정신적인 투쟁에서 가장 훌륭한 투사들이다. 모든 다른 가능성들이 사라지고, 무기 드는 것을 피할 수 없다고 판단될 때 그들은 무겁고 편치 않은 심정으로 방어를 위해서 일어선다. 그러나 이렇듯 가장 어렵게 싸움을 결심한 사람들이야말로 언제나 가장 단호하고 확고한 사람들이 된다.

카스텔리오도 그랬다. 진정한 인문주의자로서 그는 타고난 싸움꾼도 신념에 찬 싸움꾼도 아니었다. 화해적이고 사람들이 참여하는 공의회 방식이 그의 온화하고 깊이 종교적인 천성에 훨씬 더 잘 어울렸다.

자신의 정신적 선배인 에라스무스처럼 카스텔리오도 모든 지상의 진리와 모든 신적인 진리가 극히 다양한 여러 가지 의미로 해석될 수 있다는 사실을 잘 알고 있었다. 그래서 그의 가장 중요한 책들 중 하나가 《의심의 기술 De arte dubitandi》라는 의미심장한 제목을 달고 있는 것도 결코 우연이 아니다. 그가 언제나 자기 자신을 의심하고, 자신을 검토해본다고 해서 냉정한 회의론자는 아니었다. 그의 조심성은 모든 다른 의견들에 대한 관용을 가르쳤다. 그는 성급하게 다른 사람들의 싸움에 끼어들기보다는 기꺼이 침묵하는 사람이었다. 내면의 자유를 지키기 위해 자신의 직위와 품위를 스스로 포기한 이후, 그는 당대의 정치에서 완전히 물러나 있었다. 오직 정신적으로 생산적인 자신의 활동, 즉 성서 번역에만 전념하고 있었다.

바젤은 마지막 남은 종교적 평화의 섬으로, 그에게 조용한 은둔 장소가 되었다. 이곳 대학은 아직 에라스무스의 유산을 지니고 있었고, 그래서 교회의 독재에 압박받는 사람들은 모두 유럽 인문주의의 마지막 피난처인 바젤로 도망쳐왔다.

루터의 압박으로 독일에서 쫓겨난 칼슈타트와 로마의 종교재판에 회부되어 이탈리아에서 쫓겨난 베르나르디노 오키노Bernardino Ochino, 1487~1564[3], 그리고 칼뱅의 탄압으로 제네바에서 쫓겨난 카스텔리오도 바젤에 살고 있었다. 그리고 렐리오 소치노Lelio Socino, 쿠리오네Curione도 있었고, 네덜란드에서 쫓겨난 재세례파 다비드 요리스David de Joris, 1501~1556[4]도 가명으로 신분을 위장하고 이곳에 숨어 있었다.

신학적인 문제에서는 입장이 전혀 달랐어도, 똑같이 억압받고 쫓기는 운명이라는 처지가 이 망명자들을 결속시켰다. 그러나 인문주의자들이 인간적으로 절친하게 토론을 하더라도 세계관이 마지막 한 점까지 체계적으로 똑같을 수는 없다. 이들은 모두 도덕적 독재를 거부하는 자들이었고, 바젤에서 소리 없이 사적인 학자로서의 생활을 각자 해나가고 있었다. 그들은 논문이나 팸플릿으로 세상을 뒤흔들어놓지 않았고, 강의

---

[3] 가톨릭 카푸치노 수도회의 총장이었으나 종교재판소의 소환을 받아 로마로 가던 도중 종교개혁가인 버미글리의 설득을 받아들여 개신교로 개종하고 이탈리아를 떠나 바젤에 정착했다. 하지만 성서 해석을 둘러싼 교리상의 문제로 개신교와 충돌을 빚고 이단자로 단죄되어 바젤에서 추방되었다.
[4] 종교개혁가. 재세례파의 일원으로 루터파의 입장에서 가톨릭 교회를 비판했다. 논쟁을 좋아하는 기인奇人으로 예언자를 자처하며, 요리스파를 만들었다. 네덜란드에서 여러 분쟁을 일으켜 바젤로 도망친 후 신비체험을 중시하는 내면적·개인적 종교를 참된 신앙으로 받아들였다. 그의 사후 이단자로 단죄 받고 그 시체가 화형당하는 비운의 주인공이 되었다.

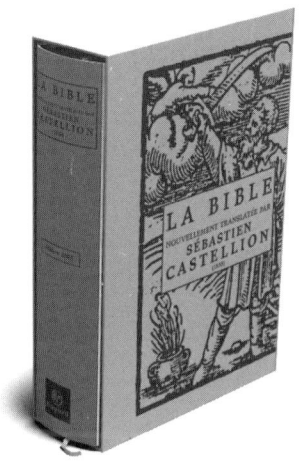

카스텔리오가 번역한 프랑스어판 성서

실에서 열변을 토하지도 않았으며, 어떤 분파나 결속을 위해 힘을 합치지도 않았다. 이 '다른 의견을 가진 사람들'— 교리상의 테러에 항거했던 저항자들— 은 모두가 고독하게 살면서, 세상이 점점 더 군대 같아지고 정신이 점점 더 복무규정에 얽매이는 것을 슬퍼하면서 조용한 형제애로만 맺어져 있었다.

이 독자적인 사상가들에게 세르베투스의 화형과 칼뱅의 피비린내 나는 해명서는 선전포고로 들렸다. 이러한 뻔뻔스러운 도전 앞에 그들은 분노와 경악을 느꼈다. 이제 결전의 순간이 왔음을 그들 모두는 즉시 깨달았다. 이와 같은 폭군적인 행위에 대해 아무런 답변도 않고 남아 있다면, 유럽의 독자적인 정신은 이제 시들고 말 것이다. 그 후에는 폭력이 권리가 되고 말 것이다.

정말로 '이미 한 번 빛이 오고 난 다음에' 즉 종교개혁이 양심의 자유에 대한 요구를 이 세상에 도입하고 난 다음에 다시 어둠 속으로 들어가야 하겠는가? 칼뱅이 요구하는 대로, 정말로 칼과 교수대로써 의견이 다른 기독교도들을 모두 근절시켜버려야 하는가? 수천 개의 화형의 장작더미가 저 샹펠 광장에서 불타오르기 전에, 이 가장 위험한 순간에 분명하게 선언해야 하지 않을까? 의견이 다른 사람들을 흉악한 짐승처럼 사냥하고, 도둑이나 살인자처럼 잔혹하게 고문해서는 안 된다고 말이다. 관용 없는 행동은 모두 비기독교적이며, 테러를 자행한다면 그것은 비인간적이라는 사실을 이제야말로 마침내 큰소리로 또렷하게 세상에 알려야 하지 않겠는가? 이제는 억압받는 자의 편에 서서, 억압하는 자에 반대하는 말을 크고 뚜렷한 목소리로 말해야 한다고 그들 모두는 느꼈다.

크고 뚜렷한 소리로—그러나 그 시대에 어떻게 이것이 가능하단 말인가! 가장 단순하고 명료한 인간성의 진실조차도 다른 사람에게 전달되기 위해서는 위장僞裝과 변장이 필요한 시대가 있다. 가장 인문적이고 신성한 생각이라 해도 마치 도둑처럼 변장한 몸을 가리고 뒷문으로 살금살금 숨어들어가야 하는 시대가 있는 것이다. 열린 입구에는 권력자의 형리들이 지키고 있기 때문이다.

한 민족이나 신앙이 다른 민족이나 신앙을 향해 온갖 도발을 다하는 것이 허용되면서, 화해의 성향이나 평화적이고 공의회적인 이상理想들이 의심받고 억압을 받는 부조리한 현실이 되풀이되곤 한다. 이런 이상들이 어떤 특정한 국가적 또는 신적 권위를 위태롭게 한다는 핑계로, 또는 이런 이상들이 그 인문주의적 의지를 통해 경건한 열의나 조국을 향한 열의를 "패배주의적으로" 약화시킨다는 핑계로 그토록 억압과 의심을 빈는 것이다.

마찬가지로 칼뱅의 테러 아래서 카스텔리오와 그 비슷한 사람들은 자신들의 생각을 분명하게 표현할 길이 결코 없었다. 그들이 계획하고 있던 관용의 선언, 인문주의의 촉구 등은 나오자마자 곧바로 종교적 독재에 의해서 압류될 것이기 때문이다. 그러므로 폭력에 대항해서 어느 정도는 계략을 쓰지 않을 수 없었다. 편찬자는 완전히 새로 만들어낸 '마르티누스 벨리우스Martinus Bellius'라는 이름이고, 표지에는 인쇄 장소를 바젤이 아닌 마그데부르크라고 제시하고, 죄 없이 억압받는 자들을 구하자는 이 호소문의 내용도 학문적이고 신학적인 논문처럼 위장되었다. 그렇게 교육 수준이 높은 교회의 권위자들과 그 밖의 권위자들이 이 위대한 언급한 것처럼 보이게 만들었다.

《이단자를 억압해도 되는가, 그들을 어떻게 처리해야 하는가. 신구교 권위자들의 소견을 제시함》. 카스텔리오가 쓴 이 책자를 간단히 훑어보면 첫눈에는 정말로 경건하고 신학적인 소논문을 보고 있다는 생각을 갖게 된다. 이 책에는 가장 유명한 교부敎父들, 곧 성 아우구스티누스St. Augustinus, 성 크리소스토무스St. Chrysostomus, 성 히에로니무스St. Hieronymus 등의 발언들과 나란히 루터나 세바스티안 프랑크 같은 위대한 개신교 지도자들의 발언, 혹은 에라스무스 같은 중립적인 인문주의자의 발언들이 들어 있기 때문이다.

책을 읽는 사람이 이 곤란한 질문에 대해 개별적이고 공정한 판단을 할 수 있도록 다양한 철학 유파에서 학문적으로 선별하고, 법적·신학적인 인용을 동원한 책으로만 보인다. 그러나 자세히 들여다보면, 오직 이단자에 대한 사형집행은 옳지 않다고 선언한 소견들만을 모아놓았다. 그리고 내면적으로 무서울 정도로 진지한 의도를 가진 이 책이 보여주는 가장 뛰어난 점은, 칼뱅에게 적대적인 인용문들 중 칼뱅을 정말로 화나게 만드는 인용이 들어 있다는 점이다. 즉 칼뱅 자신의 인용문이다. 그가 아직 억압받던 시절에 한 발언은, 불과 칼을 부르는 현재의 발언과 첨예하게 대립된다. 세르베투스의 살인자가 자기 자신, 즉 칼뱅의 말로써 비기독교도로 낙인찍히게 된다. 그 이름도 선명하게 인쇄된 여기에는 이런 글귀가 적혀 있다.

"교회에서 쫓겨난 사람들을 무기를 들고 박해하고, 그들에게 인간성의 권리를 거절하는 것은 비기독교적인 일이다."

감추고 은폐된 의견이 아니라 드러나 있는 말이 책에 가치를 주는 법이다. 이 말은 카스텔리오가 뷔르템베르크 공작에게 바치는 헌사에 적혀 있다. 그리고 이 책의 서문과 결말부의 글이, 이 신학적인 모음집을 시대를 넘어 위대한 것으로 만들고 있다. 몇 페이지에 불과한 분량이지만, 사상의 자유를 가장 신성한 기본법으로 요구한 유럽 최초의 문서이기 때문이다. 그 시대에 오직 이단자들에게 유리하게만 쓴 이 글은, 훗날 정치적인 독자성 혹은 세계관의 독자성으로 인해 독재자들에게 억압받는 모든 사람들을 위한 속죄의 외침이 된다. 모든 시대에 통용되는, 정신적 공정성의 적을 향한 싸움이 여기서 시작된다. 자기 자신의 의견 말고는 모든 의견을 억압하려는 편협한 광신주의에 대항하여, 이 세상의 온갖 적대심을 해결할 수 있는 저 이념, 곧 관용의 이념이 내세워진 것이다.

광신주의와의 싸움

열광이 없는 논리, 반론을 제기할 수 없을 만큼 명석한 논리로 카스텔리오는 자신의 주장을 전개하고 있다. 이단자가 박해받고, 정신적인 잘못 때문에 목숨을 빼앗겨도 되는가 하는 질문에 대해 카스텔리오는 또 다른 질문을 제기한다. 이단자란 무엇인가? 부당하지 않게 이단자라고 부를 수 있는 사람은 어떤 사람인가? 카스텔리오는 단호한 태도로 이렇게 질문하고 있다.

"나는 이단자라 불리는 모든 사람이 다 이단자라고는 생각지 않는다.……이단자라는 호칭은 오늘날 너무나도 치욕적이고 두렵고 경멸할 만한 것이고 무시무시한 것이 되어버렸다. 그래서 누군가가 자신의 개인적인 원수를 없애고 싶다면 아주 쉬운 방법이 있다. 즉 그가 이단자로 의심된다고 말하면 된다. 이 말을 들으면 사람들은 이단자라는 이름만 듣고도 너무나 무서워서 귀를 막아버리고 눈을 감은 채 오직 그를 박해할 뿐만 아니라, 그의 편을 드는 사람도 역시 박해하기 때문이다."

그러나 카스텔리오는 그와 같은 박해 히스테리에 사로잡혀서 사태를 판단하려 하지 않았다. 어느 시대에나 어떤 불행한 집단을 선별해서 그들에게 밀린 증오를 집단적으로 분출한다는 사실을 카스텔리오는 알고 있었다. 때로는 종교 때문에, 때로는 피부 빛깔 때문에, 종족 때문에, 출신 때문에, 사회적 이상 때문에, 세계관 때문에 작고 약한 어떤 그룹이 더 크고 강한 그룹에 의해서, 인간성에 잠재된 파괴 에너지의 대상으로 선별되는 것이다. 동기가 되는 구호는 바뀌어도, 비방, 멸시, 파괴의 방법 자체는 그대로이다. 정신적인 인간은 절대로 그러한 비방에 현혹되어 집단본능의 분노에 이끌려서는 안 된다. 언제라도 침착하고 올바른 태도로 옳은 것이 무엇인지를 찾아야 한다. 그래서 카스텔리오는 이 증오스러운 낱말의 뜻을 완전히 파악할 때까지 이단자 문제에 대해서 의견을 내놓지 않았다.

그렇다면 누가 이단자인가? 카스텔리오는 자신과 독자에게 이 질문을 던진다. 칼뱅과 다른 종교재판관들이 유일하게 타당한 근거로서 성서를 인용하기 때문에, 그도 성서를 한 장 한 장 펼쳐본다. 그러나 그는 성서에서 이단자라는 말도 개념도 도무지 찾을 수 없다. 정통파 교리, 통일된 교리가 나타나야만 비로소 이단자란 낱말이 나오게 된다. 교회와 대립하려면 우선 교회가 하나의 단체로 정립되어 있어야 한다.

성서에 하나님을 비방하는 자와 그들의 형벌에 대한 말은 나온다. 그러나 세르베투스 사건이 입증하듯이, 이단자는 결코 하나님을 부인하는 자가 아니다. 이단자라 불리는 사람들, 그리고 재세례파 사람들은 자신들이 오히려 참된 기독교도라고 주장하며, 구세주를 가장 고귀하고 가장 사랑하는 모범으로 존경하는 사람들이다. 터키 사람이나 유태인이나 다른 어떤 이방인이 이단자라 불리지는 않았다. 그러므로 이단이란 오직 기독교 내부에서 이루어지는 잘못이다.

이 말을 다시 요약하면 이렇다. 이단자 — 기독교도이기는 하지만 — 란 '참된' 기독교에 속하지 않고, 여러 가지 단편적인 점에서 '올바른' 생각에서 벗어난 생각을 하는 사람들을 일컫는다.

그럼으로써 궁극적인 개념을 찾아낸 것처럼 보인다. 그러나 불행한 질문이긴 하지만, 여러 가지 다양한 해석들 중에서 '참된' 기독교란 어떤 것인가? 그리고 하나님의 말씀에 대한 '올바른' 해석이란 어떤 것인가? 가톨릭일까, 루터파일까, 츠빙글리파일까, 재세례파일까, 후스파일까, 칼뱅파일까? 진실로 종교적인 문제에서 절대적 확실성이 존재하는가? 진정 성서의 말씀은 언제나 해석이 가능한가? 독선가인 칼뱅과는 반대로, 카스텔리오는 겸손하게 그렇지 않다는 대답을 하고 있다. 그는 성서에서 이해가 가능한 부분과 그렇지 않은 부분이 섞여 있는 것을 보았다. 가상 종교적인 이 인물은 이렇게 썼다.

"종교의 진실은 본성상 신비로운 것이며, 일천 년이 넘는 기간 동안 끝없는 논쟁의 대상이 되어왔다. 사랑이 사람들을 깨우치고 최후의 말씀을 보존하지 않는 경우에 그런 논쟁에서 한없이 피가 흘렀다."

하나님의 말씀을 해석하는 사람은 부족할 수도, 잘못을 저지를 수도 있다. 그러므로 상호간의 관용이 첫 번째 의무라는 뜻이다.

"하나님이 한 분 계신 것이 분명한 것처럼, 모든 것이 그토록 명료하고 분명하다면 모든 기독교도는 모든 일에서 의견 일치를 볼 수 있을 것이다. 하나님 한 분이 계시다는 인식에서는 모든 민족들이 의견 차이를 보이지 않는 것처럼 말이다. 그렇지만 모든 것이 확실하지 않고 혼란스럽기 때문에 기독교도들은 서로 판결을 내려서는 안 된다. 우리가 이교도보다 더 지혜롭다면, 우리는 이보다 더 선량하고 동정심을 가져야 한다."

카스텔리오는 자신의 질문에서 한 걸음 더 나아갔다. 이단자란 기독교 신앙의 기본원칙은 인정하지만, 자기 나라에 지배적인 형태가 아닌 생각을 가진 사람들이다. 그러므로 이단이란 절대적 개념이 아니라 상대적인 개념 — 마침내 가장 중요한 구별이다! — 이다. 가톨릭 교도가 보면 물론 칼뱅파는 이단이다. 마찬가지로 칼뱅파의 눈으로 보면 재세례파가 이단이다. 또 프랑스에서 참된 신앙을 가진 사람이라 해도 제네바에서는 이단자로 몰리게 되고, 그 반대의 경우도 참이다. 어떤 나라에서 범죄자라고 여겨져 화형당한 사람이 이웃나라에서는 순교자로 여겨진다.

"그대는 어떤 도시나 지방에서는 참된 신앙을 가진 사람이지만 바로 옆 지방에서는 이단자로 몰려서 쫓기는 신세가 된다. 그러므로 오늘날 방해받지 않고 살고 싶은 사람은 도시와 나라들의 숫자만큼 많은 확신과 종교를 가져야 할 것이다."

이렇게 해서 카스텔리오는 최후의, 가장 대담한 발언을 하기에 이른다.

"이단자가 무엇인가 하는 문제를 생각해보면, 나는 우리 의견과 일치하지 않는 생각을 가진 모든 사람들을 우리가 이단자라 부른다는 사실을 발견하게 된다."

이것은 지극히 단순한 말로, 너무 자명해서 진부해 보이기까지 한다. 그러나 이것을 공개적으로 분명하게 말했다는 것은, 당시로서는 무서울 정도의 도덕적인 용기에서 나온 행동이었다. 그러한 발언은 한 힘없는 인간이 시대 전체, 그 지도자들, 영주와 설교자들, 가톨릭 교도와 루터파들의 뺨을 때린 것과 같기 때문이다. 그들 모두의 잔인한 이단사냥은 무의미한 일이며 도덕적인 광증일 뿐이라고 말한 것이다. 수천수만 명의 사람들이 하나님과 국가에 아무런 잘못도 저지르지 않았는데, 아무 죄 없이 쫓기고 목 매달리고, 물속에 던져지고, 불태워지고 있다. 그것은 명백하게 법에 위배되는 일이다.

그들은 실질적인 행위 공간에서 남과 달리 행동한 것이 아니라 눈에 보이지 않는 생각의 영역에서 남과 다를 뿐이다. 그러나 인간의 생각을 심판할 권리, 인간의 내적·개인적 신념을 비열한 범죄와 동일하게 취급해도 좋은 권리가 누구에게 있단 말인가? 국가나 관리는 그런 권리를 갖지 않는다. 성경 말씀에 따르면 "카이사르의 것은 카이사르에게" 주도록 되어 있다. 그리고 카스텔리오는, 지상의 왕국은 육체에 대한 권력만을 가질 뿐이며, 영혼에 관한 한 하나님께서 그 어떤 지상의 권한에도 명령권을 주지 않으셨다는 루터의 말을 인용한다.

국가는 그 신하에게 외적이고 정치적인 질서를 엄수할 것을 요구할 수는 있다. 도덕적·종교적인 — 여기에 덧붙인다면 예술적인 — 신념이라는 내면의 세계가 국가에 대해 눈에 보이는 잘못을 범하지 않았는데, 그러한 내면 세계에 끼어드는 것은 침범할 수 없는 개성의 권리를 침범하는 것이며 월권일 뿐이다. 어느 누구도 자신의 내면세계에 대해서 국가기관에 책임지지 않는다. 왜냐하면 '우리는 누구나 자기 자신의 문제를 하나님 앞에 가져가도록 되어 있기' 때문이다. 국가권력은 의견 문제에 대해서는 권한이 없다. 그러므로 누군가 다른 세계관을 가지고 있다고 해서 거품을 물고 미쳐 날뛰는 일이 왜 필요한가. 어째서 끊임없이 경찰을 부르고, 살인에 이르도록 미워한단 말인가. 공의회의 의지 없이 진정한 인문주의는 불가능하다.

"우리 자신의 내면을 다스려야만 우리는 평화롭게 함께 살 수 있으며, 의견 차이가 생겨도 서로 이해하고, 마침내 신념의 일치에 이를 때까지 서로 사랑과 평화의 약속을 보장해줄 수 있기 때문이다."

그러므로 이 끔찍한 싸움에 대한 책임, 인간성의 품위를 빼앗는 이런 야만적인 압박에 대한 책임은 이단자 쪽에 있는 것이 아니다. 그들은 죄가 없다.— 어느 누가 자신의 생각이나 신념에 대해서 책임질 수 있는가? 카스텔리오가 보기에 살인적인 망상과 온 세상의 어지러운 혼란에 대한 책임은 사상가들의 광신과 불관용에 있다. 그들은 언제나 자신의 이념, 자신의 종교, 자신의 세계관만 옳다고 여긴다. 카스텔리오는 이러한 광신적인 우월감을 탄핵한다.

"사람들은 자기 자신의 생각에 대해, 혹은 자신의 생각이 옳다는 생각에 대해 너무나도 뚜렷한 확신을 가진 나머지 오만하게 다른 사람을 멸시하기에 이르렀다. 이러한 오만에서 잔인함과 박해가 나온다. 오늘날에는 거의 사람 수만큼이나 다양한 견해가 있건만, 다른 사람이 자신과 견해가 같지 않다면 조금도 참으려 하지 않는다. 그런데 다른 분파가 틀렸다고 하면서 혼자 지배하려고 들지 않는 분파는 하나도 없다. 그래서 추방, 망명, 감금, 화형, 교수형 등 온갖 처형과 고문이 날마다 행해지고 있다. 오직 높으신 분들의 마음에 들지 않는 의견을 가졌다는 이유로, 때로는 어떤 특별한 이유도 없이 그런 일들이 행해진다.

오직 완고함 때문에 반항이 생겨나고 정신적으로 남을 인정하지 않기 때문에 잔인한 행동을 하려는 저 거칠고 야만적인 욕망이 생겨난다. 그리고 오늘날 이런 선동적인 비방에 수많은 사람들이 너무나 열을 올리고 있다. 그래서 사형수를 우선 목 졸라 죽인 다음 화형대에 세움으로써 불길에 서서히 타는 고통을 면제해준다고 화를 내는 지경에 이르렀다."

카스텔리오는 단 한 가지만이 이러한 야만성에서 인류를 구할 수 있다고 보았다. 즉 관용Toleranz[5]이었다. 우리의 세계는 단 한 가지가 아니라 수많은 진리들을 위한 공간을 갖고 있다. 사람들이 원하기만 하면 서로 나란히 모여 살 수 있다. '우리가 서로 다른 사람을 인정하고, 다른 사람의 신념을 판결하지 않는다면' 말이다. 그렇게 되면 이 광포한 이단이 외치는 소리는 필요 없게 되고, 정신적인 문제에 대한 온갖 박해는 쓸모없어진다. 칼뱅이 영주들을 향해 쉬지 않고 이단자를 제거하기 위해 칼을 휘둘러야 한다고 열을 올려 설파하고 있을 때, 카스텔리오는 이렇게 호소한다.

"온건함의 편을 들고 살인을 사주하는 사람의 말을 듣지 마십시오. 여러분이 하나님 앞에서 심판받아야 할 때, 그들이 여러분 곁에서 여러분을 도울 수는 없을 것이기 때문입니다. 그들은 자신을 변호하기에도 바쁠 것입니다. 내 말을 믿으십시오. 그리스도께서 지금 여기에 계신다면, 그분은 절대로 여러분께 그리스도의 이름을 고백하는 사람들을 죽이라고 하지는 않을 것입니다. 비록 그들이 한두 가지 세부사항에서 틀렸다

---

5) 특히 종교상의 관용을 뜻한다.

고, 혹은 잘못된 길을 갔다 하더라도 말입니다……."

정신적인 문제를 다루는 데 알맞은 공정한 태도로, 세바스티안 카스텔리오는 이른바 이단자들에게 죄가 있느냐 없느냐 하는 위험한 질문에 접근했다. 그는 이 질문을 검토하고 이리저리 가늠해보았다. 그는 내면의 확신을 가지고 이렇게 모함받고 쫓기는 자들을 위해 평화와 정신적 피난처를 요구했다. 속으로는 분명하다고 여기면서도, 다른 사람들에게는 극히 공손하게 자신의 견해를 알리고 있다. 온갖 파당주의자들이 시장판에서 소리 지르는 장사꾼처럼 날카롭고 큰소리로 자신들의 교리를 떠벌리던 시절에, 이들 편협한 독단론자들이 오직 자기들만 순수하고 참된 가르침을 팔고 있노라고, 자기 목소리에만 하나님의 뜻과 말씀이 그대로 들어 있노라고 쉬지 않고 강단에서 떠벌리던 바로 그 시대에 카스텔리오는 소박한 태도로 이렇게 말하고 있다.

"나는 하나님이 보내신 예언자처럼 여러분께 말하는 것이 아닙니다. 나는 싸움을 꺼리고, 종교문제는 싸움이 아니라 함께 느끼는 사랑으로, 외면적인 습관이 아니라 내면적인 마음으로 입증되기만을 바라는 민중의 한 사람으로서 이런 말을 하는 것입니다."

독단론자들은 학생이나 하인에게 말하듯이 다른 사람에게 말하곤 했다. 그런데 이 인간적인 사람은 형제가 형제에게 하듯, 한 인간이 다른 인간에게 하듯이 말하고 있다. 그러나 아무리 인간적인 사람이라 해도 비인간적인 일을 목격하면 흥분하지 않고 그대로 있을 수만은 없다. 정직한 문필가라고 해도 시대의 광증에 그의 영혼이 떨리면 침착하고 냉정하게 원칙적인 말만 늘어놓을 수는 없다. 올바른 분노로 신경이 타오르는데, 목소리가 온건하게 울려나올 수는 없다.

카스텔리오도 샹펠의 화형장을 보면서 언제까지나 자신을 억제하고 학문적인 탐구에만 몰두하고 있을 수는 없었다. 그곳에서 한 명의 죄 없는 인간이 고통 속에서 죽어갔다. 정신적 형제의 명령에 의해 산 채로 희생되었다. 학자가 다른 학자에 의해, 신학자가 다른 신학자에 의해, 그것도 사랑의 종교란 이름으로 그런 일을 당한 것이다.

고문당하는 세르베투스의 모습, 이단자들에 대한 잔인한 억압의 모습을 그려보면서 카스텔리오는 그때까지 써내려간 종이에서 눈을 쳐들고 이 모든 추악한 일을 일으킨 장본인들을 찾아보았다. 그들은 참을성 없는 태도를 하나님에 대한 경건한 봉사라는 말로 덮어서 죄를 면해보려 하지만 소용없는 일이다. 카스텔리오는 칼뱅을 염두에 두고 다음과 같이 외친다.

"이러한 일들 자체가 이미 아주 잔인한 짓이다. 그러나 그 행위자들은 자신들의 비행을 그리스도의 옷자락으로 덮고 자신들은 그리스도의 뜻을 행했을 뿐이라고 말함으로써 더욱더 무서운 죄를 범한다."

그는 어느 시대에나 폭력을 사용하는 자들은 어떤 종교적인 이상이나 세계관의 이상을 가지고 자신들의 폭력 행위를 장식하려 한다는 사실을 알고 있었다. 그러나 피는 모든 이념을 더럽히고, 폭력은 모든 사상을 타락시킬 뿐이다. 미겔 세르베투스는 그리스도의 명이 아닌 장 칼뱅의 명령에 따라 불태워진 것이다. 모든 기독교 정신은 그런 행동을 통해서 지상에서 더럽혀졌다. 카스텔리오는 외친다.

"스스로 기독교도라고 고백하는 사람들이 불과 물로써 살해당하고 살인자와 도둑보다 더욱 잔인한 취급을 받는데, 오늘날 누가 기독교도가 되려 하겠는가.……오늘날 어떤 사람—그는 불꽃 한가운데서도 자기가 그리스도를 믿는다고 큰소리로 고백했다—이 권력과 폭력을 움켜쥔 사람들과 어떤 작은 의견 차이를 보였다는 이유로 그리스도의 이름으로 산 채로 불태워진다면, 누가 그리스도에게 봉사하려 들겠는가?"

그러므로 누군가가 시대의 권력자에게 정신적으로 맞섰다는 이유만으로 그들을 고문하고 죽여도 좋다는 망상은 이제 그만두어야 한다고 이 인문주의자는 주장했다. 권력자가 권력을 계속 잘못 사용하고 있는데, 지상에서 자기 말고는 아무도— 작고 힘없는 자기 한 사람 빼고는 아무도 박해받고 쫓겨난 자들을 감싸지 않는 것을 보면서 그는 절망하여 하늘을 향해 목소리를 높인다. 무아지경에 이른 동정의 푸가로 그의 하소연은 끝나고 있다.

"오, 세계의 창조자이며 왕이신 그리스도여! 당신은 이 일을 알고 계십니까? 당신은 정말로 그 옛날과 달라진 겁니까? 당신 자신에 대해서 그렇게도 잔인하고 적대적으로 변했습니까? 당신이 지상에 계실 때 당신보다 더 부드럽고 더 선량한 존재는 없었습니다. 어느 누구도 비웃음을 당신보다 더 온화하게 참아낸 사람은 없었지요. 욕하고 침 뱉고 비웃고 가시관을 씌우고 도둑들 사이에 십자가에 못 박고, 이 모든 멸시의 한가운데서도 당신은 당신에게 이런 모욕과 수치를 준 사람들을 위해 기도했습니다. 그런 당신께서 이제 그렇게 변한 건가요?

하나님 아버지의 거룩한 이름으로 간구합니다. 당신은 모든 요구와 계율에서 당신을 가르치는 선생들이 요구하는 것과 정확하게 똑같지 않은 사람들을 물에 빠뜨려 죽이고, 창자가 튀어나오도록 꼬챙이로 쑤시고, 소금으로 문지르고, 칼로 찢고, 불에 그을려 죽이고, 죽음에 이르기까지 가능한 한 천천히 온갖 방법으로 고통을 주라고 명령하십니까? 오 그리스도여, 진정 이런 일을 허락하셨나이까? 그와 같이 사람들의 가죽을 벗기고 절단 내는 살상을 저지르는 이 사람들이 진정 당신의 종입니까? 그와 같이 잔인한 살육 장면에 당신의 이름을 증인으로 부르는데도, 당신은 인간의 살에 굶주리기라도 했단 말입니까? 그리스도여, 당신께서 진정으로 이런 일을 명령하신다면 사탄이 할 일은 어디에 남아 있겠습니까? 당신께서 이런 일을 하신다고, 사탄처럼 이런 일을 하신다고 주장하는 이 무서운 모독이여! 악마의 의지력, 악마나 만들어낼 만한 그런 일들을 그리스도께로 미루는 이 인간들의 극악한 용기여!"

자유 영혼의 목소리는 언제나 살아 있다

세바스티안 카스텔리오가 이 책 《이단자에 관하여》의 서문 이외에 아무것도 쓰지 않았다고 해도, 그 서문에 오직 이 한 장만 썼다 하더라도 인문주의의 역사에 그의 이름은 영원히 기록될 것이다. 이 목소리가 얼마나 고독하게 울렸던가. 그의 진동하는 부르짖음을 이 세상에서 누군가가 들으리라는 희망이 얼마나 적었던가! 무기가 말을 가로막고 전쟁이 최종 결정을 내리는 세상이었다.

그러나 모든 종교와 지혜의 선생들이 셀 수 없이 여러 번 알린다고 해도 인간적인 요구들은 여전히 잊기 잘하는 인류의 기억에 새삼 새겨져야 한다. 겸손한 카스텔리오는 이렇게 덧붙이고 있다.

"내가 다른 사람들이 말하지 않은 것을 말하는 것이 아니라는 사실에는 의심의 여지가 없다. 그러나 참되고 옳은 것이 마침내 정당성을 갖기까지 거듭 말하는 일은 절대로 필요하다."

폭력행위는 시대마다 다른 형태로 나타나므로, 폭력에 저항하는 싸움도 언제나 새롭게 나타날 수밖에 없다. 그들은 절대로, 지금은 폭력이 너무나 강하므로 폭력에 말로써 대항해도 아무 소용이 없다는 핑계 뒤로 숨어서는 안 된다. 필연적인 일이 지나치게 자주 이야기되는 법이 없고, 진실이 헛된 경우도 없기 때문이다.

비록 말이 승리를 거두지 못한다 해도, 그것은 그 말의 영원한 존재를 입증하는 것이다. 그런 순간에 진실을 위해 있는 힘을 다하는 사람은, 어떠한 테러도 자유로운 영혼에 대해서는 힘을 쓰지 못한다는 사실을 입증한 것이다. 그리고 가장 비인간적인 세기에도 인간성의 목소리를 위한 자리가 있다는 사실도 입증하는 것이다.

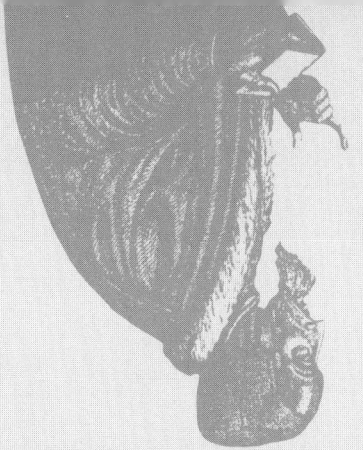

제7장
폭력에 맞서 양심이 일어서다

검열, 탄압, 음모

다른 사람의 의견을 가차 없이 유린하려는 사람들은, 자신을 향한 저항에 대해서는 언제나 가장 민감하다. 칼뱅도 세상이 세르베투스의 처형을 경건하고 하나님의 뜻에 따른 행동이라고 열광적으로 칭찬하지 않고 오히려 토론하려 든다는 사실을 끔찍하게 부당한 일로 여겼다. 그래서 원론상의 의견 차이라는 이유만으로 다른 사람을 불길에 서서히 그을려 죽도록 만든 사람이, 이번에는 극히 진지한 태도로 희생자가 아닌 자기 자신을 동정해달라고 요구했다. 그는 어떤 친구에게 이렇게 써 보냈다.

"내가 당한 치욕과 공격의 10분의 1만 안다고 해도 자네는 내 슬픈 처지에 동정을 느낄 걸세. 사방에서 개들이 나를 향해 짖어대고 온갖 치욕들이 다 내게 쏟아지고 있어. 우리 편의 질투와 증오가 교황 측의 공식적인 적들보다도 더 잔인하게 나를 공격한다네."

칼뱅은 성서를 인용하고 근거를 제시했는데도 불구하고 사람들이 세르베투스의 화형을 침묵으로 인정하려 들지 않는다는 사실에 분노하지 않을 수 없었다. 양심의 가책에서 오는 이런 신경질은 카스텔리오와 그의 친구들이 바젤에서 반박하는 글을 준비하고 있다는 소식을 듣자 일종의 공황 상태로까지 치달았다.

독재적인 심정이 느낀 최초의 생각은, 어떠한 형태의 반대 의견에 대해서도 억압과 검열과 탄압으로 대응하겠다는 것이었다. 처음으로 소식을 듣자마자 칼뱅은 책상으로 달려가서 아직 펴보지도 않은 《이단자에 관하여》를 꺼내들고 스위스 종교국은 어떤 경우에도 이 책을 금지해야 한다고 강변했다. 그래서 제네바는 "이제 토론은 금지다!"라고 선언했다. 다른 사람이 세르베투스 사건에 대해서 무슨 말을 하든, 그것은 칼뱅 자신에게 대항하는 것이기에 이미 처음부터 오류이며 쓸데없는 것이고, 거짓말이고 이단이며 하나님에 대한 모독이라고 강변했다.

1554년 3월 28일에 그는 이미 불링거Johann Heinrich Bullinger, 1504~1575[1]에게 이렇게 써 보냈다.

"방금 바젤에서 익명으로 책이 한 권 출간되었는데, 그 책에서 카스텔리오와 쿠리오네가 이단자를 강제로 제거해서는 안 된다는 사실을 증명하려고 했다네. 그와 같은 잘못된 학설이 퍼져서는 안 되며, 그것은 '관대함을 편들고 이단과 신성모독이 벌 받아야 한다는 사실을 부인하는 독'일세. 하나님께서 우리 교회의 후원자들이 비록 늦긴 했지만 그 사실을 깨닫도록 하시고, 이러한 재앙이 널리 퍼지지 않도록 해주시기를 바라네."

그러나 한 번의 호소로는 충분하지 않았다. 다음날 그의 앵무새인 베즈가 긴급하게 한 번 더 경고를 했다.

"표지에 마그데부르크라고 인쇄되어 있지만 내 생각으로는 이 마그데부르크가 아마 라인 강변에 있는 것 같군요. 그곳에서 그런 수치스런 행동을 한다는 사실은 이미 오래전부터 알고 있었습니다. 다만 이 뻔뻔스런 인간이 서문에 뱉은 말들을 참고 있다가는 기독교가 어떻게 되겠느냐고 질문할 따름입니다."

하지만 이미 늦었다. 논문은 고발보다 먼저 출간되었다. 그리고 최초의 한 권이 제네바에 도착하자, 그곳에서는 진정한 두려움의 불꽃이 타올랐다. 뭐라고? 인문주의를 권위보다 더 높은 곳에 놓으려는 사람들이 있다고? 다른 의견을 가진 사람들이 장작더미로 끌려가는 대신 보호받고

---

[1] 스위스의 신학자·종교개혁가. 부터와 츠빙글리의 영향으로 가톨릭에서 개종한 후 개신교 목사가 되었다. 설교와 저술을 통해 스위스를 종교개혁으로 끌어들였다.

> **Traicté des heretiques,**
> A ſauoir, ſi on les doit perſecuter, Et comment on ſe doit conduire auec eux, ſelon l'aduis, opinion, & ſentence de pluſieurs autheurs, tant anciens, que modernes,
>
> Grandement neceſſaire en ce temps plein de troubles, & tres vtile à tous : & principalement aux Princes & Magiſtrats, Pour cognoiſtre quel eſt leur office en vne choſe tant difficile, & perilleuſe.
>
> La prochaine page monſtrera les choſes contenues en ce Liure.
>
> Celuy qui eſtoit né ſelon la chair, perſecutoit Celuy qui eſtoit né ſelon l'Eſprit. Gala. 4.
>
> On les vend à Rouen, par Pierre Freneau, pres les Cordeliers.
> 1 5 5 4.

카스텔리오의 《이단자에 관하여》 표지
이 책은 마르티누스 벨리우스라는 가명으로 1544년에 출간되었다.

형제처럼 취급되어야 한다고? 모든 기독교도가 성서를 각자 나름대로 해석해도 된단 말이지? 그렇게 된다면 교회 — 칼뱅은 물론 자기 교회를 뜻했다 — 가 위험해질 테지.

하나의 신호에 의해 제네바에는 이단 비상이 걸렸다. 새로운 이단이 발견되었다고 그들은 사방으로 외쳐댔다. '벨리아니즘' — 신앙 문제에 대한 관용의 주장은 그 주창자 마르티누스 벨리우스(카스텔리오)의 이름을 따라 이렇게 이름 붙여졌다— 이 널리 퍼지기 전에 이 지옥의 불길을 짓밟아 끄자! 거친 분노에 사로잡힌 베즈는 처음으로 터져나온 관용의 요구에 대해 이렇게 소리쳤다.

"기독교가 시작된 이후로 이렇게 뻔뻔스러운 모독은 그 전례가 없다!"

이어서 제네바에서 작전회의가 열렸다. 대응을 해야 할까 말아야 할까? 제때에 이 책을 통제하라는 제네바 측의 부탁을 받고서 취리히 책임자인 츠빙글리의 후계자 불링거는 아무 대응도 하지 말라는 현명한 충고를 해왔다. 그 책은 저절로 잊혀질 테니 대응하지 않는 쪽이 더 나을 것이라고 했다. 그러나 파렐과 칼뱅은 조바심을 내며 공개적인 대응을 고집했다. 칼뱅은 최초의 해명서로 좋지 않은 경험을 했던 터라 이번에는 뒤에 숨기로 했다. 그는 자신의 젊은 후계자 베즈가 관용이라는 '악마적인' 주장을 열렬히 공격함으로써 신학의 채찍과 독재사상을 옹호하도록 조종했다.

베즈는 개인적으로 경건하고 정직한 인물이었다. 그는 여러 해 동안이나 칼뱅에게 복종으로 봉사해서 훗날 칼뱅의 후계자가 되는데— 독자적이지 못한 정신이 이런 점에서는 생산적이다— 정신의 자유의 숨결을 열광적으로 증오한다는 측면에서는 칼뱅을 능가했다.

정신사에서 그의 이름을 영원히 유명하게 만드는 저 섬뜩한 말이 바로 그에게서 나왔다. 그는 "양심의 자유는 악마의 학설"이라고 주장했다. 자유만은 안 된다! 독자적인 사유라는 불손보다는 차라리 불과 칼로써 인간을 절멸시키자! 베즈는 입에 거품을 물고서 열광적으로 외쳤다.

"차라리 폭군을 갖는 편이 낫다. 그 폭군이 아무리 잔인한 사람이라 해도 각자가 제멋대로 행동하는 것을 허용하는 쪽보다는 훨씬 낫다.……

이단자를 벌해서는 안 된다고 주장하는 것은 마치 부모를 살해한 자를 죽여서는 안 된다고 말하는 것과 같다. 물론 이단자는 이런 살인자들보다도 천 배나 더 나쁜 범죄자들이다."

이러한 말로 미루어보아 이 과열된 문안을 작성한 개신교 정교 측이 벨리아니즘에 대해서 얼마나 편협한 분노에 사로잡혔는지 짐작할 수 있다.

뭐라고? 이 '인간의 탈을 쓴 괴물들'을 인간적인 마음으로 대해야 한다고? 아니, 그럴 수는 없다. ― 첫째가 기율이고 그 다음에 인간적인 마음이 있을 수 있다! 어떤 경우에 어떤 대가를 치르더라도, 지도자는 '교리'에 관한 한 인간성의 움직임에 굴복해서는 안 된다. 그것은 기독교적이지 않고, 악마적이기 때문이다. 여기서 처음으로 (그러나 마지막은 아니다) 군사이론을 보게 된다. 인간적인 것 ― 베즈가 표현한 대로는 "잔인한 인간성drudelis humanitas" ― 은 인류에 대한 범죄이기 때문이다. 인류는 강철 같은 기율과 가차 없는 엄격함을 통해서만 어떤 이념적인 목표에 도달할 수 있다.

베즈는 열광적인 어조로 소리쳤다.

"기독교의 신앙심 깊은 양떼 전부를 늑대들에게 넘겨줄 셈이 아니라면, 몇 마리의 늑대를 보호해서는 안 된다. 이런 온화함은 실제로는 극단적인 잔인성이 될 뿐이다."

그리고 '덕德 있게 칼로 끝내라'고 당국에 요청했다.

카스텔리오가 내면의 동정심에 넘쳐 마침내 이 야만적인 살상을 끝맺어달라고 간구했던 바로 그 하나님을, 제네바의 목사는 똑같이 간절한 증오의 마음으로 불렀다. 하나님께서는 이 살상에 제한을 가하지 마시라고 간구했다.

"기독교의 왕자들이 이런 악행자들을 완전히 뿌리 뽑을 수 있도록 영혼의 위대함과 확고함을 주소서."

그러나 다른 의견을 가진 사람들을 그렇게 없애는 것만으로는 베즈의 복수욕이 충족될 리 없었다. 이단자들을 죽여야 할 뿐 아니라 그들의 처형은 가능한 한 고통스럽게 이루어져야 했다. 베즈는 가능한 모든 고문을 경건한 손짓으로 미리 사면해주었다.

"그들이 자신들이 저지른 범죄의 정도만큼 벌을 받아야 한다면, 그들의 잘못에 합당한 고문은 거의 생각해낼 수 없다고 나는 생각한다."

테러에 대한 이와 같은 찬가, 반反인문주의의 잔인한 이유를 되풀이하는 것만도 역겨운 일이다! 그러나 그것을 한마디 한마디 다 확인해둘 필요가 있다. 개신교 세계가 제네바 광신자들의 증오심에 의해 새로운 종교재판을 시작했을 때 어떠한 위험에 빠졌는가를 파악하기 위해서이다. 그리고 저 용감하고 사려 깊은 사람들이 이 이단자 망상에 사로잡힌 자들 앞에 자신을 내던졌을 때 빠져든 위험과 생명의 희생정신을 기리기 위해서이다.

관용의 이념을 제때에 '해롭지 않게' 만들기 위해서 베즈는 폭군처럼 이런 요구를 하고 있다. 관용의 친구, 벨리아니즘의 옹호자는 이제부터 '기독교의 적'으로, 이단자로 취급해야 한다. 즉 화형에 처해야 한다고 요구했다.

"하나님의 모독자와 이단자는 관청의 형벌을 받아야 한다는 내 주장은 바로 이런 사람들에게 적용되어야 한다."

카스텔리오와 그의 친구들이 앞으로도 계속해서 사상 때문에 쫓기는 자들을 옹호한다면 무엇이 자신들을 기다리고 있는지 분명히 알려주겠다며, 베즈는 주먹을 부르쥐고 위협했다.

"인쇄 상소를 거짓으로 대고 가명을 댄다 해도 박해를 피할 수는 없다. 왜냐하면 당신들이 누구이며 무슨 생각을 하고 있는지 누구나 다 알기 때문이다.…… 나는 당신들 벨리우스와 몽포르, 그리고 그 도당에게 경고한다."

살인자 칼뱅을 고발한다!

베즈의 문서는 언뜻 보기에는 학문적 논의 같지만, 실제로는 이러한 협박이 목적임을 알 수 있다. 정신의 자유를 옹호하는, 증오하는 적들에게 계속해서 인간성을 요구한다면 목숨을 잃으리라는 사실을 알리려는 것이다. 그리고 초조한 마음으로 그들의 두목인 카스텔리오가 자신을 드러내도록 베즈는 이 용감한 자들을 비겁하다고 비난하고 있다. 그는 이렇게 비웃는다.

"그는 보통 때 그토록 대담하고 뻔뻔스럽게 행동하더니, 동정과 온화함을 설교하는 이 책에서는 두려움에 사로잡혀서 비겁하게 위장하고 가면 쓴 머리를 내밀고 있다."

어쩌면 그는 카스텔리오가 이름이 알려지는 위험에 직면해서 조심스럽게 움츠러들기를 희망했는지도 모른다. 그러나 카스텔리오는 도전을 받아들였다. 제네바 정교가 자신들의 잘못된 행동을 교리로 만들려는 것을 보게 되자, 정열적으로 평화를 사랑하는 사람들은 공개적인 싸움에 말려들어갔다. 그는 행동해야 할 결정적인 순간이 다가왔음을 깨달았다. 세르베투스에게 저지른 범죄를 전 인류의 법정에 내세워서 최후의 결정을 내리지 않는다면 수백수천 명의 사람들이 불길에 타죽을 것이다. 그리고 지금까지는 단 한 번의 살인행위였던 것이 앞으로는 살인을 위한 원칙으로 자리 잡게 될 것이다.

카스텔리오는 자신의 예술적·학문적 작업을 옆으로 밀어두고, 자신의 세기에 대한 '고발'을 쓰기 시작했다. 샹텔 광장에서 미겔 세르베투스에게 종교적 살인을 행한 죄목으로 장 칼뱅을 고발하기로 마음먹었다. 그리고 이 공개적인 고발장 〈칼뱅의 글에 반대함〉은 비록 한 사람을 상대로 한 것이지만, 그 도덕적인 힘으로 인해, 법으로 말을 유린하고, 교리로 생각을 짓밟고, 영원히 천박한 폭력으로 영원히 자유로운 양심을 짓밟으려는 모든 시도에 반대하는 글이 되었다.

벌써 여러 해 전부터 카스텔리오는 자신의 적을 잘 알고 있었고, 따라서 그의 방법도 잘 알고 있었다. 그는 칼뱅이 자기 개인에 대한 공격을 어떤 것이든지 반드시 '교리', 종교, 심지어 하나님에 대한 공격으로 바꾸어버린다는 사실을 잘 알고 있었다. 그래서 〈칼뱅의 글에 반대함〉에서 카스텔리오는 처음부터 세르베투스의 주장을 옹호하지도 반박하지도 않았고, 절대로 종교적이거나 성서해석상의 문제들도 건드리지 않았다. 오직 미겔 세르베투스를 살해한 장 칼뱅이라는 사람에 대해서만 공격했다. 처음부터 교묘하게 바뀌치는 일을 피하기 위해 그는 법률가처럼 명백한 어조로 자신이 생각하는 이유를 이미 첫마디에서 분명하게 밝히고 있다. 그의 고발은 이렇게 시작된다.

"장 칼뱅은 오늘날 엄청난 권위를 누리고 있다. 그가 부드러운 마음으로 넘치는 사람이라면, 나는 그가 더 큰 권위를 가지기를 빈다. 그러나 그의 지난번 행동은 피의 처형이었으며, 수많은 경건한 사람들에 대한 위협이었다. 나는 피 흘리는 일을 좋아하지 않는 탓에 (온 세상이 그렇지 않겠는가?) 하나님의 도우심으로 그의 의도를 온 세상에 밝혀 보이고, 그가 자신의 잘못된 견해에 이끌어들인 사람 중 몇 명만이라도 그러한

카스텔리오의 〈칼뱅의 글에 반대함 Contra Libellum Calvini〉 표지

오류에서 빠져나오게 하는 시도를 하려는 것이다.

지난해인 1553년 10월 27일에 에스파냐 사람 미겔 세르베투스는 종교적인 신념을 이유로, 제네바에서 그곳 목사인 칼뱅의 명령에 따라 화형당했다. 이러한 처형은 특히 이탈리아와 프랑스에서 수많은 항의를 불러일으켰다. 이러한 불만에 대한 답변으로 칼뱅은 곧바로 책을 한 권 출간했다. 그 책은 모든 점에서 가장 교묘하게 채색된 것으로, 자기 자신을 변명하고, 세르베투스를 공박하고, 나아가 세르베투스가 죽어 마땅한 죄를 지었다는 사실을 입증하려는 목적을 갖고 있었다.

나는 이 책을 비판적으로 검토하려고 한다. 그의 습관대로 칼뱅은 어쩌면 나를 세르베투스의 추종자라 부를 것이다. 그러나 그런 말에 현혹되어서는 안 된다. 나는 세르베투스의 주장을 옹호하려는 것이 아니라 칼뱅의 잘못된 주장을 반박하려는 것이다. 나는 세례와 삼위일체 같은 문제에 대한 논의는 완전히 배제하려고 한다. 나는 세르베투스의 책을 가지고 있지 않다. 칼뱅이 모두 불태워버렸기 때문이다. 따라서 세르베투스가 어떤 이념들을 가졌는지도 알지 못한다.

원칙적인 의견 차이와 무관한, 다른 문제들에 대해서만 나는 칼뱅의 오류를 지적할 것이다. 피를 혼란케 하는 이 사람이 누구인지 모두가 알 수 있다. 나는 그가 세르베투스에게 했듯이 그에게 하지는 않을 것이다. 그는 우선 세르베투스를 산 채로 책과 함께 불태우고, 그가 없는 지금은 그를 욕하고 있다. 저자와 함께 책들을 불태우고 난 다음에 대담하게 그 책의 내용을 세밀하게 인용하며 우리에게 그 책을 참조하라고 하는 것은, 마치 방화범이 집을 잿더미로 만들고 난 후에 방마다 들어 있던 세간을 살펴보라고 요구하는 것과 같은 행동이다.

우리의 경우에 관해서 말한다면, 우리는 책의 저자도, 책도 불태우지는 않을 것이다. 우리가 공박하고자 하는 이 책은 누구든 읽을 수 있다. 그것은 두 가지 판, 곧 라틴어판과 프랑스어판으로 나와 있다. 그리고 어떠한 이의도 달 수 없도록 내가 지적하려는 구절들에 번호를 매기고, 해당 번호에 따라 나의 답변을 전개할 것이다."

이보다 더 합당하게 논의를 전개할 수는 없다. 칼뱅은 자신의 책 속에서 자기 입장을 아주 분명하게 밝혀놓았고, 카스텔리오는 누구든 펼쳐볼 수 있는 이 문서를 예심판사가 혐의자의 진술기록을 검토하듯이 검토했다. 그는 칼뱅의 책을 한마디 한마디 반복했다. 그가 상대방의 의견을 왜곡하거나 변경시켰다고 아무도 주장할 수 없도록 하기 위해서였다. 그리고 처음부터 독자가 칼뱅의 글을 의도적으로 줄였다는 의심을 갖지 않도록 그는 칼뱅의 문장 하나하나에 번호를 매겼다.

그러므로 세르베투스 사건에 대한 이 두 번째 정신적 재판은 제네바에서 있었던 첫 번째 재판에 비해 훨씬 더 공정한 것이었다. 첫 번째 재판은 피고인이 지하감방에 갇혀 있는 상태에서 어떠한 증인이나 변호인도 두려워 떨면서 그에게 접근할 수 없는 상황에서 이루어졌다. 그러나 이번에는 모든 인문주의 세계가 분명하게 주시하는 가운데 세르베투스 사건에 대한 도덕적인 판결이 나와야만 했다.

사태는 분명하고 의심의 여지가 없었다. 불꽃이 휘감았을 때도 분명한 목소리로 자신은 죄가 없다고 고백한 어떤 남자가 칼뱅의 재촉에 따라, 그리고 제네바시 당국의 명에 따라 가장 잔인한 방법으로 처형되었다.

이제 카스텔리오는 결정적인 질문들을 던진다. 미겔 세르베투스는 도대체 어떤 잘못을 범했는가? 국가의 어떠한 공직도 갖지 않고 오직 종교상의 직분만을 가진 장 칼뱅이 어떻게 순수하게 신학적인 사건을 시 당국에 넘길 수 있었는가? 제네바시 당국은 세르베투스를 이러한 범죄를 이유로 처형할 권리를 가졌던가? 그리고 마지막으로, 어떤 권위에 근거해서 그리고 어떤 법에 따라 이 외국 신학자에게 사형선고가 내려졌는가?

첫 번째 질문에 대해 카스텔리오는 서류와 칼뱅의 진술들을 토대로 칼뱅이 세르베투스의 어떤 잘못을 고발했는지 검토했다. 그리고 그는 세르베투스가 칼뱅의 생각으로는 '대담한 방식으로 복음서를 왜곡하고 설명할 길 없는 갱신의 욕구에 사로잡힌 죄'밖에 없다는 사실을 발견했다. 그러니까 칼뱅은 세르베투스가 독자적이고 독특한 방식으로 성서를 해석했으며, 그 과정에서 자신의 가르침과 다른 결론에 이르렀다는 범죄만을 고발한 것이다.

그러나 곧이어 카스텔리오는 뒤로 물러선다. 그렇다면 세르베투스가 개신교 범위 내에서 복음서를 독자적으로 해석한 유일한 사람이었던가? 그리고 누가 감히 세르베투스가 그런 행동을 함으로써 새로운 교리의 참된 의미를 해쳤다고 주장할 수 있는가? 이러한 개인적인 해석이 바로 종교개혁의 기본적인 요구가 아니었던가? 그리고 개신교 지도자들은 성경 말씀을 새로 해석하는 바로 그 일을 하지 않았던가? 칼뱅 자신이야말로 친구인 파렐과 더불어 교회의 개혁과 건설에서 가장 대담하고 가장 결정적인 일을 했던 사람이 아닌가?

"그는 진정 과도한 갱신에 헌신했을 뿐만 아니라 모든 사람에게 그것을 매우 강력하게 주장하여, 자신의 이론에 반대하는 것은 매우 위험한 일이라고 강조했다. 그는 사실상 10년 동안에 가톨릭 교회가 600년 동안 한 것보다 더 많은 갱신을 했다. 그러므로 칼뱅은 가장 대담한 개혁가로서, 개신교 안에서 새로운 해석을 하는 것을 범죄라 부르고 처형할 권리가 그에게는 없다."

그러나 칼뱅은 자신은 오류를 범하지 않는다는 것을 당연하게 여기고, 자신의 생각이 옳으며, 그 밖의 다른 모든 생각들은 잘못된 것으로 보았다. 여기서 카스텔리오는 재빨리 두 번째 질문으로 넘어간다. 누가 칼뱅을 참과 거짓을 판단하는 심판자의 자리에 앉혔는가?

"칼뱅은 물론 자신의 교리를 따르지 않는 모든 저술가들이 다 잘못된 생각에 사로잡힌 사람이라고 여겼다. 그러므로 그는 그들이 글쓰는 것은 물론 말하는 것도 방해하고, 오직 자기 혼자서만 자신이 옳다고 여기는 것을 말할 권리를 가지려고 한다."

그러나 카스텔리오는 어떤 한 인간 혹은 어느 한 당파가 '우리만 진리를 알고 있으며, 다른 모든 의견은 잘못'이라고 주장하는 것을 공박하려고 했다. 모든 진리, 그 중에서도 특히 종교적 진리는 논쟁의 여지가 많으며, 여러 가지 의미를 갖는다.

"그러므로 하나님께만 속한 비밀에 대해서 마치 우리가 그분의 가장 깊은 계획에 참여하기라도 한 것처럼 독선적으로 나서는 것은 불손한 짓이다. 그리고 우리가 근본적으로 알지 못하는 사실에 대해 확신을 가지고 있는 것처럼 행동하는 것은 오만이다."

세상 맨 처음부터 자신의 의견과 세계관만이 유일한 것이라고 초조하게 선언하는 것이 언제나 이론가들의 재앙이었다. 통일된 생각과 통일된 행동을 주장하는 광신자들이 언제나 독재적인 투쟁의욕을 가지고서 세상의 평화를 어지럽히고, 이념들이 자연스럽게 공존하는 것을 참지 못해 대립을 부르고, 불화 속에 서로 죽이는 싸움으로 변화시켜온 것이다. 이제 카스텔리오는 칼뱅이 그와 같은 정신적인 편협을 일으키는 사람이라고 고발하고 있다.

"모든 종파들이 자신들의 종교를 하나님의 말씀 위에 세우고, 모두들 자기네 종교가 옳다고 믿는다. 칼뱅의 견해에 따르면, 어느 한 종파는 다른 종파를 박해해야 한다. 그는 물론 자신의 가르침이 옳은 것이라고 주장한다. 그러나 다른 종파들도 똑같은 주장을 한다. 그는 다른 사람들은 틀렸다고 말한다. 다른 사람들도 그에 대해서 같은 말을 한다. 칼뱅은 스스로 심판관이 되려고 한다. 다른 사람도 마찬가지이다. 그렇다면 어떻게 결정을 내릴 수 있겠는가? 누가 칼뱅을 다른 사람에게 사형선고를 내리는 절대권력을 가진 최고 심판관으로 임명했는가? 이러한 재판관의 전권은 어떤 증언에 근거하고 있는가? 그가 하나님의 말씀을 가지고 있다는 주장에 근거하고 있다. 그러나 다른 사람들도 같은 주장을 한다.

아니면 자신의 가르침은 논쟁의 여지가 없는 것이라는 그의 주장에 근거한다. 그러나 누구의 눈으로 볼 때 논쟁의 여지가 없다는 말인가? 칼뱅 자신의 눈으로 볼 때 그렇다는 것이다. 그가 선언하는 진리가 진실로 그토록 명백한 것이라면, 어째서 그는 그토록 많은 책을 쓰고 있는가? 어째서 그는 살인이나 간통이 범죄라는 사실을 입증하기 위해서는 단 한 권의 책도 쓰지 않았는가? 이러한 일들은 누구에게나 지극히 당연한 것이기 때문이다. 칼뱅이 실제로 모든 정신적인 진리를 잡아서 분명하게 드러내놓았다면, 어째서 그는 다른 사람들도 그것을 파악하도록 약간의 시간도 허용하지 않는가? 어째서 그는 다른 사람들을 처음부터 때려눕히고 그 진리를 인정할 기회를 그들에게서 빼앗는가?"

이로써 첫 번째 분명한 사실이 밝혀졌다. 칼뱅은 자기가 전혀 그럴 권리가 없으면서 정신적·종교적 문제에 대한 재판관의 자리를 차지했다. 세르베투스의 의견이 옳지 않다는 것을 알았다면, 그의 잘못을 가르치고 그가 마음을 돌리도록 하는 것이 칼뱅의 의무였을 것이다. 그러나 선량하게 논쟁을 벌이는 대신에 그는 즉각적으로 폭력을 사용했다.

"당신이 한 첫 번째 행동은 체포였다. 당신은 세르베투스를 감금했다. 재판 과정에서 당신은 세르베투스의 친구뿐 아니라 그의 적이 아닌 모든 사람의 접근을 금지했다."

그는 오직 낡고 영원한 논쟁방식을 사용했을 뿐이다. 그것은 이론가들이 논쟁이 힘들 때면 이용하는 방법이다. 즉 귀를 틀어막고 다른 사람의 입에 재갈을 물리는 것이다. 그러나 검열 뒤로 몸을 숨기는 것은, 언제나 사람이나 주장의 영적인 불확실성을 가장 확실하게 보여준다. 자신의 운명을 미리 예감하기라도 한 듯 카스텔리오는 칼뱅에게 도덕적인 책임을 묻고 있다.

"칼뱅 씨, 당신에게 묻겠다. 당신이 누군가와 상속문제로 소송을 벌인다고 하자. 그런데 재판관이 상대방에게 단 둘이 이야기할 기회를 주면서 당신에게는 말하는 것을 금지시켰다면, 당신은 이런 불공평함에 대해서 반발하지 않겠는가? 당신 자신이 당하고 싶지 않은 일을 어째서 다른 사람에게 행하는가? 우리는 신앙의 문제를 다루고 있다. 그런데 당신은 왜 우리에게 입을 다물고 있는가? 자신의 처지가 그토록 옹색하다고 스스로 확신하는 것인가? (논쟁에서) 패배하고 독재자로서의 권한을 잃어버릴까봐 그렇게도 두려운가?"

이로써 칼뱅에 대한 원칙적인 고발은 이미 형식을 갖추었다. 그는 자신의 국가적 권력에 근거해 종교, 도덕, 세속의 일을 혼자서 결정하는 월권을 행사했다. 그럼으로써 그는 모든 인간에게 독자적으로 생각할 수 있는 두뇌와, 말할 입과, 최후의 내적인 도덕적 판결기관으로서의 양심을 주신 하나님의 권리를 침해하고 말았다. 그리고 의견이 다르다는 이유만으로 한 인간을 범속한 범죄자처럼 다루었으니, 그것만으로도 지상의 모든 권리를 침해한 것이다.

한때의 자유주의자여, 왜 '다른 의견'을 죽였는가?

한순간 카스텔리오는 고발을 중단하고 증인 한 명을 앞에 내세운다. 정신적인 위반을 관청식으로 다루는 일은 하나님의 법칙에 위배되는 일이니, 잘 알려진 신학자 한 사람이 칼뱅 목사와 마주서야 한다. 그런데 카스텔리오가 이 자리에 불러온 위대한 학자는 고통스럽게도 다름 아닌 칼뱅 자신이었다. 이 증인은 자신이 정말 원하지 않았지만, 이 논쟁에 끌려들어오게 되었다.

"칼뱅은 모든 것이 혼란스럽다고 확인하고, 사람들이 자신을 의심하지 않도록 하기 위해 서둘러 다른 사람들을 고발했다. 그러나 이 모든 혼란을 불러온 것은 다름 아닌 그 자신의 태도, 박해자로서의 태도였다. 그가 세르베투스를 판결했다는 오직 그 한 가지 사실이 제네바뿐 아니라 온 유럽에 분노를 불러일으키고, 모든 나라들을 불안하게 만들었다. 지금 그는 자기 자신이 저지른 죄를 다른 사람에게 덮어씌우려 하고 있다. 그러나 칼뱅 자신이 박해당하던 시절에는 다른 말을 했다. 당시에 그는 그와 같은 박해에 반대하는 긴 글을 썼다. 그리고 누구든 이 사실을 의심하지 않도록, 나는 여기서 그의 저서 《기독교 강요》의 한 페이지를 그대로 인용한다."

그리고 카스텔리오는 《기독교 강요》를 인용했다. 옛날에 자신이 했던 말이지만, 오늘의 칼뱅이라면 어쩌면 그를 화형시킬 만한 말이었다. 왜냐하면 그 옛날의 칼뱅은 오늘 카스텔리오가 자신에게 들이대는 주장과 한 치도 다르지 않은 말을 했기 때문이다. 《기독교 강요》에는 이렇게 적혀 있다.

"이단자를 죽이는 것은 범죄행위이다. 쇠와 불로 그들을 파멸시키는 것은 인문주의의 모든 원칙을 부인하는 행동이다."

물론 칼뱅은 권력을 장악하자마자 서둘러서 인문주의를 지지한 이 부분을 자신의 저서에서 지워버렸다. 《기독교 강요》 제2판에서 이 부분은 이미 바뀌었고 아주 선명하던 태도는 사라져버렸다. 통령을 거쳐 황제가 된 나폴레옹이 조심스럽게 젊은 날에 자신이 썼던 자코뱅 팸플릿을 없애버렸듯이, 이 교회 지도자도 박해받는 사람이었다가 스스로 박해자로 변하는 순간에 관용의 신념을 영원히 보이지 않게 만들려고 했다.

그러나 카스텔리오는 칼뱅이 자신으로부터 도망치는 것을 내버려두지 않았다. 그는 《기독교 강요》의 말을 그대로 인용하면서 손가락으로 가리키듯이 분명하게 지적했다.

"이제 누구든지 칼뱅의 옛날의 설명과 오늘날의 글과 행동을 비교해 보라. 그러면 그의 현재와 과거가 마치 빛과 어둠처럼 얼마나 서로 다른지 알 수 있을 것이다. 그는 세르베투스를 처형했기 때문에 이제는 자신과 의견이 다른 모든 사람들이 몰락하기를 바라고 있다. 그는 자신이 한때 세웠던 법칙을 부인하고 죽음을 촉구하고 있다.……다른 사람들이 자신의 일관되지 않음과 신념의 변화를 세상에 분명하게 밝힐 것이 두려워서 칼뱅이 그들을 죽음으로 몰아가려 한다는 사실이 얼마나 놀라운가? 그는 옳지 못한 행동을 했기 때문에 명료함을 두려워하고 있다."

카스텔리오는 바로 이 명료함을 원했고, 칼뱅에게 아주 분명하게 세상을 향해 밝혀 보이라고 요구한다. 한때 사상의 자유를 옹호했던 그가 어떤 이유에서 미겔 세르베투스를 샹펠 광장에서 가장 잔혹한 고통을 받으며 불타죽게 만들었는가를 밝히라고 했다. 심문은 다시 이어진다.

두 가지 질문에 대한 답변이 이루어졌다. 첫째 미겔 세르베투스는 정신적인 위반행위를 했을 뿐이라는 것, 둘째 타당한 성서해석에서 벗어난 해석을 하는 것이 절대로 천한 범죄로 간주될 수 없다는 것이 밝혀졌다.

이제 카스텔리오는 묻는다. 그렇다면 칼뱅은 교회 목사로서 순수하게 신학적이고 추상적인 사건을 다루면서 어째서 자신과의 견해 차이를 억압하는 일에 세속의 관청을 끌어들였는가? 정신적인 사람들 사이에서 정신적인 문제는 오직 정신적인 방법으로만 다루어야 한다.

"세르베투스가 무기를 들고 당신을 공격했다면, 시의회에 도움을 청하는 것이 당신의 권리였을 것이다. 그러나 그는 오직 펜만 들고 싸웠는데,

어째서 당신은 그의 글에 맞서 쇠와 칼을 쳐들었는가? 어째서 당신은 관청 뒤에 몸을 숨겼는지 말해보라."

국가는 내면의 양심문제에 대해서는 아무런 권리도 없다.

"신학의 학설을 옹호하는 것이 관청의 임무는 아니다. 칼은 학설과 아무런 관계가 없다. 학설이란 오로지 학자들의 일일 뿐이다. 관청은 어떤 신체적인 불법행위가 이루어졌을 경우에만 기술자나 노동자, 의사, 또는 어떤 시민을 보호하는 것과 똑같은 방법으로 학자들을 보호할 수 있을 뿐이다. 세르베투스가 칼뱅을 죽이려고 했다면 관청이 그를 보호하는 것이 옳았을 것이다. 그러나 세르베투스는 글과 이성의 이유로만 싸웠기에 이성의 이유와 글 이외의 것으로는 달리 그에게 책임을 물을 수 없다."

자신의 행위를 더 높은 하나님의 계율로 변호하려는 칼뱅의 시도를 카스텔리오는 반박의 여지없이 물리쳤다. 카스텔리오에게는 인간의 죽음을 명령하는 하나님의 계율이란 있을 수 없는 것이다. 칼뱅이 그의 글에서 잘못된 믿음을 가진 사람을 불과 칼로써 없애라는 모세의 율법에 의존하려고 하면, 카스텔리오는 냉정하게 이렇게 대응한다.

"그렇지만 어떻게 칼뱅은 이 모세의 율법을 하나님의 이름으로 집행하려 하는가? 그렇다면 모든 도시에서 집과 가축과 가재도구들을 부서뜨려야 하지 않겠는가? 그리고 언젠가 군사력을 충분히 갖추게 된다면, 그가 이단이라고 간주하는 프랑스와 다른 모든 국가들을 공격해서 도시를 밀어 땅처럼 평평하게 만들고, 인간을 절멸시키고, 어린아이와 부녀자, 심지어는 엄마 뱃속에 들어 있는 아기까지 죽여야 하지 않겠는가?"

칼뱅이 자신을 변호하기 위해, 썩은 사지 하나를 잘라버릴 용기를 갖지 못하면 그리스도의 교리라는 몸 전체가 썩어버릴 것이라고 주장하면, '세르베투스의 피를 두 손에 묻히고' 이 절망적인 변명의 글을 쓰고 있는 칼뱅에게 카스텔리오는 이렇게 대응한다.

"교회에서 이런 불신자를 잘라버리는 것은 목사의 일이요, 그것은 오직 이단자를 파문하여 교구 밖으로 쫓아낸다는 뜻일 뿐 그의 목숨을 빼앗는다는 뜻은 아니다. 복음서나 다른 세속적인 도덕서의 어느 곳에도 그런 가혹함을 요구하는 부분은 없다. 그런데도 당신은 인간을 불태워 죽이라고 당신에게 가르친 분이 그리스도라고 말하려 하는가?"

칼뱅이 점점 더 고집스럽게 자신은 교리를 옹호하기 위해, 하나님의 말씀을 보호하기 위해 세르베투스를 죽이는 수밖에 없었다고 우기고, 모든 폭력행위자들이 언제나 그렇듯이 자신의 폭력행위는 더 높으신 초인간적인 분을 위한 것이라고 주장하려고 하자, 카스텔리오의 불멸의 말이 그를 향해 떨어진다. 마치 캄캄한 밤의 세기에 날카롭게 떨어지는 번갯불처럼 번쩍이는 말이 쏟아져 나왔다.

"한 인간을 죽이는 것은 절대로 교리를 옹호하는 것이 아니다. 그것은 그냥 한 인간을 죽이는 것을 뜻할 뿐이다. 제네바 사람들이 세르베투스를 죽였을 때, 그들은 교리를 지킨 것이 아니라 한 인간을 희생시킨 것이다. 인간이 다른 사람을 불태워서 자기 신앙을 고백할 수는 없다. 단지 신앙을 위해 불에 타 죽음으로써 자기 신앙을 고백하는 것이다."

"한 인간을 죽이는 것은 절대로 교리를 옹호하는 것이 아니다. 그것은 그냥 한 인간을 죽인 것일 뿐이다."

참되고 명료하다는 점에서 절대로 지워지지 않을, 가장 인간적인 장엄한 말이다. 카스텔리오는 마치 단단한 금속에 새겨넣은 것 같은 이 한 문장으로, 모든 시대에 걸쳐서 세계관 차이로 인해 이루어지는 박해에 판결을 내렸다. 한 인간을 제거한 일을 변명하기 위해 그 어떤 논리적·윤리적·국가적·종교적 핑계를 댄다 해도, 그것은 살인을 했거나 명령한 사람에게서 개인적인 책임을 면제시켜주지 못한다. 인간의 피를 흐르게 한 것은 언제나 유죄이며, 세계관을 이유로 살인은 결코 정당화될 수 없다. 진리는 퍼져나가는 것이지 강요되는 것이 아니다. 어떤 학설도, 어떤 진리도 소리 지르고 악을 쓴다고 더 올바르고 더 참된 것이 되지는 않는다. 그 어떤 것도 폭력적인 선전을 통해 본래의 영역을 넘어서 인위적으로 더 올라갈 수는 없다.

한 학설이나 한 세계관이, 내면으로 저항하는 사람들을 박해하는 행동은 오히려 그 참됨을 줄일 뿐이다. 확신이란 개인적인 체험이고 사건이며, 그 확신을 소유한 개인 이외의 사람에게는 속하지 않는다. 확신은 단속되거나 훈련되는 것이 아니다. 그리고 어떤 가르침이 수없이 하나님을 들먹이고 성스러운 진리라고 스스로 주장해도 하나님이 만들어낸 인간 생명의 성스러움을 파괴할 권리를 주장할 수는 없다.

독단론자이자 편파적 인간인 칼뱅에게는 자기가 불멸이라고 여기는 이념을 위해 스러져갈 존재인 인간이 파멸하든 말든 전혀 문제되지 않았다. 그러나 카스텔리오는 자신의 신념을 위해 고통받거나 죽어가는 모든 인간을 죄 없이 살해된 희생자로 여겼다. 정신적인 문제에서 강요는 정신에 대한 범죄일 뿐 아니라 헛된 노력에 불과하다.

"어느 누구도 강제로 유린해서는 안 된다! 강제는 인간을 더 낫게 만들지 못한다. 사람들에게 강요해서 믿음을 갖게 하려는 행동은, 영양가 있는 음식을 환자의 입에 억지로 쑤셔넣는 사람의 행동과 똑같이 소용없는 짓이다."

그러니 생각이 다르다고 다른 사람을 박해하는 일은 이제 그만 끝내야 한다!

"당신 사람들에게서 폭력과 박해의 권리를 빼앗으시오! 사도 바오로가 요구한 것처럼 모든 사람에게 말하고 쓸 권리를 주시오. 그러면 당신은 자유가 강제에서 한번 풀려나면 지상에서 얼마나 많은 일을 할 수 있는지를 보게 될 것이오!"

칼뱅은 유죄! 유죄! 유죄!

사실들이 모두 검토되고, 모든 질문에 대한 답변이 이루어졌다. 이제 세바스티안 카스텔리오는 모욕받은 인류의 이름으로 판결을 내렸다. 그리고 역사가 여기에 서명했다. 하나님을 찾고 성서를 연구하던 미겔 세르베투스라는 사람이 살해되었다. 이 살인사건에 대해 소송을 시작한 칼뱅과 집행관청인 제네바시가 고발되었다.

도덕적인 재심을 통해 이 사건이 검토되었고 다음의 사실을 확인했다. 곧 1심 재판은 종교적인 재판과 세속의 재판이 모두 다 주어진 권한의 한계를 넘었다. 시 당국은 '정신적 사건에 대해 판결할 권한이 없으므로' 월권행위를 한 것이며, 시 당국에 책임을 떠넘긴 칼뱅의 죄는 더 크다.

"당신과 당신 공범자들의 증언에 따라 시 당국은 한 인간을 죽였다. 게다가 시 당국은 장님이 색깔을 구분하지 못하듯이 이 사건을 결정하거나 구별할 능력도 없었다."

칼뱅은 이중으로 죄가 있다. 이 가증스러운 살인행위를 명령하고 집행한 죄다. 어떤 동기에서 그가 이 불행한 사람을 불구덩이로 밀어넣었든, 그의 행위는 범죄행위였다.

"당신은 세르베투스가 말한 것을 생각했기 때문에 그를 죽였거나, 아니면 그가 생각한 것을 자기 내면의 확신에 따라서 말했기 때문에 죽였거나, 이 둘 중 하나이다. 그가 자기 내면의 확신을 표현했기 때문에 죽였다면, 당신은 그가 참되다는 이유로 죽인 것이다. 그가 잘못 생각했을지라도, 자기가 생각한 것을 말했으므로 그는 참되다. 그의 잘못된 생각 때문에 그를 죽이도록 했다면, 그를 올바른 생각으로 인도하려고 애쓰든지 아니면 선한 믿음으로 잘못에 빠진 모든 사람들을 처형할 수밖에 없다는 사실을 증명하는 문서를 그의 손에 쥐어주는 것이 우선 당신의 의무였을 것이다."

그러나 칼뱅은 그를 죽임으로써 반대자를 부당하게 제거했다. 그러므로 그는 계획적 살인이라는 고발된 죄목에 대해서 유죄, 유죄, 유죄다…….

유죄, 유죄, 유죄다. 이렇게 세 번이나 날카로운 금속성 울림의 판결이 시대 위에 내려졌다. 최종 최고의 도덕적 심급, 인간성이라는 심급이 이렇게 판결한 것이다. 그러나 어떠한 속죄로도 다시는 빛으로 되불러 올 길 없는 죽은 사람의 명예를 구한들 무슨 소용 있으랴. 살아 있는 사람들을 보호하고, 비인간적인 행동에 낙인을 찍어서 수많은 다른 비인간적인 행동을 막는 것이 중요하다. 칼뱅 한 사람뿐만 아니라 이 테러와 억압의 무시무시한 신조信條을 담은 그의 책도 함께 판결을 받아야 한다. 카스텔리오는 유죄판결을 받은 사람에게 이렇게 호통친다.

"당신의 책과 당신의 행동이 어떤 방향을 취하는지 보지 못하는가? 하나님의 명예를 보호한다고 주장하는 사람들이 아주 많다. 이제 그들이 어떤 인간을 처형하고 싶으면 그저 당신의 증언을 인용하기만 하면 된다. 당신의 불운한 길을 좇아 그들도 당신처럼 피로 자신을 더럽힐 것이다. 당신처럼 그들도 모두 자기와 의견이 다른 사람들을 처형하게 될 것이다."

광신자 개개인이 위험한 것이 아니라, 광신이라는 불치의 정신이 위험한 것이다. 정신의 인간은 냉정하고 독선적이고 피에 굶주린 인간들에만 맞서 싸워야 하는 것이 아니고, 테러의 태도를 취하는 모든 이념에도 맞서 싸워야 한다.

"왜냐하면—백 년간의 종교전쟁이 시작되는 시점에 한 인간의 예언자 같은 발언이다—가장 잔혹한 폭군이 대포를 다 동원하여도 그토록 많은 피를 흘리지는 못할 것이다. 하나님이 지상의 존재들을 불쌍히 여기고 영주들과 관청들의 눈을 뜨게 해주셔서 그들이 마침내 당신들의 피 흐르는 작업을 거부하게 하지 않는다면, 당신들이 피묻은 맹세로서 이미 흘렸고, 앞으로 흘릴 엄청나게 많은 피를 가장 잔혹한 폭군이라도 다 흘리지 못할 것이다."

온화한 관용을 주장할 때에도 카스텔리오는 몰리고 쫓기는 자의 고통을 보면서 아무 말 없이 그대로 있을 수 없었다. 그때도 지상에 더 많은 인간성을 달라고 절망적인 기도를 하면서 하나님께 목소리를 높였었다. 마찬가지로 이 투쟁의 문서에서도, 독선적인 증오로 세상의 평화를 파괴하는 모든 사람에 대해 분노의 목소리를 높이고 있다. 천둥과 번개 같은 소리로, 모든 광신주의에 대한 고결한 분노에 떨면서 그의 책은 위대한 종결을 맺고 있다.

"종교적인 박해 행위는 이미 예언자 다니엘의 시대에도 널리 퍼져 있었다. 그의 생활방식에서 공격할 만한 점을 찾아내지 못하자, 그의 적들은 이렇게 말했다. '그렇다면 우리는 그의 신념을 공격해야겠다.' 오늘날에도 사람들은 이와 똑같이 행동한다. 적이 도덕적인 행동에서 흠잡을 것이 없으면 그의 '학설'을 붙잡는다. 이것은 너무나도 교활한 행동이다. 관청은 이런 사건에 대해서 판결을 내릴 수 없으므로, 쉽게 설득당한다.

이러한 방식으로 사람들은 큰소리로 '성스러운 가르침'이라는 구호를 내세워서 약한 사람들을 억압한다. 그리스도께서는 최후의 심판 날에 그들을 보고 얼마나 역정을 내시겠는가! 그분은 가르침이 아니라 행동방식에 대한 변명을 요구하실 것이다. 그리고 그들이 '주여, 우리는 당신과 함께 있었습니다. 우리는 당신의 뜻대로 가르쳤습니다'라고 말하면, 그분은 이렇게 말씀하실 것이다

'물러나라, 너희 범죄자들이여!'

오, 그대 장님들, 스스로 속아넘어간 자들이여! 오, 피에 굶주린 불치의 위선자들이여! 그대들은 언제쯤 진실을 깨달으려 하는가? 지상의 심판관들이여, 눈먼 그대들 멋대로 사람들의 피를 쏟아붓는 일을 언제 그만두려 하는가!"

제8장
폭력이 양심을 제거하다

권력의 테러

정신적인 폭군에 맞서 이보다 더 확고한 투쟁의 문서가 씌어진 적은 드물다. 어쩌면 카스텔리오의 〈칼뱅의 글에 반대함〉처럼 정열의 광채에 빛나는 글은 한 편도 없었을 것이다. 그 진실성과 명료함으로 이 글은 자기 시대에 가장 무관심한 사람들에게도, 자기들이 때맞춰 제네바의 종교재판에 항거하지 않는다면 개신교에서 사상의 자유와, 나아가서 유럽 정신의 자유가 끝났다는 사실을 알려주었을 것이다.

지상의 모든 개연성에 비추어볼 때, 세르베투스 사건에 대한 카스텔리오의 매끈한 입증에 따라서 도덕적인 세계 전체가 한목소리로 유죄판결을 합창했을 것이라는 기대가 생겨난다. 이 싸움에서 카스텔리오의 손아귀에 붙잡힌 사람은 영원히 끝나버린 것처럼 보인다. 그리고 카스텔리오의 선언서는 감히 다룰 수 없던 칼뱅의 정통교리에 치명적인 일격이 되었을 것이다.

그러나 실제로는 아무 일도 일어나지 않았다. 카스텔리오의 빛나는 논쟁 문서와 관용에 대한 호소는 현실 세계에서는 극히 미미한 작용조차 할 수 없었다. 그것도 가장 간단하고 가장 잔인한 이유 때문에 그랬다. 카스텔리오의 〈칼뱅의 글에 반대함〉은 인쇄조차 되지 못한 것이다. 이 글이 유럽의 양심을 뒤흔들어놓기 전에 칼뱅의 명령에 따라 검열이 이루어졌기 때문이다.

마지막 순간— 이미 바젤에서는 필사본이 가까운 사람들 사이에서 돌아다니고, 인쇄 준비가 끝난 상태에서— 에 제네바의 권력자들은 소문을 전하는 사람들 덕분에 카스텔리오가 자신들의 권위에 치명적인 공격을 준비하고 있다는 소식을 들었던 것이다. 그들은 번개처럼 행동했다. 여기서 국가 조직을 등에 업은 자가 개인에 대해서 얼마나 큰 힘을 갖는가 하는 것이 두려울 정도로 분명하게 드러난다.

다른 의견을 가진 사람을 가장 가혹한 고통 속에서 산 채로 불태워 버리는 비인간적인 일을 저질렀던 칼뱅은, 이제 검열의 일방성에 힘입어 아무런 방해도 받지 않고 자신의 범죄를 숨기는 것이 가능했다.

그리고 인간성의 이름으로 항의하려는 카스텔리오에게는 자기 의사를 표현하는 것이 거부되었다. 바젤시는 자유 시민이자 대학 교수인 사람에게 문서상의 논쟁을 금지할 이유가 없었다. 그러나 아주 뛰어난 전략가이며 실천가인 칼뱅은 정치의 지렛대를 능숙하게 이용했다. 그것을 외교 문제로 만든 것이다. 개인 칼뱅이 아니라, 제네바시가 공식적으로 '종교적인 가르침'에 대한 공격이라는 이유로 불평을 해온 것이다.

바젤의 시의회와 대학은 자유문필가의 권리를 해치느냐, 아니면 가장 강력한 동맹도시와 외교적인 갈등에 빠지느냐 하는 고통스러운 갈림길에 서게 되었다. 그리고 언제나 그렇듯이 권력정치의 요소가 도덕을 이겼다. 시의원들은 차라리 한 개인을 희생시키기로 결정했고, 정통교리에서 벗어난 어떠한 문서의 출간도 엄격하게 금지시켰다. 그래서 카스텔리오의 〈칼뱅의 글에 반대함〉은 출간할 길이 막혔다. 칼뱅은 환호성을 올렸다.

"우리 뒤에서 마구 짖어대는 개들이 우리를 물 수 없게 되어 퍽 다행입니다."

세르베투스가 장작더미 위에서 입을 다물었듯이, 카스텔리오는 검열에 의해 입을 다물수밖에 없었다. 한 번 더 테러에 의해 지상의 '권위'가 구원되었다. 카스텔리오는 들고 싸울 창을 빼앗겼다. 문인이 글을 쓸 수 없게 된 것이다. 그래서 승리에 들뜬 상대방이 이중의 분노로 그를 공격해도 이제는 자신을 방어할 길이 없어진 것이다. 〈칼뱅의 글에 반대함〉이 인쇄되어 출간되기까지는 거의 백 년을 더 기다려야 했다. 카스텔리오의 글 속에 들어 있는 그의 말은 무섭도록 사실이다.

"어째서 당신은 스스로 견디고 싶지 않은 일을 다른 사람에게 행하는가? 우리는 여기서 종교적인 문제들을 다루고 있는데, 당신은 어째서 입에 재갈을 물리는가?"

그러나 테러에 대항해서는 권리도 재판관도 없는 법이다. 폭력이 한 번 지배하면 패배자에게는 어떤 하소연도 남지 않으며, 오직 테러만이 최초이자 최후의 심판이 된다. 비극적인 체념 속에서 카스텔리오는 부당함을 조용히 견디는 수밖에 없었다. 폭력에 의해 패배한 사람들이 가지는 우월한 경멸감만이 폭력이 정신을 억누르는 모든 시대에 위안이 되었다.

"당신들의 말과 무기는 당신들이 꿈꾸는 폭력정치에 어울리는 것들이다. 그것은 정신적인 지배보다는 시대의 지배에 어울리는 것이며, 하나님의 사랑이 아니라 강제에 근거한 것이다. 그러나 나는 당신들의 권력과 무기 때문에 당신들을 부러워하지는 않는다. 나는 다른 권력과 무기를 가지고 있으니, 곧 진리와 내가 무죄라는 느낌과, 도우시고 은혜를 베푸시는 분의 이름이다.

한동안 세상이라는 눈먼 재판관에 의해서 진리가 억압받는 경우가 있다 해도, 진리에 대해 아무도 폭력을 행사할 수는 없다. 참된 기독교를 죽이는 세상의 판결을 옆으로 밀쳐버리면, 우리는 폭력만이 승리를 거두는 이런 재판에 신경 쓰지 않게 된다. 하나님의 참된 왕국은 이 세상에 있는 것이 아니다."

테러는 한 번 더 보호되었다. 더욱 비극적인 일은 칼뱅의 외적인 권력이 그의 가장 나쁜 행동을 통해서 흔들리지 않고, 놀랍게도 강화되었다는 사실이다. 경건한 도덕과 책에 나오는 감동적인 정의를 역사의 장에서 찾아봐야 헛일이다! 세계정신이 지상에 드리우는 그림자인 역사란 도덕적인 것도 부도덕한 것도 아니라는 사실을 받아들여야 한다. 역사는 범죄행위에 대해 벌을 주지도 않고, 선행에 대해 상을 주지도 않는다. 그것은 최종적으로 정의가 아니라 권력에 근거하는 것이기에 대개는 권력을 가진 자에게 이로운 것이다. 가차 없는 뻔뻔스러움과 잔인한 결심들은 시대의 싸움에서 행위자 혹은 비행을 저지른 자에게 손실보다는 이익을 가져다준다.

독재권력의 속성

칼뱅 역시 가혹한 행동 때문에 공격을 받고 난 후에 오직 한 가지만이 자신을 구할 수 있다는 사실을 깨달았다. 더욱더 가혹해지고 더욱더 주저 없이 폭력을 사용해야만 한다는 것이다. 한번 폭력을 행한 사람은 계속해서 그것을 써야 하고, 한번 테러를 시작한 사람은 테러를 더욱 강화하는 것 말고는 달리 방법이 없다.

칼뱅이 세르베투스의 재판이 진행되는 동안, 그리고 재판이 끝난 다음에 보게 된 저항은 그에게 다음과 같은 인식을 강화시켜주었다. 즉 권위적인 지배에서는 상대방을 합법적으로 억압하고 위협하는 것만으로는 불충분하고, 모든 반대자를 철저히 파괴시키는 것만이 권력의 총체성을 확보해준다는 사실이다.

원래 칼뱅은 제네바 시의회에 있는 소수 공화파를 합법적인 방법으로 마비시켜서 선거질서를 지하에서 자기에게 유리하게 만드는 것으로 만족했었다. 각 교구마다 물질적으로나 도덕적으로 그에게 종속될 수밖에 없는 프랑스 개신교 이민자들이 제네바의 시민이 되었고, 그럼으로써 선거인 명부에 들어가게 되었다. 이러한 방법으로 시의회의 분위기와 의견이 점차 그에게 유리하게 바뀌었다. 모든 자리는 맹목적으로 복종하는 사람들에게 분배되었고, 옛날 공화정 시절의 애국자들은 완전히 밀려났다.

이렇게 체계적으로 외국세력이 커지는 경향이 애국적인 제네바 사람들의 눈에 너무나도 분명하게 보였다. 뒤늦게 너무 늦어서야 제네바의 자유를 위해 피 흘렸던 민주주의자들이 불안해하기 시작했다. 그들은 남몰래 회합을 열기도 하고, 어떻게 하면 이 청교도들의 권력욕에 맞서 자신들의 독립성의 일부나마 지킬 수 있을까를 상의했다.

분위기는 점점 더 험악해져 갔다. 그러다가 거리에서 제네바 토박이와 이민 온 사람들 사이에 격렬한 싸움이 벌어졌다. 그다지 위험한 것은 아니었지만, 어쨌든 주먹다짐까지 이어졌고, 돌에 맞아서 두 사람이 다쳤다. 마침 칼뱅은 그런 핑곗거리가 나타나기만 기다리고 있던 참이었다. 이제 그는 오랫동안 기다린 끝에 자기에게 총체적인 권력을 확보해줄 쿠데타를 감행할 수 있게 되었다.

이 자그마한 거리의 난동은 금세 '끔찍한 반역행위'로 아주 크게 부풀려졌다. 그것은 (언제나 이런 행동에서 가장 역겨운 것은 거짓윤리와, 경건한 체하며 위를 처다보는 짓거리이다) '하나님의 은총'을 통해 실패로 끝났다고 했다.

거리의 싸움과는 아무런 상관도 없는 공화파 지도자들이 순식간에 체포되어 잔인한 고문을 받았다. 마침내 그들은 독재자가 자기 목적을 위해서 필요로 하는 모든 것을 자백했다. 칼뱅과 그의 사람들을 살해하고 외국군대를 도시로 불러들이는 '성 바르톨로메오 축일의 학살'[1] 같은 학살 계획을 세웠다는 것이다. 가장 끔찍한 고문으로 쥐어짜낸 '폭동' 계획에 대한 거짓자백을 근거로, 그리고 꾸며낸 '국가반역죄'를 근거로 형리는 자기 일을 시작할 수 있었다. 때맞춰 제네바에서 도망치지 못한, 칼뱅에게 조금이라도 반대했던 사람들은 모두 처형당했다. 단 하룻밤 만에 제네바에는 칼뱅당 이외에는 어떠한 당파도 남지 않게 되었다.

그렇게 끊임없는 승리 뒤에, 제네바에 마지막으로 남은 반대파를 그토록 과격하게 제거한 다음에야 비로소 칼뱅은 걱정 근심이 없게 되었으니, 어쩌면 너그러워질 수도 있었을 것이다. 그러나 투키디데스나 크세노폰, 플루타르크 같은 역사가들을 통해 우리는 과두정치가들은 언제나 승리한 다음에 더욱더 참을성이 없어진다는 사실을 알고 있다. 모든 독재자들이 독립적인 사람들을 정치적으로 무력하게 만들고 그들의 입을 완전히 봉해버린 다음에도 여전히 그들을 두려워한다는 것은 어쩌면 비극적인 일이다.

독립적인 사람이 침묵하고 있고, 침묵하지 않을 수 없는 처지에 있다는 사실만으로는 만족할 수 없는 것이다. 그가 수긍하지 않고, 봉사하지 않고 머리를 조아리지 않는다는 사실, 그가 아첨하는 사람들과 하인들 틈에 끼지 않는다는 사실이, 그가 아직도 존재하고 있다는 사실 그 자체가 독재자를 화나게 만드는 것이다.

---

1) 1572년 8월 24일 프랑스의 가톨릭 귀족과 시민들이 카트린 드 메디시스의 음모에 따라 파리에서 위그노(개신교)들을 대량 학살한 사건. 이 사건은 1562년부터 1598년 사이 프랑스 전역에서 벌어졌던 가톨릭과 위그노 간의 종교전쟁 중에 발생한 사건이었다. 이 사건 이후, 위그노들은 가톨릭의 입장에서 섰던 당시 샤를 9세에 반발해 왕권에 절대 복종하라는 칼뱅의 원칙을 저버리고 특정한 상황에서는 반란세력과 폭군을 살해하는 행위가 정당화될 수 있다는 견해를 갖게 되었다.

칼뱅이 저 잔혹한 쿠데타를 일으켜서 모든 정적政敵들을 제거했기 때문에, 그리고 오직 이 도덕적인 적 한 사람만이 남았기 때문에 그는 몇 배나 더 과격하게 투쟁의 정열을, 이 한 사람 세바스티안 카스텔리오에게 향하게 되었다.

이러한 공격에 남아 있는 단 하나의 어려움은, 이 평화로운 학자를 안전한 침묵에서 꾀어내어 의사표현을 하게 하는 것이다. 카스텔리오는 자기 몫의 공개적인 싸움을 하고 난 뒤에 지쳐 있었다.

인문주의 혹은 에라스무스적인 성향의 사람들은 지속적인 싸움꾼이 아니다. 편파적인 사람들의 광신적인 고집과 변절자 사냥은 정신적인 사람이 할 일이 아닌 것으로 여겼다. 그들은 자신의 진실을 한 번은 고백한다. 그러나 자신의 세계관을 알리고 난 다음에는 자신의 생각만이 유일하게 옳고 타당하다고 언제까지나 선전하듯이 세상을 설득하려고 애쓰는 일은 불필요하다고 여기는 것이다.

카스텔리오는 세르베투스 사건에 대해 자신이 할 말을 다 했다. 그는 모든 위험을 무릅쓰고 박해받은 사람의 변호를 떠맡았다. 그리고 양심을 유린하는 테러에 대항해 자기 시대에 유일한 공격을 했다.

그러나 세계시간은 그가 자유롭게 말하는 것을 막았다. 그는 한참 동안은 폭력이 커진다는 사실을 알았다. 그래서 관용과 무자비함 사이에서 결전이 벌어질 때를 조용히 기다리기로 했다. 깊이 실망했으나 결코 신념을 굽히지 않은 채 그는 자신의 일로 되돌아갔다.

마침내 대학이 그를 정식 교수로 초빙했다. 그리고 그 생애의 역작인 성서의 두 가지 번역도 마무리 단계에 이르러 있었다. 그가 언어라는 무기를 빼앗긴 후인 1555~56년에 카스텔리오는 논쟁자로서는 완전히 입을 다문 상태였다.

덫을 놓아라!

칼뱅과 제네바 사람들은 스파이를 통해 카스텔리오가 대학의 작은 그룹 내에서는 여전히 인문주의적인 견해를 갖고 있다는 사실을 알고 있었다. 글 쓰는 손은 묶여 있었지만 입만은 다물지 않고 있었다. 그리고 관용을 모르는 십자군 병사들은, 관용에 대한 그의 증오스런 요구와 예정설에 반대하는 주장이 학생들 사이에서 상당한 반응을 얻고 있다는 사실을 알았다. 도덕적인 인간은 그 존재만으로도 이미 어떤 작용을 한다. 그의 존재는 주변에 확신의 영역을 만들어내고, 이런 내면의 작용은 매우 좁은 공간에 한정된 것처럼 보여도 모르는 사이에 파도처럼 끊임없이 널리 퍼져나가기 때문이다.

수많은 간계가 그에게 덫을 놓았다. 그리고 그의 대학동료 중 한 사람이 기꺼이 도전자 역할을 떠맡았다. 그는 카스텔리오에게 매우 친밀한 편지를 써서 마치 신학적인 질문만을 문제 삼는 것처럼 예정설에 대한 그의 견해를 밝혀달라고 부탁했다. 카스텔리오는 공개적인 토론을 할 준비가 되어 있다고 밝혔다. 그러나 그가 처음으로 말을 시작하자 갑자기 청중 한 사람이 일어서서 그를 이단이라고 몰아세웠다. 카스텔리오는 곧 의도를 알아차렸다. 그는 자기 앞에 놓인 덫에 걸려들어서 자기 주장을 옹호하는 (고발자료를 충분히 가질 수 있도록) 대신 토론을 중단했다. 그리고 대학의 동료들 역시 그에 대한 소송을 방해했다.

제네바는 쉽게 포기하지 않았다. 이런 음흉한 속임수가 실패로 돌아간 다음에는 재빨리 방법을 바꾸었다. 카스텔리오가 토론에는 끌려나오지 않으므로, 소문과 여러 가지 팸플릿으로 그를 자극하려 했다. 그의 성서번역을 조롱했고, 익명의 비방문들이 그의 것이라는 소문을 퍼뜨리는 등 온갖 방향에서 비방을 해댔다. 마치 신호가 울리기라도 한 것처럼 갑자기 사방에서 그에게 반대하는 폭풍이 불어왔다.

그러나 이러한 지나친 열성을 통해 이 위대하고 참으로 경건한 학자에게서 자유로운 말의 기회를 빼앗은 다음, 이제는 그의 목숨을 앗으려 한다는 사실이 편파적이지 않은 모든 사람들에게 분명히 밝혀지게 되었다. 비열한 박해가 박해받는 사람에게 친구들을 만들어주었다. 그리고 뜻밖에도 독일 종교개혁의 선조들 중 한 사람인 멜랑히톤이 공개적으로 카스텔리오의 편을 들고 나왔다. 화해를 모르고 오직 싸움에서만 삶의 의미를 찾는 자들의 상스러운 짓거리를 언젠가 에라스무스가 역겹게 느꼈듯이, 그도 역겨움을 느끼며 갑자기 카스텔리오에게 편지를 써 보냈다. 그 편지에서 그는 이렇게 말하고 있다.

"지금까지 당신에게 편지를 쓰지 못했습니다. 언제나 해야 할 수많은 일들이 나를 짓눌러서 이러한 서신왕래를 할 시간이 거의 없었기 때문이지요. 퍽 마음에 드는 일인 이런 편지교환을 가로막았던 것은, 지혜와 미덕의 친구라고 자칭하는 사람들 사이에 있는 끔찍한 오해를 보면서 이루 말할 수 없는 슬픔에 압도되는 느낌이 들었기 때문입니다. 그러나 나는 당신이 글 쓰는 방식을 언제나 높이 평가해왔습니다.……이 편지가 당신에 대한 내 동의의 증거이며, 정직한 공감의 증거가 되기를 바랍니다. 영원한 우정이 우리를 맺어주었으면 합니다.

당신은 의견의 차이뿐만 아니라 일부 사람들이 진리의 친구들을 박해하는 끔찍한 미움에 대해서 탄식을 했지요. 그런 일은 내가 언제나 느껴온 고통의 무게를 한층 더 늘려주는 것입니다. 신화는 티탄들의 피에서 거인이 생겨났다는 이야기를 들려주지요. 마찬가지로 수도사들이 뿌린 씨앗에서 새로운 궤변가들이 생겨났습니다. 그들은 궁정에서, 가족들 사이에서, 민중 사이에서 지배하려 들면서 학자들로부터 방해받는다고 여깁니다. 그러나 하나님은 남은 양떼들을 지켜주실 것입니다.

그렇다면 우리는 변화시킬 수 없는 일을 지혜로써 견뎌내야 하겠지요. 내게는 나이가 고통을 완화시켜줍니다. 나는 이곳 지상에서 잔인하게 교회들을 뒤흔들어놓는 분노한 폭풍에서 멀리 떨어져 곧 하늘나라로 들어가기를 희망합니다. 내가 살아 있는 한 많은 일들에 대해서 당신과 이야기하고 싶군요. 안녕히 계십시오."

이 편지는 곧 베껴져서 온갖 사람들 사이에 돌게 되었다. 그것은 카스텔리오를 위한 방패막이로 여겨졌다. 동시에 이 위대한 학자를 쓸데없이 박해하는 것을 그만 중지하라고 칼뱅에게 경고하는 것으로도 여겨졌다. 실제로 카스텔리오를 인정하는 멜랑히톤의 말은 인문주의 세계 전체에 강력한 힘을 미쳤다. 칼뱅의 가장 가까운 친구들도 평화를 권하게 되었다. 위대한 학자인 보두앵Baudouin은 제네바로 다음과 같이 써 보냈다.

"당신이 이 남자를 박해하는 그 증오를 멜랑히톤이 얼마나 비난하는지 이제는 볼 수 있을 것입니다. 그리고 그가 당신이 하는 모든 역설을 얼마나 인정하지 않으려 하는지도 알 수 있겠지요. 계속해서 카스텔리오를 제2의 사탄처럼 취급하면서 멜랑히톤을 천사처럼 존경한다면 말이 될까요?"

그러나 광신자를 가르치거나 달랠 수 있다고 믿는다면 얼마나 어리석은 일인가! 역설적으로— 어쩌면 논리적으로— 멜랑히톤이 쓴 보호의 편지는 칼뱅에게 정확하게 반대로 작용했다. 자신의 적을 인정해주었다는 사실은 그의 미움만 키웠다. 칼뱅은 정신적인 평화주의자들이 자신의 투쟁적인 독재를 로마나 로욜라나 예수회보다도 더 위험으로 여긴다는 사실을 너무나 잘 알고 있었다. 외부의 적들은 교리 대 교리, 말 대말, 가르침 대 가르침으로 맞서면 된다. 그러나 카스텔리오의 자유의 요구는 자신의 의지와 작용의 근본 원칙, 통일된 권위의 이념, 정교正敎의 의미 자체를 문제 삼는 것이다. 그리고 언제나 모든 전쟁에서 자기편의 평화주의자는 군사적인 적보다도 훨씬 더 위험한 법이다. 멜랑히톤의 편지가 세상에서 카스텔리오의 위신을 높여주었기 때문에 칼뱅은 그의 이름을 없애버리는 것을 목표로 삼게 되었다. 이 순간부터 진짜 칼싸움이 시작되었다.

이것이 상대를 죽이려는 싸움이라는 것은, 칼뱅 자신이 직접 등장한다는 데서 알 수 있다. 세르베투스 사건에서도 최후의 결정적인 일격이 필요해지자 그는 꼭두각시인 라퐁텐을 옆으로 밀쳐내고 손수 칼을 잡았다.

이번에도 그는 앞잡이인 베즈를 이용하지 않았다. 이제는 옳으냐 그르냐, 성서의 말씀과 해석, 참과 거짓의 문제가 아니었다. 오직 한 가지만이 문제였다. 쉬지 않고 재빨리 움직여서 카스텔리오를 영원히 제거하는 것이 중요했다. 그런데 이 시점에서는 그를 공격할 정당한 이유가 없었다. 카스텔리오가 자기 일을 하느라 틀어박혀 있었기 때문이다. 어떠한 동기도 찾을 수 없게 되자 일부러 만들어내고, 우선 되는 대로 회초리부터 찾아내어 미운 놈을 때려주려고 들었다.

칼뱅은 자기 첩자들이 여행 중인 상인에게서 찾아낸 어떤 익명의 비방문을 핑계로 삼았다. 그 글을 카스텔리오가 썼다는 증거의 흔적도 없었으며, 실제로 카스텔리오는 그런 글을 쓰지도 않았다. 그러나 카스텔리오는 없어져야 했고, 가장 비열하고 천박한 욕설의 작가라고 비방하기 위해 칼뱅은 카스텔리오가 쓰지도 않은 책을 문제 삼았다. 칼뱅의 논쟁문서 《불량배의 중상모략 Calumniae nebulonis cujusdam》은 신학자가 다른 신학자에 반대하는 글이 아니라 미친 듯한 분노의 폭발이었다. 카스텔리오는 여기서 도둑놈, 악당, 하나님의 모독자라는 욕을 들었다. 짐마차꾼이라 해도 다른 사람에게 그렇게 심한 욕을 할 수는 없을 정도였다. 바젤 대학 교수에게 벌건 대낮에 목재를 훔쳤다고 비난했으며, 페이지마다 증오를 더해가다가 마지막에는 게거품을 물고서 분노의 악을 쓰는 것으로 끝맺고 있다.

"하나님이 너 사탄을 없애주시기 바란다!"

명예로운 자는 극단적인 증오에 중독되지 않는다

칼뱅의 이 비방문서는 편파적인 분노가 정신적으로 고귀한 사람을 얼마나 깊이 추락시킬 수 있는지를 보여주는 가장 중요한 예의 하나라고 할 수 있다. 동시에 그것은 한 정치가가 자신의 정열을 제대로 통제하지 못할 때 얼마나 비정치적으로 행동하는가 하는 경고를 담고 있기도 하다.

이때 명예로운 사람에게 던져지는 이 무서운 부당성을 인식하고서 바젤 대학 측은 카스텔리오에게 집필금지령을 해제해주었다. 유럽의 유명 대학이 임명한 교수가 인문주의 세계의 눈앞에서 천박한 목재 도둑, 악당, 뜨내기라는 욕을 들었으니 대학 측으로도 명예롭지 못한 일이었다. 이 시점에서는 분명히 '학설'에 대한 논의가 아닌 개인적인 의혹과 천박한 명예실추가 문제되고 있는 만큼 카스텔리오는 대학 평의회로부터 공개적인 반박문을 써도 좋다는 허락을 받았다.

카스텔리오의 답변서는 인간적이고 인문주의적인 논쟁의 모범적이고도 참으로 뛰어난 예가 된다. 극단적인 증오도 내면적으로 극히 관용적인 이 사람을 미움으로 중독시키지 못했으며, 극도의 천박함도 그를 천박하게 만들지는 못했다. 시작 부분의 리듬은 얼마나 조용하고 품위가 있는가!

"아무런 열광도 없이 나는 이 공개적인 토론의 무대로 들어선다. 교회의 체면에도 오직 해가 될 뿐인 촌스러운 욕설이 아니라 당신과 더불어 화기애애한 가운데 그리스도의 정신 안에서 함께 논쟁하는 것이었다면 얼마나 바람직했을까. 그러나 이런 평화로운 교류에 대한 나의 꿈은 당신과 당신 친구들로 인해 불가능해졌으므로, 이제 당신의 정열적인 공격에 대해서 절도 있게 답변하는 것이 기독교도로서의 나의 의무에서 벗어나는 것은 아니라고 믿는다."

우선 카스텔리오는 칼뱅의 정직하지 못한 행동방식을 폭로했다. 칼뱅은 《불량배의 중상모략》 제1판에서 자기를 가리켜 공개적으로 그 팸플릿의 저자라고 말했다가, 제2판에서는 ─ 분명히 잘못을 깨닫게 되었으므로 ─ 저자라는 비난을 한 마디도 하지 않았다. 그러나 여기서 죄 없는 카스텔리오를 의심했었노라고 솔직하게 고백하는 정직성을 보이지는 않았다. 카스텔리오는 날카로운 공격으로 칼뱅을 몰아세운다.

"당신이 부당하게 내가 그 팸플릿의 저자라고 덮어씌우고 있다는 사실을 알았는가 몰랐는가? 그것이 사실이 아님을 알고서도 내게 그런 죄를 덮어씌웠다면 그것은 속임수이다. 그리고 사실 여부를 아직 모르는 상황이었다면 나를 그렇게 비난하는 것은 어쨌든 부주의한 일이었다. 그 어느 쪽이든 당신의 행동은 아름답지 못했다. 당신이 주장한 것은 사실이 아니기 때문이다. 나는 그 팸플릿을 쓰지 않았으며, 그것을 인쇄하려고 파리로 보낸 적도 없다. 그런 책을 퍼뜨리는 일이 범죄라면, 이 범죄에 대해 당신 자신을 고발할 수 있을 것이다. 바로 당신이 그 책을 맨 먼저 퍼뜨린 사람이기 때문이다."

칼뱅이 얼마나 뻔한 핑계로 자신을 공격했는지 우선 밝히고 나서 카스텔리오는 공격의 난폭한 형식에 대해 논했다.

"당신은 욕을 아주 잘한다. 그리고 당신의 입술은 당신의 넘치는 마음을 전하고 있다. 당신은 라틴어 책에서 나를 가리켜 차례로 하나님을 모독하는 놈, 중상모략하는 놈, 악행하는 놈, 짖는 개, 무지와 야수성으로 가득 찬 뻔뻔스러운 놈, 성서를 망치는 경건치 못한 놈, 하나님께 부담이 되는 바보, 신앙을 경멸하는 놈, 뻔뻔스런 인간, 한 번 더 더러운 개, 공손치 못하고 상스러운 놈, 배배꼬이고 뒤틀린 정신, 떠돌이 불량배, 나쁜 놈 등으로 부르고 있다. 여덟 번이나 나를 불량배nebulo라고 불렀다. 이 모든 욕설을 당신은 두 페이지에 걸쳐서 기분 좋게 늘어놓고, 책 제목을 《불량배의 중상모략》이라고 붙였다. 마지막 문장은 '하나님이 너 사탄을 없애주시기 바란다!'였다. 그사이에 있는 모든 문장은 바로 이 문체에 아주 잘 어울린다. 이것이 사도의 진지함과 그리스도의 부드러움을 지닌 사람의 방식인가? 당신이 이끄는 민족이 그와 같은 마음의 영향을 받는다면, 그리고 당신 제자들이 자기 선생님과 비슷한 것이 사실이라면, 그 민족은 참으로 불쌍하다. 그러나 이 모든 욕설들도 나를 건드리지는 못한다.……언젠가 십자가에 못 박힌 그분이 부활하신다면, 당신 칼뱅은 그리스도가 똑같이 사랑하신 어떤 사람에게 퍼부은 이 욕설들에 대해 하나님 앞에서 변명하지 않으면 안 된다. 그런데도 부끄럽지 않은가? '이유 없이 형제에게 화를 내는 자는 심판을 받으리라' 그리고 '자기 형제를 가리켜 나쁜 사람이라 부르는 자는 어둠 속에 던져지리라'는 그리스도의 말씀이 그대의 영혼에 울리지 않는가?"

그리고 나서 카스텔리오는 자신이 그런 욕설과 무관하다는 확고한 느낌을 갖고 거의 명랑한 태도로, 자기가 바젤에서 목재를 훔쳤다는 칼뱅의 핵심공격을 다룬다.

"내가 그런 짓을 저질렀다면, 그것은 사실상 매우 무거운 범죄일 것이다. 그러나 중상모략 역시 그에 못지않게 무거운 범죄다. 그 말이 사실이고 내가 정말로 훔쳤다고 치자. 그럴 경우—이는 칼뱅의 예정설에 대한 멋진 일격이다—에 당신이 가르친 바에 따르면, 내가 그런 짓을 하도록 미리 예정되어 있었기 때문일 것이다. 그런데 당신은 어째서 내게 욕을 하는가? 하나님께서 나를 위해 이런 운명을 예비하셨고, 그래서 훔치지 않는 것이 내게는 불가능했다는 사실에 대해 오히려 나를 동정해야 마땅하지 않은가? 어째서 당신은 내 도둑질에 대해 소리를 질러서 온 세상이 다 듣게 만드는가? 내가 장차 훔치는 것을 막기 위해서인가? 그러나 내가 하나님의 예정에 따라서 어쩔 수 없이 훔친 것이라면, 당신은 내게 부과된 하나님의 강제성을 고려해서 당신 글에서 나의 무죄를 밝혔어야 옳다. 내 키를 한 치 늘이는 것이 불가능하듯이, 이 경우에 내가 도둑질을 하지 않는 것 역시 불가능하기 때문이다."

이러한 비방이 무의미하다는 사실을 밝힌 다음, 카스텔리오는 사건의 실제 경과를 서술한다. 다른 수많은 사람들처럼 그도 랭스강이 범람했을 때 떠내려 오는 목재를 작살을 이용해서 건져올렸다. 물론 어디서든 이런 목재는 어떤 사람의 재산도 아닌 것으로 여겨지고 있기 때문에 법적으로 허용된 행동이었을 뿐만 아니라, 강이 범람할 때 이 목재가 다리에 부딪치면 다리가 위태로워지기 때문에 시 당국이 분명하게 권장한 일이었다. 그리고 카스텔리오—다른 '도둑들'과 마찬가지로—는 바젤시 당국으로부터 이 '도둑질'의 대가로 1/4 솔리도(금화 1/4에 해당함)의 보상금을 지불받은 사실까지 입증할 수 있었다. 사실 그런 행동은 목숨을 걸고 시에 봉사하는 일이었기 때문이다. 이러한 사실을 두고 제네바의 칼뱅 일당이 저 멍청한 중상모략을 되풀이해서는 안 되는 경우였다. 그것은 카스텔리오가 아니라 칼뱅 자신의 명예를 해치는 일일 뿐이었다.

이제 부인하고 둘러대봐야 아무 소용도 없는 일이었다. 칼뱅은 정치적으로나 세계관에서 원수인 사람을 무슨 일이 있어도 제거하고야 말겠다는 한 가지 생각에 사로잡혀서 세르베투스 사건 때처럼 진실을 멋대로 유린하는 일도 서슴지 않았다. 카스텔리오의 인간적인 행동에서는 어떤 허물도 찾아낼 수 없었다. 카스텔리오는 칼뱅에게 침착하게 응수할 수 있었다.

"누구든 내가 쓴 것을 판단하시라. 그리고 나는 어떤 사람이 나를 미움 없이 판단할 경우에는 그 누구의 견해도 두렵지 않다. 내 개인적 생활의 빈곤은 나를 어린아이 때부터 알았던 사람이면 누구나 확인해줄 수 있다. 필요하다면 나는 수많은 증인들을 내세울 수도 있다. 그러나 대체 그런 일이 왜 필요하단 말인가? 당신 자신이 수집한 증언과 당신의 증언으로 충분하지 않은가?……당신의 제자들조차도 나의 엄격한 생활 태도에 대해서는 조금도 의심을 품을 수 없다고 여러 번 인정했다. 그들은 나의 학설이 당신의 학설과 다르기 때문에 내가 잘못이라고 주장했을 뿐이다. 그렇다면 당신은 어떻게 나에 대해서 그런 소문을 퍼뜨리고, 그러면서도 하나님의 이름을 부를 수 있단 말인가? 오직 증오와 분노에서만 생겨난 고발을 위해 하나님을 증인으로 부르는 일이 얼마나 무서운 일인지 칼뱅 당신은 정녕 모르는가?

그러나 나도 하나님을 불러야겠다. 당신이 나를 가장 거친 방법으로 사람들 앞에 고발하기 위해 그분을 불렀다면, 나는 당신이 나를 부당하게 고발했기 때문에 그분을 부른다. 내가 거짓말하고 당신이 참말을 하는 것이라면, 하나님께서 내가 잘못한 정도에 맞게 나를 벌하시기를 빈다. 그리고 사람들에게는 내 생명과 명예를 빼앗으라고 빌겠다. 그러나 내가 참말을 했고 당신이 거짓된 고발자라면, 나는 하나님께서 내 적들의 덫에 걸리지 않게 나를 보호해주시기를 빌겠다. 그리고 당신을 위해서는 당신이 죽기 전에 자신의 태도에 대해서 후회할 기회를 주시라고 빌겠다. 그 죄가 언젠가 당신 영혼의 구원을 막는 일이 없도록 말이다."

자만심에 사로잡힌 사람의 감정에 맞서는 자유롭고 거침없는 인간은 얼마나 다른가, 그보다 얼마나 위에 서 있는 것인가! 교조적인 인간과 인간적인 천성 사이의 영원한 대립이다. 자신의 의견을 지킬 뿐인 침착한 사람과 온 세상이 자신의 말을 따르고 자신에게 굴복하지 않으면 견디지 못하는 독선가의 차이다. 한편에서는 순수하고 깨끗한 양심에서 온건한 어조로 말하고, 반대쪽은 지배욕에서 협박과 맹세를 하며 소리 지르고 있다. 그러나 참된 명료함은 증오로 방해받지 않는다. 정신의 가장 순수한 행동들은 광신주의의 강요를 받아 이루어진 적이 없으며, 오직 자기 억제와 절도를 통해서만 생겨나는 것이다.

편파적인 인간에게는 올바른 것이 문제가 아니고, 언제나 승리만이 문제다. 그들은 올바르게 되려 하지 않고 끝까지 이기려고만 한다. 카스텔리오의 답변서가 나오자마자 새로운 공격이 시작되었.

'개'라느니 '야수'라느니 하는 개인적인 비방과 그가 목재를 훔쳤다는 따위의 유치한 이야기는 모두 사라졌다. 아무리 칼뱅이라 해도 한 번 더 같은 자리를 공격하지는 못했다. 그래서 공격은 재빨리 다른 영역, 곧 신학의 영역으로 넘어갔다. 지난번 비방문의 잉크도 채 마르지 않았는데, 제네바의 인쇄기들은 한 번 더 바쁘게 돌아갔다. 베즈가 다시 전면에 나섰다.

진실보다는 자신의 스승에게 충실한 태도로 그는 제네바의 공식판 (1558년) 《성서》 서문에서 카스텔리오를 상대로 밀고자 같은 악의를 담은 공격을 퍼부었다. 하지만 《성서》 서문이라는 자리에 들어 있는 그런 공격은 오히려 하나님에 대한 모독이 되고 말았다. 베즈는 이렇게 쓰고 있다.

"우리의 적 사탄은 하나님의 말씀을 전파하는 것을 예전처럼 막을 수 없다는 사실을 알아차리고 이제는 더욱 위험한 방법으로 공격해오고 있다. 오랫동안 성서의 프랑스어 번역판이 없었다. 어쨌든 그 이름에 합당한 성서 번역은 없었다. 그러나 사탄은 지금 경박하고 뻔뻔스런 사람들의 수만큼이나 많은 번역자들을 찾아내었다. 하나님께서 때맞춰 제동을 걸지 않으신다면 더 많은 번역자들이 나설 판이다. 내게 그런 예를 하나 들어달라고 부탁한다면 나는 세바스티안 카스텔리오가 라틴어와 프랑스어로 번역한 성서를 지적하겠다. 그는 감사할 줄 모르는 뻔뻔스러움으로 우리 교회에 잘 알려져 있는 사람이다. 올바른 길로 인도하려는 수고가 아무 소용없는 것으로도 유명하다. 그러므로 우리는 그의 이름을 (지금까지 해온 것처럼) 침묵으로 덮어두지 않고 앞으로는 모든 기독교도들에게 사탄이 선택한 그 사람을 조심하라고 경고하는 것이 우리 양심의 의무라고 생각한다."

이보다 더 분명하고 의도적으로 한 학자를 이단재판에 밀고할 수는 없을 것이다. 그러나 '사탄이 선택한' 카스텔리오는 이제 더 이상 침묵할 필요가 없었다. 이런 저질 공격에 넌더리가 나서, 그리고 멜랑히톤의 보호편지에 용기를 얻어 대학 평의원회는 박해받는 사람에게 한 번 더 항변하도록 허용한 것이다.

베즈에 대한 카스텔리오의 답변서는 깊은, 거의 신비스럽다고 할 정도의 슬픔으로 가득 차 있다. 사람들이 자신의 정신적인 태도를 그토록 무한히 미워할 수 있다는 사실이 이 순수한 인문주의자의 마음에 동정심을 불러일으켰다. 칼뱅파 사람들은 진리가 아니라 오직 자신들의 진리가 독점지배하는 것만 중요하게 여긴다는 사실을 그는 정확하게 알고 있었다. 그리고 그들은 지금까지 정신적인 혹은 정치적인 적들을 제거해온 것처럼 자기를 완전히 제거하기 전에는 절대로 멈추지 않으리라는 것도 알고 있었다. 그런데도 그의 고상한 감정은 그와 같은 미움 속으로 떨어지는 것을 거부했다. 그는 예언자적인 예감에 사로잡혀서 다음과 같이 썼다.

"당신들은 시 당국을 자극하여 나를 죽음으로 몰아넣으려 하고 있다. 이것이 당신들의 책을 통해 공개적으로 드러나지 않았다면, 나는 스스로 그 사실을 확신하고 있어도 이런 주장을 감히 공개적으로 쓰지는 않았을 것이다. 내가 죽으면 당신들에게 답변할 수 없기 때문이다. 내가 아직 살아 있다는 사실이 당신들에게는 진짜 악몽 같은 일이고, 그런데도 시 당국이 당신들의 압력에 굴복하지 않았기에, 아니면 적어도 아직까지는 굴복하지 않았기에―이런 사정은 쉽게 바뀔 수 있다―당신들은 세상의 눈앞에 나를 증오스러운 존재로 만들어서 나를 매장하려는 것이다."

적들이 공개적으로 자신의 생명을 노린다는 사실을 분명하게 알면서도 카스텔리오는 오직 그들의 양심만을 공격한다. 그리스도의 말씀의 종은 이렇게 묻는다.

"그러나 나에 대한 당신들의 태도가 어떤 점에서 그리스도와 상관이 있는지 말해보라. 배신자가 자신을 형리들에게 넘기는 순간에도 그분은 선의善意로 가득 찬 말씀을 하셨고, 십자가에 매달려서도 형리들을 위해 기도하셨다. 그런데 당신들은? 내가 당신들과 몇 가지 교리에서 견해를 달리한다는 이유로 당신들은 증오감을 품고 온 세상 모든 나라로 하여금 나를 박해하고, 다른 사람들도 똑같이 나를 증오하도록 자극하고 있다.……당신들의 태도가 그분에 의해서 '형제를 미워하는 자는 살인자'라는 판결을 받는다면 당신들은 남몰래 얼마나 괴로움을 맛보겠는가. 그것은 분명히 진리의 처방이다. 모든 신학적인 껍질을 벗겨내기만 하면 누구에게나 분명한 가르침이다. 당신들도 말씀으로 책으로 그것을 가르치고 있다. 그런데 어째서 당신들의 삶에서는 그 진리를 인정하지 않는가?"

그러나 카스텔리오가 이미 잘 아는 일이었지만, 베즈는 앞에 내세운 꼭두각시일 뿐이었다. 이런 치명적인 증오는 그에게서 나오는 것이 아니라 칼뱅에게서 나오는 것이었다. 칼뱅은 자신의 해석 이외에는 다른 모든 해석을 금지시키려는 정신의 독재자였다. 그래서 카스텔리오는 베즈를 건너서 칼뱅을 직접 공격했다. 흥분하지 않고 두 눈을 똑바로 바라보며 그는 칼뱅에게 마주섰다.

"당신은 스스로 기독교도로 자처하고, 복음서를 믿는다고 고백하며 하나님을 믿고 그분의 의지를 실천한다고 자랑한다. 또 복음서의 진리를 안다고 주장한다. 그러나 다른 사람들을 가르친다면서 어째서 자신은 가르치지 않는가? 어째서 남을 비방해서는 안 된다고 강단에서 가르치면서 당신이 쓴 책들은 비방으로 가득 차 있는가? 당신은 나의 오만을 꺾어버리겠다면서 그토록 거만하고 멋대로이고, 또 자신감에 넘친 태도로 마치 당신이 하나님의 심판석에 앉아서 하나님 심정의 비밀을 다 깨달은 것처럼 내게 유죄판결을 내리는가?……한 번쯤 당신 자신으로 돌아가서 너무 늦기 전에 자신을 돌아보라. 가능하다면 한 순간만이라도 자신을 의심해보라. 그러면 수많은 사람들이 보는 것을 당신도 보게 될 것이다. 당신을 쇠하게 만드는 이 자기 사랑을 그만두고, 다른 사람에 대한 미움, 특히 나 개인에 대한 미움을 중지하라. 우리 서로 너그럽게 겨루어보자. 그러면 내가 경건하지 않다는 것도 당신이 내게 덮어씌우려 하는 다른 오명처럼 사실이 아니라는 것을 알게 될 것이다. 내가 몇 가지 점에서 당신의 가르침에서 벗어나는 것을 용납하라. 경건한 사람들 사이에서 의견 차이가 있다 해도 마음만은 하나가 될 수 있어야 하지 않겠는가?"

인간적이고 화해적인 정신이 광신자와 독단론자들을 상대로 이보다 더 온화하게 답변한 적은 없었다. 그리고 말만으로도 위대한 것이었지만, 카스텔리오는 강요된 싸움에서 보인 인간적인 태도로써 관용의 이념을 더욱 모범적으로 실천해 보였다. 비웃음을 비웃음으로, 미움을 미움으로 갚지 않고—"당신이 내게 덮어씌우는 것들을 당신에게 덮어씌웠다간 이 세상 어디로도 도망갈 곳이 없다"—그는 한 번 더 이 싸움을, 정신적인 사람들 사이에서는 언제나 가능한 일이지만 인간적인 논쟁으로 끝맺기 위해 노력했다. 한 번 더 그는 적들이 자기에게 죽음의 도끼를 들이대는데도 그들을 향해 평화의 손길을 내밀었다.

"그리스도의 사랑을 위해 당신에게 부탁하노니 나의 자유를 존중하고, 거짓된 죄목을 내 위에 쌓아올리는 일을 멈추라. 아무런 강제 없이 내가 나의 신앙을 고백하도록 허용해달라. 사람들이 당신에게 그것을 허용하듯이, 그리고 내가 당신에게 기꺼이 인정해주듯이 말이다. 당신의 학설과 다른 학설을 가진 사람들이 항상 잘못을 범한다고 믿지 말고, 언제나 그들을 즉시 이단으로 몰아붙이지 말라.……다른 수많은 경건한 사람들처럼, 내가 당신과 다르게 성서를 해석하여도 나는 내 모든 힘을 다해 그리스도에 대한 믿음을 고백한다. 우리 둘 중 한쪽이 잘못이겠지만, 그렇기 때문에 우리는 더욱 서로 사랑해야 한다! 주님께서 언젠가는 잘못 생각하는 사람에게 진리를 보여주실 것이다. 우리가 확실하게 아는 것은, 기독교도에게는 사랑의 의무가 있다는 것이다. 그것을 실천하자. 그것을 실천함으로써 우리 적들의 입을 다물게 하자. 당신은 당신의 의견이 옳다고 생각하는가? 다른 사람들도 자기들의 의견을 그렇게 생각한다. 지혜로운 사람은 서로 사랑하는 사람이고, 자신의 지혜로 인해 스스로 교만해지지 않는 사람일 것이다. 하나님께서는 모든 것을 아시고 교만한 자를 꺾으시고 겸손한 자를 높이신다.

큰 사랑을 그리워하는 마음으로 나는 당신에게 이 말을 한다. 당신에게 사랑과 그리스도의 평화를 제안하는 바이다. 나는 당신에게 사랑을 촉구하며, 나 자신이 온 영혼을 다하여 그것을 행할 것임을 하나님과 살아 있는 성령 앞에서 맹세한다. 그럼에도 불구하고 당신이 미움으로 나와 싸우기를 계속하겠다면, 당신에게 그리스도의 사랑을 촉구하는 일을 내게 허용하지 않겠다면, 나는 오직 침묵할 뿐이다. 하나님께서 우리의 심판자가 되셔서 우리가 그분께 충성한 정도에 따라 결정을 내려주시기를 기도한다."

화해와 관용을 모르는 광신자

이렇게 감동적이고 깊이 인간적인 화해의 호소가 정신적인 적을 달래지 못한다는 것을 납득하기가 어렵다. 그러나 언제나 한 가지 이념에만 헌신하는 사람들은 자기 생각과 다른 생각에 대해서는 그것이 가장 인간적인 생각일지라도 무감각하다는 것이 지상의 모순된 현실이다.

사고의 편협성은 피할 길 없이 행동의 부당함을 만들어낸다. 한 사람이나 한 민족이 한 가지 세계관에 광신적으로 사로잡히면, 화해와 관용을 위한 여지는 없다. 오직 평화만을 원하는 이 사람의 감동적인 경고는 칼뱅 같은 사람에게는 조금도 감동을 주지 않는다. 이 사람은 공식적으로 설교자도 아니고, 사람들을 자기편으로 끌어들이지도 않고, 싸우지도 않으며, 손톱만큼의 명예욕도 추구하지 않고 지상의 다른 누구에게 정신을 강요하는 따위의 일은 하지 않는데도 그렇다.

경건한 제네바는 그리스도의 평화에 대한 이 요구를 '끔찍한 일'로 여기고 거절했다. 그리고 비웃음과 선동의 독가스를 새로 분사하기 시작했다. 카스텔리오를 의심스럽게 아니면 적어도 우스꽝스럽게 만들기 위한 또 다른 거짓말이 등장했다. 아마도 이것은 가장 비열한 거짓말임에 틀림없다. 연극의 즐거움은 죄악이라고 해서 제네바 사람들에게 엄격하게 금지되어 있었는데도 칼뱅의 제자들이 운영하는 제네바 신학교에서 '경건한' 학생 코미디를 연습했다. 이 코미디에서 카스텔리오는 너무나도 뻔한 '천박한 카스텔루스de parvo Castello'라는 이름으로 악마의 첫째 종으로 나온다. 그리고 다음과 같은 시를 읊는다.

나에 관해 말하자면, 돈만 준다면
그 누구를 위해서라도 산문이나 시를 써주고
나는 오직 그렇게 해서 살아간다네…….[2]

사도의 청빈을 지키며 사는 이 남자가 돈을 위해 자신의 붓을 팔고,

---

2) Quant à moy, un chacun je sers
   Pour argent en prose oy en vers
   Aussi ne vis — je d'aultre chose…….

그 어떤 교황파 사람의 돈을 받고 관용론을 위해 싸우고 있다는 이 마지막 비방은, 칼뱅의 허락을 받고, 의심할 여지없이 그의 격려를 받아서 나온 것이다. 기독교의 지도자이며 하나님의 말씀을 설교하는 칼뱅 말이다. 그러나 참이냐 비방이냐가 칼뱅파에게 상관없게 되어버린 지 이미 오래였다. 그저 카스텔리오를 바젤 대학에서 몰아내고 그의 저서들을 불태우고, 가능하면 그 자신도 함께 불태우겠다는 생각만이 그들 모두를 사로잡고 있었다.

그러므로 늘상 이루어지는 제네바의 가택수색에서 시민 두 명이 어떤 책을 가지고 있는 것을 붙잡은 것은 이 잔인한 증오의 사람들에게는 환영할 만한 일이었다. 그것─이것 자체가 이미 범죄적인 행동이었다─은 칼뱅의 검열필 도장이 찍혀 있지 않은 책이었다. 저자의 이름도 인쇄 장소도 없이 《딱한 프랑스에 바치는 충고 Conseil à la France désolée》라는 작은 책자였다. 그럴수록 더욱 이단의 냄새가 나는 책이었다. 곧장 이 두 시민은 종교국에 소환되었다. 그들은 형리가 엄지손톱을 쑤시고 고문당하는 것이 두려워서 카스텔리오의 조카가 자기들에게 이 책을 빌려주었다고 자백했다. 그러자 쫓기는 야수를 몰아넣기 위해 그 최근의 흔적에 대한 추적이 이루어졌다.

이 '잘못으로 가득 찬 나쁜 책'은 실제로 카스텔리오의 최신작이었다. 옛날부터 가지고 있던 불치의 '오류'에 빠진 구교와 신교가 이제는 평화롭게 싸움을 끝내라고 에라스무스식의 열성으로 한 번 더 충고한 글이었다. 그는 자기가 사랑하는 나라 프랑스에서 종교적 선동이 마침내 피의 결실로 이어지는 것을 침묵하며 바라보려고만 하지 않았던 것이다. 그리고 (제네바의 은밀한 사주를 받아서) 개신교도들이 가톨릭교에 대항해 무기를 집어드는 것을 바라볼 수만은 없었다. 마치 성 바르톨로메오 축일 밤에 벌어진 위그노 학살의 잔혹한 공포를 미리 내다보기라도 한 것처럼 그는 새로이, 그리고 마지막 순간에 그러한 유혈사태가 무의미함을 밝혀 보일 의무가 있다고 느꼈다. 이쪽 혹은 저쪽이 잘못된 신앙이라고 규정하지 않았다. 어느 한 사람에게 자기가 믿지 않는 신앙을 폭력으로 강제하려는 시도만이 잘못이며 범죄적인 것이다. 지상의 모든 재앙은 '양심을 강제'하는 데서 나오는 것이다. 즉 편협한 광신주의가 벌이는 피의 시도에서 나온다.

그러나 누군가가 내면으로부터 인정하지 않는 고백을 강요하는 것은 부도덕하고 부당한 일일 뿐더러 무의미한 일이라고 카스텔리오는 지적했다. 어떤 세계관에 강제로 편입시키면 껍데기 신자가 생길 뿐이다. 강제적 선전의 고문을 통해서는 겉으로, 그리고 숫적으로만 추종자가 늘어날 뿐이다. 그렇게 강제적인 방식으로 개종을 강요하는 세계관은 거짓된 숫자놀음으로 세계를 속일 뿐 아니라, 무엇보다도 스스로를 속인다. 카스텔리오의 이 말은 어느 시대에나 타당한 것이다.

"가능한 한 많은 수의 추종자를 가지려고 하며, 그 때문에 다른 사람들을 강요하는 사람은, 커다란 통에 약간의 포도주를 가진 바보가 포도주를 더 만들려고 통에 물을 붓는 것과 같다. 그런 행동으로는 포도주를 조금도 늘리지 못하고 이미 가지고 있던 좋은 포도주를 망칠 뿐이다. 당신들이 억지로 신앙고백을 하도록 만든 사람들이 진실된 마음으로 그것을 고백한다고는 주장할 수 없을 것이다. 그들에게 자유가 허용된다면, 그들은 이렇게 말할 것이다. '나는 너희들이 부당한 폭군이라고 생각하며, 너희들이 내게 강요한 것은 아무런 가치도 없다고 믿는다'라고. 나쁜 포도주는 사람들에게 그것을 마시라고 강요한다고 해서 좋은 포도주가 되지는 않는다."

언제나 새로운 정열을 가지고 카스텔리오는 자신의 고백을 되풀이하고 있다. 불관용은 피할 수 없이 전쟁을 부르고, 관용만이 평화를 부른다고. 손가락을 비틀고, 싸움의 도끼를 휘두르고, 대포를 쏘는 것으로 한 세계관이 실현될 수는 없다. 그런 실현은 오직 개인적이고 가장 내면적인 확신에서만 나오는 것이다. 상호이해를 통해서만 전쟁을 피하고 이념을 결합시킬 수 있는 법이다. 그러므로 개신교도가 되고 싶어 하는 사람은 개신교도로 놔두고, 정직하게 가톨릭 신앙을 고백하는 사람은 가톨릭 그대로 놔두어야 한다. 이편이나 저편을 강요해서는 안 된다.

이 두 개의 신앙이 수십수만 명의 무의미하게 희생된 사람들의 무덤을 넘어서 낭트에서 겨우 평화를 합의하기에 이른 때보다 한 세대 앞서서, 한 고독하고 비극적인 인문주의자가 프랑스를 위해 관용의 칙령을 전개하고 있다.[3]

"프랑스여, 내가 너에게 하는 충고는, 양심을 유린하고 박해하고 죽이는 일을 중지하라는 것이다. 그리고 너의 땅에서 그리스도를 믿는 모든 사람이 남의 뜻이 아니라 자기 뜻에 따라 하나님을 섬기는 것을 허락하라는 것이다."

프랑스에서 가톨릭과 개신교가 서로를 이해하라는 이러한 제안은 제네바에서는 모든 범죄 중에서도 가장 큰 범죄였다. 이 시기에 칼뱅의 비밀정책은, 프랑스에서 위그노 전쟁을 불붙이는 데 집중하고 있었기 때문이다. 그러므로 그의 공격적인 교회정책에 이런 인문주의적인 평화주의보다 더 못마땅한 것도 없었다. 카스텔리오가 쓴 평화의 책을 말살시키기 위해 모든 지렛대가 작동하기 시작했다. 온 사방으로 심부름꾼들이

---

[3] 프랑스 종교전쟁은 왕과 귀족의 중재로 1598년 낭트에서 두 종교를 모두 인정하는 낭트 칙령을 발표함으로써 끝을 맺는다. 그런데 1563년에 카스텔리오는 이미 관용의 정신을 주장하고 있다.

달려나갔다. 모든 개신교 지도부에 호소하는 편지들이 씌어졌다. 칼뱅이 조직적으로 활동한 덕분에 1563년 8월 개신교 전체 종교회의에서 다음과 같은 결정을 내리도록 만들 수 있었다.

"이로써 교회는 《딱한 프랑스에 바치는 충고》라는 책이 출간된 것과 그 저자가 카스텔리오라는 사실을 알게 되었다. 이것은 대단히 위험한 책이므로 누구든 이 책을 경계해야 한다."

한 번 더 광신주의에 의해 "위험한 책"이 널리 퍼지기 전에 압류되었다. 이제는 흔들리지 않고 굽히지 않는 이 반독단론자, 반교의론자의 차례가 되었다! 마침내 그자를 끝내자, 그자의 입을 틀어막을 뿐만 아니라 영원히 척추까지 부러뜨리자!

카스텔리오의 목을 찌르기 위해 한 번 더 베즈가 앞으로 나섰다. 그가 바젤시의 목사들에게 보낸 〈세바스티안 카스텔리오의 방어와 비난에 대한 답변〉은, 이 글이 교회에 보내졌다는 사실만으로도 이미 카스텔리오를 향한 지레가 어디에 놓일지를 보여준다. 종교국이 이 위험한 이단자이자 이단 옹호자인 카스텔리오를 떠맡을 시간이라고 베즈가 넌지시 알린 것이다. 이 경건한 신학자는 혼란상태에서 카스텔리오를 거짓말쟁이, 하나님의 모독자, 가장 못된 재세례파, 성스러운 교리를 더럽히는 자, 냄새나는 밀고자, 모든 이단자뿐 아니라 모든 간통자와 범죄자들을 옹호하는 자라고 비난했다. 마지막으로 그는 사탄의 작업장에서 자신의 변론을 만들어내는 살인자라고 부르기까지 했다. 이 모든 사나운 욕설들이 이리저리 뒤엉켜 쌓여 있었지만 서로가 모순되고 상쇄시키는 작용을 했다.

어쨌든 이 열렬한 소란 속에서 한 가지 사실만은 분명히 밝혀졌다. 마침내, 마침내, 마침내 카스텔리오의 입을 막고 그 자신도 죽이려는 살인의 의지였다.

베즈의 글은 이단자 재판소에 다급한 고발의 의미를 가졌다. 부끄러움을 가리는 보자기도 없이 밀고자의 의도가 노골적으로 드러나 있었기 때문이다. 바젤 종교국은 곧바로 시민 관청을 소집해 천박한 범죄자인 카스텔리오의 신병을 확보하도록 요구해야 할 처지였다. 베즈는 사법부를 가동시키기 위해 바젤에 직접 모습을 드러냈다.

유감스러운 일이었지만 그의 초조감에 맞서 외적인 형식 하나가 부족했다. 바젤의 법에 따르면 심문이 이루어지려면 우선 서류상으로 이름을 밝히고 관청에 제출된 고발문서가 필요했다. 칼뱅과 베즈가 카스텔리오를 정말 고발하려면 그러한 고발장을 그들 이름으로 관청에 제출하는 것이 옳았을 것이다. 그러나 칼뱅은, 세르베투스 사건 때처럼 옛날 방식을 고수했다. 자신들이 관청에 손수 제출하기보다는 제3자가 고발하도록 하는 방법이었다. 그 옛날 비엔과 제네바에서 일어났던 것과 아주 똑같은 위선적인 과정이 되풀이되었다.

1563년 11월에 베즈의 책이 발간되고 난 직후에 전혀 무관한 어떤 사람, 아담 폰 보덴슈타인Adam von Bodenstein이라는 사람이 바젤시 당국에 나타나 카스텔리오를 이단죄로 고발하는 문서를 제출했다. 이 아담 폰 보덴슈타인은 정통파 사상의 고발자 노릇을 하기에는 정말로 어울리지 않는 사람이었다. 그는 루터를 가장 위험한 광신자라고 주장하며 비텐베르크 대학에서 쫓아낸, 악명 높은 칼슈타트의 아들이었기 때문이다. 똑같이 경건하지 못한 파라켈수스Paracelsus, 1493~1541[4]의 제자로서 그는 개신교회에서 올바른 기둥 노릇을 할 만한 사람이 결코 아니었다. 그런데

---

4) 스위스의 의학자·화학자·신학자. 1526년 바젤 대학에서 의학을 강의하면서 전통적인 교육과 의학의 혁신을 꾀하였으나 교회를 비롯한 당시 기득권 세력의 반감을 사 추방되었다. 의화학의 창시자로, 금속 화합물을 처음으로 의약품 제조에 채용하는 등 화학과 정신과 치료를 비롯하여 근대의학 전반에 크게 공헌했다.

베즈는, 바젤을 방문했을 때 어떻게 했는지 이 가련한 일을 할 사람으로 보덴슈타인을 찾아낸 것이다. 이 사람은 시의회에 제출한 고발문서에서 베즈의 책에 나오는 혼란스런 주장들을 그대로 되풀이하고 있다. 카스텔리오가 첫째 교황당이며, 둘째 재세례파이고, 셋째 회의론자이고, 넷째 하나님을 부인하는 자인 동시에 모든 간통자와 범죄자들을 옹호하는 자라고 욕했다.

그 말이 옳건 그르건 간에 (시 당국에 공식적으로 제출하여 오늘날까지 보존된) 이 고발문서로 형식적인 소송의 길이 열렸다. 문서가 제출되었으니 바젤 재판소는 조사를 시작할 수밖에 없었다. 칼뱅과 그의 패거리는 목적을 이룬 것이다. 이제 카스텔리오는 이단자로서 사형수의 의자에 앉을 판이었다.

이 모든 고발의 어리석은 잡동사니에 맞서서 자신을 변호하는 일 자체가 카스텔리오에게 그다지 어렵지는 않았을 것이다. 보덴슈타인은 지나치게 열성을 부린 나머지, 너무나도 모순된 말들을 한데 섞어놓아서 그 말에 신빙성이 없다는 것이 분명히 드러나기 때문이다. 그 밖에도 바젤에서는 사람들이 카스텔리오의 흠잡을 데 없는 생활방식을 너무나도 잘 알고 있었다. 세르베투스처럼 그렇게 쉽게 카스텔리오를 체포해서 쇠사슬에 묶고 심문으로 괴롭힐 수는 없었다. 우선 대학교수로서 고발된 죄목들에 대해 대학 평의원회 앞에서 변론하라는 요구를 받았다.

카스텔리오는, 사실이 그러했지만, 고발자 보덴슈타인은 앞에 내세운 꼭두각시에 불과하다고 선언하고, 진짜 주동자인 칼뱅과 베즈가 자기를 고발하고 싶으면 앞으로 직접 나서라고 요구한 것만으로도 그의 동료들에게는 충분했다.

"사람들이 그토록 열렬하게 나를 의심하고 있으므로, 나는 여러분에게 온 영혼을 다해 나 자신을 변호하는 것을 허락해달라고 간청합니다. 칼뱅과 베즈가 선량한 믿음을 가진 사람들이라면, 그들 스스로 앞에 나서서 자기들이 나를 고발한 나의 죄목을 여러분 앞에서 입증해야 할 것입니다. 그들이 올바른 행동을 했다면, 바젤의 법정을 두려워할 이유가 없을 것입니다. 그들은 이미 온 세상 앞에서 나를 주저 없이 고발했기 때문입니다.……나를 고발한 사람들이 위대하고 강력하다는 사실을 알고 있습니다. 그러나 하나님께서도 강력하십니다. 하나님은 모든 사람을 차별 없이 대하십니다. 나는 스스로 가련하고 똑똑하지 못하며, 매우 낮고 명성도 없는 사람임을 압니다. 그러나 하나님께서는 이렇게 낮은 사람들을 지켜보시며, 그들의 피가 부당하게 흐르는 것을 용서치 않는 분인 것도 압니다."

카스텔리오는 이와 같이 자신의 재판을 기꺼이 받아들였다. 그리고 고발된 죄목들 중에서 단 한 가지라도 입증될 수만 있다면, 자신은 벌을 달게 받겠다고 했다.

칼뱅과 베즈는 그렇게 솔직한 제안을 받아들이지 못했다. 칼뱅도 베즈도 바젤의 평의회에 출두하지 않았다. 그러나 이 심술궂은 밀고가 물거품이 될 것처럼 보이던 때에 우연한 사건 하나가 카스텔리오의 적들에게 말할 수 없이 소중한 도움을 주었다. 불행하게도 하필 이때에 카스텔리오가 이단이며 이단 보호자라는 의심을 증폭시켜주는 어떤 사건이 갑자기 밝혀진 것이다.

패배한 관용의 화신

바젤에서 특이한 사건이 발생했다. 장 드 브뤼주Jean de Bruge라는 이름의 어떤 부유한 외국인 귀족이 비닝겐에 있는 성에서 12년간이나 살았다. 선량한 사람이어서 시민 사회에서 많은 존경을 받았고 인기도 있었다. 이 외국인 귀족이 1556년에 죽었을 때 도시 전체가 그의 성대한 장례식에 참석했다. 그의 관은 성 레온하르트 교회의 가장 고귀한 자리에 안치되었다. 그리고 여러 해가 흘렀다. 그런데 어느 날 갑자기 거의 믿을 수 없는 소문이 퍼져나갔다. 이 외국인 귀족이 사실은 악명 높은 이단자 다비드 요리스였다는 것이다. 그는 재세례파들에 대한 잔인한 학살이 벌어졌을 때 신비한 방법으로 플란더스 지방에서 사라졌다.

이 구제불능의 원수가 살았을 때나 죽었을 때나 공식적으로 명예롭게 대해주었던 바젤시 전체에 이 얼마나 분노가 치미는 일인가! 손님으로서의 권리를 이토록 못되게 이용한 일을 분명하게 복수하기 위해 오래전에 죽은 사람을 놓고 새로운 재판을 벌였다. 그리고 잔인한 기념식을 치렀다. 이미 절반쯤 썩은 이단자의 시체를 명예로운 무덤에서 파내어 교수대에 내걸었다. 그러고 나서 한 더미의 이단문서들과 함께 바젤시의 큰 광장에서 수천 명의 구경꾼이 지켜보는 가운데 시체를 불태웠다.

카스텔리오도 대학의 다른 교수들과 함께 이 역겨운 구경거리를 보았다 — 얼마나 억눌리듯 답답하고 역겨운 감정이었을까 쉽게 짐작된다. 이 요리스와 그는 오랜 기간 좋은 친구였기 때문이다. 그들은 세르베투스를 구하려고 함께 노력했고, 심지어 다비드 요리스는 마르티누스 벨리우스의 책 《이단자에 관하여》를 도와준 사람들 중 하나였을 가능성이 매우 높다. 어쨌든 카스텔리오가 비닝겐의 성주를 본인 말처럼 단순한 상인으로 여기지 않고 처음부터 장 드 브뤼주의 본명이 다비드 요리스임을 알고 있었던 것만은 분명하다.

그러나 글에서처럼 삶에서도 관용적이었던 카스텔리오는 밀고자 노릇을 할 생각은 추호도 없었고, 교회와 세상의 모든 관청에서 추방되었다는 이유만으로 그와의 우정을 끊을 생각도 하지 않았던 것이다.

모든 재세례파 중에서도 가장 악명 높은 이 사람과의 관계가 갑자기 밝혀지면서 카스텔리오는 모든 이단자와 범죄자의 보호자이며, 그들을 숨겨주는 사람이라는 칼뱅파가 주장하는 죄목이 밝혀지자 거의 목숨이 위태로운 지경에 이르렀다.

그리고 우연은 언제나 이중의 칼날로 무장하고 있기 마련이다. 바로 이 순간에 카스텔리오가 또 다른 무서운 이단자 베르나르디노 오키노와도 가까운 관계였다는 사실이 드러난 것이다. 오키노는 원래 카푸친회 수도사로 이탈리아 전국에서 견줄 바 없는 설교로 유명한 인물이었다. 이 오키노가 갑자기 교황의 종교재판에 쫓겨 고향에서 도망쳐나왔다. 그런데 스위스에서도 그는 독특한 주장을 통해 개신교 목사들을 놀라게 만들었다. 특히 그의 마지막 책《30개의 대화》는 개신교 세계 전체에 믿을 수 없는 모욕으로 여겨지는 성서 해석을 포함하고 있었다. 베르나르도 오키노는 모세의 율법에 근거하여 일부다처제를 권장하지는 않았지만, 그래도 성서에 원칙적으로 허용되어 있다고 주장한 것이다.

정통파에게는 참을 수 없는 생각을 담고 있는 이 책—베르나르디노 오키노에 대한 심문이 시작될 참이었다—은 다름 아닌 카스텔리오가 이탈리아어에서 라틴어로 번역한 것이다. 이 이단의 책은 그의 번역판으로 인쇄되었다. 그럼으로써 그는 그토록 악덕한 생각을 전파시킨 죄를 지은 것이다. 물론 그는 원저자 못지않게 종교재판의 위협을 받게 되었

다비드 요리스David Joris의 초상

다. 하룻밤 사이에 카스텔리오가 가장 고약한 이단의 괴수이며 보호자라는, 칼뱅과 베즈의 공허한 고발죄목들이 요리스 및 오키노와의 우정이 밝혀지면서 사실로 변했다. 대학은 더 이상 그런 사람을 보호할 수도 없으며 보호하려고도 하지 않았다. 진짜 재판이 시작되기도 전에 카스텔리오는 이미 패배하고 말았다.

시대의 불관용이 이 관용의 전파자에게 무엇을 준비하고 있었는지는, 교회 당국이 동료인 오키노에게 베푼 잔인성을 보고 어느 정도 짐작할 수 있었다. 이 사람은 하룻밤 사이에 자기가 이탈리아 이민자 사회의 목사로 활동하던 로카르노에서 쫓겨났다. 그는 며칠만 연기해달라고 간절히 청원했지만 그것조차 허락되지 않았다. 이 70세 노인이 아무것도 갖지 못하고 떠나야 한다는 사실을 불쌍히 여기지도 않았다. 겨우 며칠 전에 아내를 잃었는데도 약간의 유예기간도 주지 않았다. 그는 아직 성년이 안 된 아이들과 함께 세상을 떠돌아야 할 처지였건만, 경건한 신학자들의 잔인한 마음은 꿈쩍도 하지 않았다. 겨울이었고 산에는 발목까지 눈이 깊이 쌓여 있어서 길도 찾을 수 없는 형편이었지만, 광신적인 박해자들은 이단자의 처지 따위는 안중에도 없었다.

"이 선동가, 이단자야, 길거리에서 뒈져버려!"

12월 한겨울에 쫓겨난 수염이 허옇게 센 병든 노인은 아이들과 함께 얼어붙은 산길, 단단한 돌들 사이를 헤치고 나가 이 세상 어딘가에서 새로운 피난처를 찾아야 할 형편이었다. 그러나 이런 잔인함도 증오의 신학자들, 하나님의 말씀을 전파하는 경건한 목사들에게는 아직도 충분하게 생각되지 않았다. 온화한 사람들의 동정심이 방랑하는 노인과 어린아이들에게 단 하룻밤이라도 따뜻한 방 혹은 짚더미라도 내줄지 모르는 일이었다. 그래서 그들은 역겹도록 경건한 열성을 다해 쫓겨난 사람보다 먼저 곳곳에 편지를 보냈다. 선량한 기독교도라면 누구든 이런 괴물을 자기 집 지붕 아래 쉬게 해서는 안 된다고 알렸다. 그러자 마치 문둥병자를 대하듯 모든 도시와 마을의 문들이 꼭꼭 닫히고 말았다.

쉴 곳도 찾지 못한 이 늙은 학자는 거지 행색을 하고 스위스를 떠나서 앞으로 나가야 했다. 헛간에서 밤을 보내고 추위에 지친 몸으로 앞으로 앞으로 나아가 국경에 이르렀다. 그리고 넓디넓은 독일 땅을 지나가야 했다. 그곳에서도 마찬가지로 교구마다 그를 경계하라는 지시를 이미 받고 있었다. 폴란드에서는 좀 더 사람다운 사람들을 만나서 자신과 아이들의 피난처를 구하리라는 희망만이 그를 지탱했다. 그러나 이 망가진 사람이 견뎌내기에는 그의 긴장이 지나쳤다. 오키노는 목적지에 이르지 못했으며, 결코 평화를 얻지도 못했다. 관용 없는 태도의 희생자였다. 모든 것을 빼앗긴 이 노인은 도중에 모라비아 지방의 어느 시골길에서 쓰러졌고, 낯선 땅에서 부랑자처럼 묻혀서 잊혀지고 말았다.

이 잔혹한 모습에 비추어보면, 카스텔리오는 자신의 운명을 분명히 내다볼 수 있었다. 벌써 그에 대한 재판이 준비되었다. 그와 같은 비인간성의 시대에는 어떤 동정심도 인간성도 기대할 수 없었다. 그의 유일한 잘못이란, 너무나 인간적으로 느꼈고 박해받는 사람들에게 동정심을 보여주었다는 것뿐이었다. 세르베투스를 옹호한 사람에게 세르베투스의 운명이 준비된 것이다. 관용 없는 시대가 가장 위험한 적인 관용의 옹호자의 목에 칼을 들이댄 것이다.

그러나 선량한 손길이 그의 박해자들에게 눈에 보이는 승리를 허락하지 않았다. 정신적 독재의 철천지원수인 세바스티안 카스텔리오가 감옥에 갇히거나, 망명길에 오르거나, 화형대에 선 모습을 그들은 볼 수 없었다. 갑작스런 죽음이 마지막 순간에 세바스티안 카스텔리오를 재판에서, 그리고 적들의 치명적인 공격에서 구출한 것이다.

과로에 시달린 그의 몸은 이미 오래전부터 쇠약해져 있었다. 그리고 이제 근심과 흥분이 영혼을 지치게 만들자 속으로 삭아 있던 신체기관이 더 이상 견디지 못했다. 마지막 순간에도 카스텔리오는 대학에 나가 책상 앞에 앉았으나 소용없는 일이었다! 죽음이 삶과 정신적인 활동을 향한 의지를 끊어버렸다. 열에 들떠 쓰러진 사람을 들어 침대로 옮겼다. 격렬한 위경련이 일어나 우유 이외에는 아무것도 입에 대지 못했고, 신체기관들은 점점 더 나빠지다가 마침내 지친 심장이 멈춰 서고 말았다.

죽음만이 그를 구원할지니

1563년 12월 29일에 세바스티안 카스텔리오는 48세의 나이로 운명했다. 내막을 잘 아는 한 친구가 그의 죽음 앞에서 말한 것처럼 "하나님의 도움으로 적들의 발톱에서 빠져나간" 것이다.

죽음과 더불어 비방도 멈추었다. 바젤 시민들은 너무 뒤늦게 자신들이 가장 훌륭한 시민을 제대로 옹호하지 못했음을 깨달았다. 그의 유산은 이 순수하고 위대한 학자가 얼마나 사도의 청빈을 지키며 살았던가를 분명하게 보여주었다. 그의 집에는 단 한 닢의 은화도 없었다. 친구들이 돈을 내서 관 값을 지불하고 얼마간의 빚을 갚아주고 장례비용을 치르고 성년이 안 된 아이들을 자기 집에 받아들여주었다.

고발당한 수치에 대한 보상으로, 세바스티안 카스텔리오의 장례식은 일종의 도덕적인 승리의 행진이 되었다. 카스텔리오가 이단의 의심을 받고 있는 동안 두려워하며 조심스럽게 침묵하던 사람들이 모두 몰려나와 자신들이 그를 얼마나 존경하고 사랑했던가를 보여주었다. 살아서 미움받는 사람보다는 죽은 사람을 옹호하는 것이 언제나 더 편하기 때문이다. 대학 전체가 장례행렬을 따라나섰다. 관은 학생들의 어깨에 들려서 중앙교회로 옮겨져 수도원 안마당에 있는 회랑에 묻혔다. 그의 제자 세 사람은 자기들이 경비를 부담해서 비석에 헌사를 새겼다.

"고귀하신 스승께 위대한 학문과 깨끗한 생애를 감사드리며."

그러나 바젤이 순수한 학자를 애도하고 있을 때, 제네바에서는 즐거운 환호성이 울리고 있었다. 정신의 자유를 위해 싸웠던 이자가 다행스럽게도 제거되었다는 반가운 소식을 듣고 종만 울리지 않았을 뿐이다. 양심을 짓밟는 자신들의 행동에 반대했던 최고 능변의 인물이 마침내 입을 다문 것이다! 죽음에 어울리지 않는 기쁨으로, 그들은 서로 축하인사를 했다. 성서를 충실히 따르는 이 모든 '하나님 말씀의 종들'은 "원수를 사랑하라"는 성경 말씀이 자기들의 복음서에는 적혀 있지 않은 것처럼 행동했다.

"카스텔리오가 죽었다고? 잘됐군요!"

취리히의 목사 불링거의 편지에 있는 말이다. 또 다른 목사는 이렇게 비웃었다.

"자기 문제를 바젤 평의회에서 변명하지 않으려고 카스텔리오는 라다만토스(지옥의 영주)에게로 도망쳤군."

밀고의 화살로 카스텔리오를 바닥에 쓰러뜨렸던 베즈는 세상을 이 이단자에게서 해방시켜주신 하나님을 찬양했다. 그리고 자신이 영감에 넘친 예언자였다고 다음과 같이 자랑했다.

"카스텔리오에게 주님이 너의 잘못에 대해 벌주시리라고 말했을 때, 나는 예언을 참 잘했다."

이 외로운 투사가 죽었고 그럼으로써 더욱더 명예롭게 패배했건만 미움은 여전히 사그라들지 않았다. 언제나 그렇듯이 미움이란 얼마나 허망한 일인가. 비웃음도 죽은 자를 건드릴 수는 없으며, 그가 목숨을 걸고 지켜낸 이념은, 참된 인간적 사상들이 그렇듯이 모든 유한한 지상의 폭력을 넘어서 있기 때문이다.

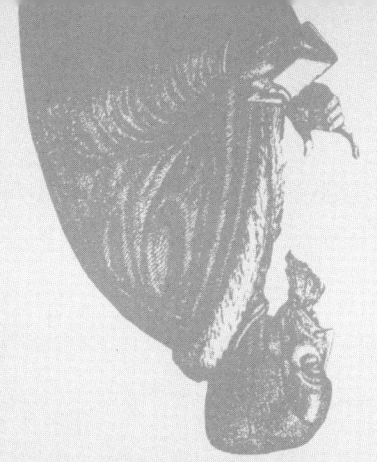

제9장
카스텔리오의 부활

> 시대들은 소란하지만, 스스로 깨어날 것이다.
> 비가 온 다음에 아름다운 해가 나오듯,
> 싸움과 거대한 대립이 있은 다음에 평화가 오고 불행은 끝난다.
> 그러나 그러기까지 우리는 얼마나 고통을 겪을 것인가!
> —마르그리트 도트리슈의 노래

칼뱅주의의 유산

싸움은 끝난 듯이 보였다. 칼뱅은 정신적으로 유일한 적인 카스텔리오를 쓰러뜨렸다. 제네바에서도 정적들을 침묵시켰기 때문에 그는 이제 아무런 방해도 받지 않고 점점 더 큰 규모로 자기 일을 해나갈 수 있게 되었다. 독재체제가 불가피한 초기의 위기를 극복하고 나면, 보통 한동안은 확고하게 유지된다. 인간의 신체기관이 초기의 불안을 넘어서면 풍토의 변화와 생활환경에 적응하듯이, 한 민족도 놀라울 정도로 빨리 새로운 지배체제에 익숙해지는 것이다.

얼마의 시간이 흐르면 폭력적인 현재를 더 나은 과거와 비교해보는 나이든 세대는 죽기 시작하고, 그 뒤를 이어서 젊은이들이 새로운 전통 속에서 자라난다. 그들은 아무것도 모른 채 새로운 이상理想을 지극히 당연하게 유일한 가능성으로 받아들인다. 한 세대가 지나면 보통 한 민족은 이념적으로 완전히 변화될 수 있다. 그리고 칼뱅의 신정神政체제도 20년간의 신학적인 사색기간이 지나자 분명하게 눈에 보이는 존재양식으로 변화되었다. 그가 이 승리를 거둔 다음 위대한 계획성으로 자신의 체제를 확대하여 점차 세계적인 것으로 만들어낸 것에 대해서는 이 천재적인 조직자를 인정해야 마땅할 것이다.

강철 같은 질서가 제네바를 극단적인 생활태도의 모범도시로 만들었다. 모든 나라에서 개신교도들은 이 '개신교의 로마'로 순례를 와서 신정정치의 모범적인 사례를 보고 감탄했다. 엄격한 기율과 스파르타식 단련으로 성취될 수 있는 것이 모두 성취되었다. 가장 이성적인 획일성을 위해서 창조적인 다양성을 희생했고, 수학적으로 냉정한 정확성을 위해서 기쁨을 희생한 대신 교육 자체가 일종의 예술처럼 발전했다.

모든 교육기관과 복지시설은 흠잡을 데 없이 운영되었다. 학문에는 넉넉한 여지가 주어졌다. '신학교'를 지어서 칼뱅은 개신교의 정신적인 중심지를 만들었을 뿐 아니라, 한때의 동료였던 로욜라가 만든 예수회에 맞설 단체도 만들어냈다. 기율에 맞서 논리적인 기율을, 의지에 맞서 냉혹한 의지를 내세운 것이다. 탁월한 신학적 무기로 무장한 칼뱅 학설의 설교자들과 선동가들은 정확하게 계산된 전투계획서를 들고 전 세계로 파견되었다. 칼뱅은 자신의 권력과 이념을 스위스의 이 좁아빠진 도시에만 국한시키려 하지 않았기 때문이다. 그의 끝없는 권력의지는 나라들과 바다를 넘어서 점차 유럽을, 그리고 전 세계를 자신의 전체주의 체제에 굴복시키려 들었다. 이미 스코틀랜드는 그의 사절인 존 녹스John Knox를 통해 그에게 굴복했고, 네덜란드와 일부 북유럽의 왕국들도 청교도淸教徒 정신으로 무장하게 되었다. 프랑스의 위그노파들은 결전을 향해 무장하고 있었다. 단 한 번만 더 행운의 도움을 받으면 《기독교 강요》는 세계관이 될 판이었고, 칼뱅주의는 서양 세계의 유일한 사고 및 생활형태가 될 참이었다.

칼뱅주의가 그와 같은 승리에 찬 행진을 했다면 유럽의 문화형태가 결정적으로 얼마나 변화되었을 것인가 하는 것은, 칼뱅주의를 받아들인 나라들이 짧은 시간 안에 보여준 특이한 구조들을 보면 짐작할 수 있다.

제네바 교회가 도덕적 종교적 명령— 아주 짧은 기간만이라도— 을 실현시킨 곳이면 어디든지 아주 일반적인 국가적 색채 안에 특이한 유형의 사람들이 생겨났다. 눈에 띄지 않게 살면서 '흠 없이' 자신의 도덕적·종교적 의무를 이행하는 시민 유형이었다. 어디서든 감각적이고 자유로운 사람들이 구조적이고 억압된 사람으로 변했으며, 생활은 김빠지고 냉정한 것으로 변했다. 거리만 보아도 벌써— 강인한 개성은 실제적인 영역으로 깊숙이 스며들었다— 첫눈에 절제된 행동을 보고 칼뱅의 가르침이 그곳에 존재하거나, 아니면 그 전에 존재했었다는 사실을 오늘날에도 알아볼 수 있을 정도이다. 의상과 행동이 두드러지지 않고, 돌로 만들어진 장식 없는 건물들의 견고함을 볼 수 있다.

모든 점에서 개인주의와 개인의 맹렬한 욕구를 파괴하고, 관습의 권위를 강화한다. 칼뱅주의는 그 지배를 받는 사람들에게서 정확한 하인, 겸손하고 지속적으로 전체에 소속된 인간 유형, 그러니까 관리와 이상적인 중산층 인간을 조형적으로 만들어냈다. 그러므로 막스 베버Max Weber가 유명한 자본주의 연구에서 다른 어떤 요소도 절대적 복종을 가르치는 칼뱅주의만큼 산업화에 기여한 것이 없다고 말한 것은 옳았다. 학교에서 이미 종교적인 방법으로 대중은 동일한 계층화와 기계화의 교육을 받기 때문이다.

한 국가가 신하들을 단단하게 기관화시키면, 그 국가의 외적이고 군사적인 힘은 커지기 마련이다. 처음에 네덜란드, 뒤이어 영국이 신대륙을 정복하고 경영하기 위해 파견한, 저 위대하고 냉혹하고 끈질기고 결핍을 잘 견디는 선원과 식민지 개척자들은 대개 청교도 출신이었다. 그리고 이러한 청교도적인 기원은 다시금 미국을 그렇게 특징지었다. 이 국민들은 성 피에르 교회 목사의 엄격하게 교육적인 영향 덕분에 세계 무대에서 그토록 수많은 성공을 거둘 수 있었다.

그러나 칼뱅, 베즈, 존 녹스 등 '기쁨을 죽이는 자'들이 그 최초의 조잡한 형태의 요구로 온 세상을 정복했다면 얼마나 두려운 꿈이 되었을까. 그랬다면 얼마나 재미없고 단조롭고 빛깔 없는 특성들이 유럽을 사로잡았을까! 예술을 싫어하고 기쁨을 미워하고 삶을 미워하는 이 광신도들이 존재의 그 모든 풍족함과 사랑스런 여유에 반대하며 날뛰었더라면……. 예술적 충동은 존재의 풍요로움과 여유에서만 신적인 다양성을 드러내는데! 그들은 감각적인 다양성으로 서양세계를 예술사藝術史의 왕국으로 만들어준 사회적인 대립과 국가들 간의 대립을 메마른 단일성을 위해 제거하고 말았을 것이다. 그 끔찍하게 정확한 질서를 가지고 형상화의 거대한 열광을 훼방놓았을 것이다.

제네바에서 예술적 충동을 수백 년간 거세했듯이, 칼뱅주의가 영국을 지배하는 첫순간에 벌써 세계정신의 가장 위대한 꽃 중 하나인 셰익스피어 극장을 가차 없이 구둣발로 짓밟고, 교회에 있는 대가大家들의 그림을 파괴하고, 사람의 기쁨 대신에 하나님의 공포를 내세웠다. 그렇듯이 저 규격화된 경건성 말고 다른 방식으로 신적인 것에 접근하려는 모든 노력은 유럽에서 모세 율법의 저주에 의해 희생되고 말았을 것이다.

음악 없는, 화가 없는, 극장 없는, 춤 없는, 화려한 건축물 없는, 축제 없는, 섬세한 에로티즘 없는, 세련된 사교 없는 17~19세기는 생각만 해도 숨이 막힐 노릇이다!

구원이라고 제시된 텅빈 교회들과 엄격한 설교들 — 기율과 겸손과 하나님을 두려워하는 마음뿐이라면, 이 목사들은 우리의 둔감하고 암담한 일상에 들어 있는 신의 빛과도 같은 예술을 '죄 많은' 향락이나 방탕, '호색paillardise'이라고 금지해버렸을 것이다.

렘브란트는 물방앗간 직공으로 머물렀을 것이고, 몰리에르는 양탄자 직공이나 하인이 되었을 것이다. 그들은 루벤스의 풍성한 그림들을 두려워하며 불태웠을 것이고, 어쩌면 루벤스마저 화형시켰을지 모른다. 모차르트의 성스러운 명랑성을 방해했을 것이고, 베토벤에게는 찬송가나 작곡하라고 억압했을 것이다. 셸리, 괴테, 키츠— 경건한 종교국의 '청원서'나 '인쇄허가증' 속에서 이런 작가들을 생각이나 해볼 수 있는가? 이런 '기율'의 그림자 속에서 칸트나 니체 같은 사람이 자기들의 사상세계를 만들어낼 수 있었을까? 조형물을 만들어내는 정신의 여유와 대담성이 베르사유 궁전이나 로마의 바로크 양식 같은 찬란한 화려함으로 꽃피어나는 일은 불가능했을 것이다. 패션이나 춤에서 로코코의 섬세한 색깔 유희들이 발전할 수도 없었을 것이다. 유럽의 정신은 창조적인 변화를 겪으며 발전하지 못하고, 일그러진 모습으로 신학적인 요설饒舌이 되고 말았을 것이다.

삶이 자유와 기쁨에 사로잡히거나 도전을 받지 않고, 오직 완고한 체계 속에 응결되어 있다면, 세계는 예술이란 열매를 맺지 못하고 비창조적으로 될 수밖에 없기 때문이다.

관용과 해방의 정신으로

다행히도 유럽은 그렇게 기율에 물들지 않았고, 청교도로 변하지 않았으며, 제네바처럼 되지도 않았다. 세계를 단 하나의 체계 속에 우겨넣으려는 모든 시도에 대해 언제나 저항해왔던 삶의 의지는 이번에도 영원한 새로움을 갈망하면서 강한 반발력을 보여주었다. 유럽의 일부에서만 칼뱅의 공격이 성공을 거두었다. 그러나 칼뱅주의가 한 번 권력을 잡은 곳에서도 칼뱅주의는 엄격한 성서독재를 스스로 포기해야 했다. 칼뱅의 신정정치가 지속적으로 전권을 휘두른 나라는 없었다. 그가 죽고 나자, 곧장 현실의 저항 앞에서 그 옛날 그토록 가혹했던 '기율'은 삶과 예술에 대한 적대감을 누그러뜨리고 인간적으로 변화했다.

오랜 기간에 걸쳐서 보면, 감각적인 삶은 언제나 추상적인 가르침보다 더 강하기 때문이다. 삶이 그 따뜻한 즙을 가지고 모든 완고함을 뚫고, 엄격함을 느슨하게 만들며, 모든 가혹함을 부드럽게 만든다. 하나의 근육이 계속해서 극단적인 긴장 속에 있을 수 없으며, 하나의 정열이 지속적으로 하얗게 달구어져 열을 뿜고 있을 수는 없다. 마찬가지로 정신적인 독재자들도 지속적으로 가차 없는 극단주의를 유지할 수는 없다. 대개는 그 지나친 억압을 고통스럽게 견디는 것은 한 세대 동안만 당하는 일이다.

칼뱅의 가르침도 생각했던 것보다 더 빨리 그 지나친 가혹함을 잃어버렸다. 백 년이 지난 후에 보면, 하나의 이론이 원래 이론가가 만들어낸 모습 그대로 남아 있는 경우는 거의 없다. 그렇듯이 칼뱅이 요구했던 것과 역사의 발전 속에서 칼뱅주의가 이룬 것을 동일시하는 것은 큰 잘못일 것이다. 장 자크 루소의 시대에도 제네바에서는 여전히 극장[1]을 허용해야 할 것인가 금지해야 할 것인가 하는 논의가 분분했다. 그리고 '아름다운 예술'이 인류의 진보를 의미하느냐 아니면 재앙을 의미하느냐 하는 이상한 질문이 진지하게 거론되고 있었다. 그렇지만 '기율'의 극단적인 요소들은 이미 오래전에 깨져버리고, 완고한 성서신앙은 인간적인 것에

---

1) 연극, 오페라, 음악회 등을 말한다.

세르베투스가 화형당한 자리에 칼뱅의 추종자들이 세운 묘비.
여기에는 프랑스어로 "우리의 위대한 개혁자 칼뱅을 존경하고,
그에게 감사하는 후예들로서 우리는 그 시대의 오류이자 그의 오류를 척결하고
종교개혁과 복음의 진정한 원리들을 따라서 양심의 자유를 견지하면서
1903년 10월 27일에 이 화해의 기념비를 세운다"고 적혀 있다.

유기적으로 적응했다.

생명을 지니고 발전해가는 정신은, 처음에는 거친 후퇴로만 보이는 것도 신비로운 목적을 위해서 이용할 줄 알기 때문이다. 영원한 발전은 모든 체계에서 발전시킬 만한 것만을 뽑아내고, 방해하는 요소는 시들어버린 열매처럼 뒤에 버려두기 때문이다.

인류의 거대한 역사 속에서 보면 독재란 잠깐 동안의 과정일 뿐이다.

삶의 박자를 방해해서 뒤쪽으로 끌어가려는 힘은 그 박자가 잠시 뒤로 물러섰다가 더욱 힘차게 앞으로 나가도록 만들 뿐이다. 저주하려고 하지만, 자신의 의지에 반해 오히려 축복만 내리는 발람[2]의 영원한 상징인 것이다.

그렇듯이 특별히 개인의 자유를 제한하려 했던 칼뱅주의 체계는 극히 이상한 방식으로 변해 정치적 자유의 이념이 되었다. 칼뱅주의가 가장 큰 영향을 미친 네덜란드, 크롬웰이 통치하던 영국, 그리고 미국은 가장 너그럽게 자유주의적이고 민주주의적인 국가 이념을 받아들인 나라들이다. 현대의 가장 중요한 문서 중 하나인 〈미국 독립선언서〉는 청교도 정신에 바탕을 두고 만들어졌다. 이 문서는 다시 프랑스의 〈인간과 시민의 권리선언〉에 영향을 주었다.

그리고 무엇보다도 특이한 변화이며 양 극단이 서로 통한다는 것을 보여주는 일은, 가장 강하게 불관용의 정신을 지켜야 할 나라들이 놀랍게도 유럽에서 가장 먼저 관용의 땅이 된 것이다. 칼뱅의 종교가 법칙이 되어버린 곳에서 카스텔리오의 이념도 실현된 것이다.

그 옛날 칼뱅이 신학상의 의견 차이라는 이유만으로 세르베투스를 화형시킨 곳 제네바로 '하나님의 적'이며 자기 시대의 대표적인 반기독교도인 볼테르가 도망쳐 들어왔다. 그러나 보라. 칼뱅의 직책상의 후계자들인 교회 목사들이 하나님을 무시하는 이 철학자와 가장 인간적으로 철학적인 담론을 나눌 생각으로 친절하게 그를 방문했다. 그리고 그 밖의 어디에서도 어찌할 바를 모르던 데카르트와 스피노자가 네덜란드에서 자신들의 책을 썼다. 그 책들은 교회사상과 모든 전통의 억압으로부

---

2) 구약성서에 나오는 이교도 점술가.

터 인간 정신을 해방시키는 책들이었다. 바로 이 가장 엄격한 신학의 그림자 속으로— 기적을 믿지 않았던 르낭Joseph E. Renan, 1823~1892[3]은 엄격한 스위스 개신교가 이러한 깨달음에 도달하게 된 일을 가리켜 "기적"이라 불렀다— 모든 나라에서 신앙과 사상으로 인해 억압받는 자들이 도망쳐 들어왔다.

언제나 가장 완벽한 극단은 마지막에 서로 만나는 법이다. 그리하여 200년이 지난 다음 네덜란드, 영국, 미국에서 카스텔리오의 요구와 칼뱅의 요구였던 관용과 종교는 서로 형제처럼 함께 실현되기에 이르렀다.

카스텔리오, 부활하다!

카스텔리오의 이념도 자기 시대를 넘어서 살아남았다. 오직 한순간 동안만 한 인간과 더불어 그가 전파하던 사상도 침묵한 것이다. 흙이 그의 관을 뒤덮듯이, 그토록 무겁고 어둡게 침묵이 그의 이름을 뒤덮은 기간은 겨우 몇십 년에 불과했다. 아무도 카스텔리오에 대해 묻지 않았고, 친구들은 죽거나 사라져버렸다. 또 얼마 안 되는 인쇄된 저술들은 구하기 힘들었고, 인쇄되지 않은 저술들은 감히 인쇄하려 드는 사람이 없었다. 그는 헛되이 싸우고, 헛되이 살았던 것처럼 보였다.

그러나 역사는 신비스러운 길을 간다. 적의 승리가 카스텔리오의 부활

---

[3] 프랑스의 종교사가·작가·철학자. 실증주의와 다위니즘의 영향을 받았으며, 프랑스 실증주의 대표자의 한 사람이다. 약 25년 간에 걸쳐《기독교 기원사》를 완성했는데, 이 저작은 예수의 인간화와 그리스도교의 문화사적 연구, 성서세계의 심리적·문학적 재현에 큰 의의를 지닌 것으로 평가받고 있다. 특히 제1권인《예수전》은 예수의 인간적인 면모를 그린 것으로 유명한데, 역사 과학적인 비판정신이 정통 신앙에 위배되었다는 이유로 교회에서 추방당하기도 했다.

을 도와주었다. 칼뱅주의는 격렬하게 어쩌면 너무나 격렬하게 네덜란드로 밀려들어갔다. 신학교의 광신적인 가르침으로 무장한 목사들은 새로 얻은 땅에서 칼뱅의 엄격함을 능가해야 한다고 생각했다. 그러나 방금 두 세계의 황제[4]로부터 자신을 지켜낸 사람들 사이에서 금방 저항이 일어났다. 네덜란드 사람들은 새로 얻은 정치적 자유를 교리상의 양심의 억압과 바꾸려들지 않았다. 종교 분야에서 몇몇 목사들이 칼뱅의 전체주의 요구에 맞서 항의했다. 그들은 뒷날 항의자들(Remonstranten, 다른 의견을 가진 사람들)이라고 불리게 된다. 그들은 이러한 싸움을 전개하면서 이 냉혹한 정교주의에 대항할 만한 정신적인 무기를 찾으려고 애썼다. 그리고 이미 사라져서 거의 전설로 남아 있는 선구자를 기억해냈다.

코른헤르트Coornhert, 1522~1590[5]와 다른 자유주의 개신교도들은 카스텔리오의 저술들을 지적했다. 1603년부터 그의 저술들은 하나씩 새로 인쇄되고 네덜란드어로 번역되어 출간되었다. 이 책들은 사방에서 주목을 받았고 점점 더 많은 경탄을 불러일으켰다. 카스텔리오의 이념은 결코 매장된 것이 아니며, 다만 가장 고된 겨울잠을 잤을 뿐이라는 사실이 밝혀졌다. 이미 출간된 저술들만으로는 곧 만족할 수 없게 되었다. 사람들은 바젤로 심부름꾼을 보내 유작들을 찾아보도록 했다. 이 유작들은 네덜란드로 옮겨져서 그곳에서 원본과 번역본이 인쇄되었다. 그리고 카스텔리오가 죽은 지 50주년 되는 해에 그는 감히 꿈도 꾸지 못했던 일이지만, 그의 작품과 저술 전집이 출간되었다(1612년 고우다 출판사). 그것

---

4) 에스파냐 황제를 지칭한다.
5) 네덜란드의 시인·번역가·극작가·도덕주의자. 네덜란드어를 사용해 '인문주의적' 가치관을 정착시킨 최초의 인물로, 문예부흥을 이끌었다. 에스파냐의 통치에 대항하는 투쟁에 가담해서 투옥당하기도 했다. 그의 작품은 주로 신에 대한 사랑과 믿음에 기초해 있으면서도 당대의 세속적·위선적인 네덜란드인들을 공격했고, 관용의 편에 서서 이교도 사형에 반대했다.

으로 카스텔리오는 싸움 한가운데에서 다시 승리하면서 부활했고, 처음으로 추종자들에 둘러싸이게 되었다.

그의 영향은 거의 익명으로 이루어졌지만, 그래도 뚜렷한 것이었다. 카스텔리오의 사상은 다른 사람들의 작품 속에, 다른 사람들의 싸움 속에 살아남았다. 개신교 안의 자유주의적인 개혁에 대한 아르미니우스파의 유명한 논쟁[6]에서 대부분의 논의들은 그의 저술에서 얻어온 것들이다. 그라우뷘덴의 목사 간트너 ― 어떤 스위스 시인이 말했듯이 대단히 당당한 인물이다 ― 는 쿠어Chur의 종교재판에서 한 재세례파를 변호하면서 손에 '마르티누스 벨리우스'의 책을 들고 있었다. 데카르트와 스피노자의 작품이 네덜란드에서 그토록 널리 읽히면서 카스텔리오 사상과 정신적으로 접하기에 이르렀다는 사실이 문서상으로 입증되지는 않지만, 그럴수록 이 추측은 사실성의 힘을 갖는다.

네덜란드에서는 종교인들과 인문주의자들만 관용의 이념을 가진 것이 아니었다. 이 사상은 점차 신학자들의 싸움과 종교전쟁에 지친 민족 깊숙이 침투해 들어갔다. '위트레흐트 평화조약'[7]에서 관용의 이념은 국가적 이념이 되었으며, 그럼으로써 그것은 추상의 영역에서 나와 현실 공간으로 들어갔다.

---

6) 아르미니우스주의는 칼뱅의 예정설에 대해 자유주의적인 반동으로 일어난 신학운동이다. 17세기 초 네덜란드의 개혁주의 신학자인 아르미니우스는 엄격한 칼뱅주의자였던 고마루스와의 논쟁을 통해 하나님의 주권과 인간의 자유 의지는 양립할 수 있다고 주장했다. 그로 인해 아르미니우스파는 종교적·정치적으로 박해를 받았으나 훗날 존 웨슬리의 종교운동에서 발전한 감리교에 중요한 영향을 끼쳤으며, 보다 더 자유주의적인 아르미니우스주의는 미국 유니테리언주의를 탄생시키는 동인이 되었다.
7) 1713~1715년 네덜란드 위트레흐트에서 에스파냐 왕위계승전쟁을 종결시킨 조약. 프랑스·에스파냐가 교전국인 영국·네덜란드·프로이센·포르투갈·사부아와 개별적으로 체결한 네 개의 조약으로 되어 있다. 이 조약은 당시로서는 드물게 교전국 간의 상호 이해와 존중을 밑바탕에 깔고 있는 평화조약이었다.

정치적으로 자유로운 국민은 카스텔리오가 한때 영주들에게 하소연했던 상호간의 의견 존중에 대한 호소를 듣고, 그것을 법으로 만들었다. 모든 신앙과 사상에 대한 존중의 이념은 계속해서 세계 지배의 행진을 해나갔다. 한 나라씩 카스텔리오의 생각대로 종교와 세계관에 따른 박해를 금지했다. 프랑스 혁명에서 개인은 마침내 자유롭고 평등하게 신앙과 의견을 가질 권리를 인정받았다. 그리고 이어서 19세기에 자유의 이념 — 민족의 자유, 인간의 자유, 사상의 자유 — 은 양도할 수 없는 원칙이 되어서 문명세계 전체를 지배하게 되었다.

우리 세기에 이르기까지 거의 백 년 동안 이 자유의 이념은 절대적으로 당연한 것으로서 유럽을 지배했다. 모든 국가의 기본원리에 개인의 권리가 양도될 수 없고 영원불변한 것으로 헌법 안에 새겨졌다. 그리고 우리는 정신적인 억압, 사상의 독재, 의견 검열의 시기는 완전히 사라지고, 정신적 자유에 대한 개인의 요구가 지상의 육체에 대한 권리만큼이나 확보되었다고 믿으려고 했다. 그러나 역사는 밀물과 썰물이며, 끊임없이 밀려왔다가 밀려가는 것이다. 하나의 권리는 절대로 영원히 확보된 것이 아니며, 어떠한 자유도 언제나 다른 모습으로 나타나는 폭력에 대해서 안전하지 못하다.

모든 칼뱅에 맞서는 어떤 카스텔리오

인류는 언제나 진보를 위해서 싸워야 하며, 극히 당연한 것도 새로이 의심받는다. 우리가 자유를 습관으로 여기고 더 이상 신성한 소유물로 여기지 않는 순간에 충동세계의 어둠 속에서 신비한 의지가 자라나 그것

카스텔리오 기념비. 그의 고향인 프랑스 생 마틴에 있다.

을 유린하려고 드는 것이다. 인류는 너무 오래 너무 근심 없이 자유를 누리고 나면, 언제나 힘의 도취에 대한 위험한 호기심, 전쟁에 대한 범죄적인 열망에 사로잡히게 된다.

역사는 그 알 수 없는 목적지로 나아가기 위해 때때로 우리에게 알 수 없는 퇴행을 마련해놓는다. 그리고 폭풍우에 가장 튼튼한 댐과 지붕들이 무너지듯이, 유산으로 물려받은 권리의 담도 무너져내린다. 그렇게 무시무시한 순간에 인류는 깡패집단의 유혈이 낭자한 발광으로, 양떼의 노예 같은 양순함으로 되돌아가는 듯이 보인다.

그러나 밀물 뒤의 썰물처럼 이 물살도 빠져나가기 마련이다. 모든 폭력 통치는 극히 짧은 시간에 낡아버리거나 차갑게 식어버리고, 모든 이데올로기와 그 일시적인 승리는 그 시대와 더불어 종말을 고한다. 오로지 모든 이념 중의 이념, 절대로 패하지 않는 이념인 정신적 자유의 이념만이 영원히 되살아나온다. 그것은 정신처럼 영원한 것이기 때문이다

일시적으로 이 이념이 말을 못하게 막으면, 그것은 모든 억압이 미치지 못하는 가장 깊은 양심의 공간 속으로 도망쳐 들어간다. 그래서 권력자들이 자유정신의 입을 틀어막고서 자신이 이겼다고 생각해도 아무 소용이 없다. 새로운 인간이 태어나는 것과 더불어 새로운 양심이 태어나기 때문이다. 그리고 언제나 누군가는 인류와 인간성의 양도할 수 없는 권리를 위한 싸움을 떠맡아야 한다는 정신적인 의무를 생각하게 될 것이다. 그리고 언제든 모든 칼뱅에 맞서 어떤 카스텔리오가 다시 나타나서 폭력의 모든 폭행에 맞서 사상의 독자성을 옹호하게 될 것이다.

카스텔리오를 세상 속으로 이끌어내다

크누트 베크Knut Beck[*]

> 심성이 부드러운 사람들이 더욱 강하기 마련이다. 그리고 평화를 원하는 사람들은 싸움에 말려들게 된다.⋯⋯눈에 보이지 않는 것을 쓰러뜨릴 수는 없다! 사람들을 죽일 수는 있지만 그들 안에 살아계신 하나님을 죽일 수는 없다. 한 민족에게 강요할 수는 있지만, 그 정신에 강요할 수는 없다.

슈테판 츠바이크는 1917년 그의 희곡 《예레미아Jeremias》를 쓰면서 자기가 모든 힘을 다해 옹호하려는 가치들을 열거하고, 사람들에게 공식적으로 자기와 함께 하자고 호소한 이후로 20년이 지난 후에도 여전히 지치지 않고 이 약속을 지키기 위해 노력했다.

군복을 입긴 했지만 민간인 자격으로 참여했던 제1차 세계대전의 체험―그는 호프만스탈, 무질, 릴케 등 그 밖의 다른 사람들과 함께 빈의 언론 본부에 배속되었다― 과 제1차 세계대전이 끝난 다음 오스트리아와 바이마르 공화국(독일)의 정신적·정치적 전개과정, 특히 1930년대에 이기적·민족주의적 태도가 마침내 개인을 위협하고 인간을 경시하는 독재정권(히틀러 정권)으로 발전하게 되었을 때 그에게는 여전히 예레미아의 모습이 모범적인 것으로 남았다. 그는 동시대의 다른 몇몇 사람들과 마찬가지로 자유와 정의를 지키고, 상호관용과 상호존중을 하자고 호소할 책임을 느꼈다. 그것을 자신의 과제로 여기고, 역사적 전기와 사건들

---

[*] 크누트 베크는 독일에서 출간된 《폭력에 대항한 양심 또는 칼뱅에 맞선 카스텔리오Castellio gegen Calvin oder Ein Gewissen gegen die Gewalt》의 편집인이다.

을 묘사함으로써 당시의 사태에 대해서 경고하려고 했다.

《조셉 푸셰Joseph Fouché》(1929), 《마리 앙투아네트Marie Antoinette》(1932) 등이 상대적으로 역사적 '초상화'— 정치적 인간과 중간 정도 성품의 초상화— 였고 전기소설이었다면, 유럽사의 비극적인 문제를 가진 인물들의 생애, 특히 1934년에 쓴 《로테르담의 에라스무스의 승리와 비극 Triumph und Tragik des Erasmus von Rotterdam》(이하 《에라스무스》)으로 츠바이크는 무엇보다도 자기 시대를 생각해야 한다는 분명한 신호탄을 올렸다. 《에라스무스》가 이전의 다른 책들과는 달리 독일에서 출간되지 않고 빈에 본부를 두고 있는 헤르베르트 라이히너Herbert Reichner 출판사에서 출간되었다는 사실부터가 눈에 띈다.

슈테판 츠바이크는 1933년 가을에 자신을 배신했다는 이유로 인젤 출판사Insel Verlag와 결별했다. 사장인 안톤 키펜베르크에게 개인적으로 보낸 편지가 《독일 서적상 경제지》에 넘겨져서 출간되었다는 것이 그 이유였다. 이 편지에서 츠바이크는 출판자에게, 암스테르담에서 클라우스 만Klaus Mann이 망명 중에 펴낸 잡지 《수집Die Sammlung》에 당시 집필 중이던 《에라스무스》의 일부를 발췌하여 인쇄해도 좋다는 동의를 취소하겠다고 알렸다. 이 잡지가 처음의 말과는 달리 '정치적인 성격'을 띤다는 것이 이유였다.

이 사건은 독일 밖에서 츠바이크— 상당부분 편집자의 부가적인 설명을 통해서— 를 '망명의 배신자'라고 여기도록 만들었다. 이 모든 일이 그의 명예심을 건드렸다. 바이마르 공화국 기간(1918~1933)에 그랬던 것처럼, 츠바이크는 국가사회주의자들(히틀러 당)이 독일의 권력을 장악한 지금 시대의 사건에 대해서 직접적으로 입장을 밝히려고 하지 않았다. 그는 "절멸과 증오의 이 세력에 의해서 가장 깊은 내면으로 곧장 불에 그을린 듯한 느낌이 들었기" 때문이다(리하르트 프리덴탈). 그는 우선 《에라스무스》라는 작품을 통해 본질적으로 현재의 사건에 대한 이전 시대의 평행선, 즉 "아직은 전쟁이 아니지만 더는 평화도 아닌"(리하르트 프리덴탈) 상황을 보여주려고 했다. 그는 《에라스무스》라는 작품으로 개인의 지적인 저항을 격려하려 했다. 그리고 이 작품과 그 목적에 몰두함으로써 스스로가 정치적으로 체념하지 않기 위한 지주로 삼으려 했다.

츠바이크는 뒷날 《어제의 세계 Die Welt von Gestern》에서 《에라스무스》를 "다른 사람으로 위장한 자기 서술"이라고 불렀다. 이 작품에 뒤이어 시작된 스코틀랜드의 여왕 메리 스튜어트 Maria Stuart의 전기는 긴장완화 연습과도 같은 것으로, 일종의 막간 행동이었다.

"원래는 오랫동안 계획해온 소설을 쓸 생각이었다. 나는 전기물에는 이미 싫증났다."

그러나 그가 우연히 대영박물관에서 발견한 스코틀랜드 여왕의 처형에 대한 문서와 보고서들이 그를 자극해서 "자신도 모르게 자료들을 비교하게 되었고, 제대로 의식하기도 전에 메리 스튜어트의 생애에 대해 쓰기 시작했다." 또 다른 전기소설이었다.

1935년 5월 24일자로 제네바에 있는 칼뱅과 목사 장 쇼레가 슈테판 츠바이크에게 보낸 프랑스어 편지는 다음과 같이 시작된다(다음에 인용되는 모든 프랑스어 편지는 마리암 루카서 Maryam Lukasser에 의해 도이치말로 번역된 것임).

"당신은 이 우편물과 함께 당신에게 열광한 여성 독자 한 분의 편지를 받으실 것입니다. 그녀는 아주 옛날부터 인류를 괴롭혀온 모든 거창한 문제들에 대해서도 역시 대단한 이해심을 가진 사람입니다."

장 쇼레의 교구의 교인인 마드무아젤 릴리안 로세는 세바스티안 카스텔리오에 대한 그의 강연이 있은 다음, 그에게 그녀 자신이 다른 사람들의 이름으로 쓴 편지와 책 두 권을 전해달라고 부탁했다는 것이다. 이 편지에서 그녀는 츠바이크에게 공식적으로— 이 편지는 전해지지 않는다— 널리 알려지지 않은 중요한 프랑스 인문주의자의 전기를 써보라는 자극을 했다.

제네바에 있는 칼뱅 교회의 후계자인 장 쇼레 목사는 자신과 교구 교인들의 의견을 다음과 같은 말로 요약했다.

"간단하게 말씀드리자면, 그 시대에 분명히 천재적인 종교개혁가 칼뱅에 대해 가장 지적이고 가장 용감한 반대자였던 저 위대한 투사 세바스티안 카스텔리오를 불러내는 것이 얼마나 의미 있는 일인가 하는 것입니다. 아마도 16세기에는 자기들의 신정국가의 이상을 실현하기 위해 제네바 개혁자들이 사용했던 비인간적인 수단에 맞서 그토록 지적인 대담성을 가지고 싸운 사람은 아무도 없었을 것입니다. 당신이 에라스무스— 그는 카스텔리오의 스승들 중 한 사람이었습니다만— 에게 바쳤던 것과 비슷한 책을 쓰신다면 굉장한 인상을 만들어낼 것입니다. 그리고 위대한 선행이 될 것입니다."

5월 3일에 슈테판 츠바이크는 로세 양에게 지적인 자극에 대한 감사를 표했다.

"나는 세바스티안 카스텔리오에 대해서 아무것도 모른다고 고백하는 일이 부끄럽지도 않습니다. 그러나 이미 오래전부터 칼뱅이라는 사람의 개성과 세르베투스를 향한 그의 가혹한 싸움이 내 마음을 끌었습니다. 이 싸움에서 카스텔리오이라는 인물은 내가 전혀 몰랐던 사람입니다. 내 관심을 불러일으키리라고 생각하신 것은 정말 제대로 추측하신 일입니다. 첫눈에 어떤 인품에 이토록 사로잡히고 금방 공감하기는 드문 일입니다. 그에 대한 연구에 헌신할 생각입니다. 이것은 우리 자신의 싸움을 위한 아주 훌륭한 출발점이거든요."

추신에서 그는 동봉하는 편지를 쇼레 목사에게 전해달라고 부탁했다. 그 편지에는 이렇게 적혀 있었다.

"당신의 편지와 당신이 내게 보여주신 큰 신뢰에 깊이 감사드립니다. 당신이 말씀하신 것은 정말로 나를 자극했습니다. 그것은 개별적인 현상이 아닙니다. 온 세상의 폭군은 모두 개인의 양심을 침묵시키기 위해서 열을 올립니다.……나는 정치를 혐오합니다만, 이제는 이러한 억압이 종교와 예술의 영역까지 침범해 들어온다는 거대한 위협을 느낍니다. 오늘날 내게 고귀하게 여겨지는 투쟁은 단 한 가지뿐입니다. 즉, 양심의 자유를 위한 투쟁이죠. 에라스무스에 대한 책에서 나는 에라스무스를 상징으로 삼아 이 문제를 제기하려고 했습니다. 내 생각으로는 이 모든 위대한 패배자들의 고귀한 모습을 다시 한 번 불러와야 할 것 같군요. 폭군정치의 이 끔찍한 행태 아래서 고통받은 사람들에 대한 관심을 불러일으키기 위해서 말입니다."

슈테판 츠바이크는 계속해서 경종과 경고의 길로 나아가라는 일깨움을 받았다.

"두 달 전부터 나는 계속해서 이곳 도서관에서 찾을 수 있는 모든 자료들을 읽고 있습니다. 작업은 상당한 진척을 보고 있습니다."

그는 1935년 7월 10일에 취리히에서 로세 양에게 이렇게 써 보냈다.

"단 한 가지 어려운 점은 지금 나는 카스텔리오에게 완전히 빠져들고 말았기 때문에 칼뱅에 대해서 공정한 태도를 취하고, 그에 대한 적대감을 갖지 않아야 한다는 점입니다. 그가 카스텔리오에게 부당한 행동을 했다 하더라도, 우리는 그에게 부당해지지 않도록 노력해야만 합니다."

다음 몇 달이 지나는 동안 장 쇼레는 슈테판 츠바이크에게 칼뱅 관련 출판물들에 대해 많은 조언을 해주고, 베를린의 학자 엘리자베트 파이스트 박사에 대한 관심을 일깨웠다. 그녀는 카스텔리오의 마지막 저술들 중의 한 권을 새로 출판하기 위해 준비하고 있는 중이었다. 슈테판 츠바이크는 1935년 8월에 마리엔바트의 요양소에 머무는 동안 우연히 그녀를 만나게 되었다. 그녀는 장문의 편지들을 써서 그가 카스텔리오에 관한 책에 계속 매달리도록 격려했다.

슈테판 츠바이크는 평소에 작업하던 방식과는 달리, 이 새로운 계획에 관해서는 친구와 그 동안 편지왕래를 해왔던 사람들에게 완전한 침묵을 지켰다. 이 시기에는 일기장의 기록도 없다. 오직 로세 양과 장 쇼레에게만—자세한 것은 알려져 있지 않지만—가끔씩 작업상황에 대해서 알리곤 했던 것 같다. 예를 들면 10월 25일자 장 쇼레의 답장에 이런 구절이 나온다.

"로세 양이 당신의 최근 소식을 알려주었습니다. 나도 내 책들을 돌려받았습니다. 당신이 영감靈感을 잃지 않으셨다니 얼마나 기쁜지요. 지금 우리가 새삼스레 먹구름 핀 하늘 아래 살면서 겪고 있는 이 순간의 비극적인 사건들에도 불구하고 당신이 그렇게 하신다니 말입니다. 당신이 과거에만 집중하지 못하고, 내적인 투쟁이 당신을 현재에 붙잡아놓곤 한다는 사실이 얼마나 잘 이해되는지 모릅니다."

츠바이크가 이 작업을 하던 시기에 처해 있던 정치적 배경은 이탈리아의 에티오피아 합병이었다. 그것은 에티오피아 전쟁의 발발로 이어졌다. 국가사회주의가 지배하는 독일만 파시스트 이탈리아의 조치를 환영했고 그 상황을 이용했다. 쇼레의 편지 날짜인 10월 25일에 '베를린—로마 축'을 위한 협조동맹의 합의가 이루어졌고 서명되었다.

이 시기에 슈테판 츠바이크는 10월에 마지막으로 거처를 옮긴 런던에서 빈에 있는 아내 프리데리케에게 보낸 편지에 이렇게 적었다.

"세계 상황과 외적인 상황은, 생각할 수 있는 한 파국적인 지경에 이른 것 같소. 가장 학식 있는 낙관론자들도 낙담하고 있소. 나는 아직도 아무 근심 없이 이러한 날들을 살아가는 모든 명랑한 사람들이 부럽기만 하오."

제네바에 있는 친구들은 유럽의 정치적인 긴장에도 불구하고 그에게 작업을 계속하라고 격려했다. 마침내 1936년 3월 12일에 그는 장 쇼레에게 이렇게 알릴 수 있었다.

"갖가지 어려움을 겪은 끝에 마침내 카스텔리오를 끝냈습니다."

1936년 4월 5일에 벌써 《페스터로이드》지가 《세바스티안 카스텔리오— 폭력에 대항한 양심》이란 제목으로, 그리고 5월 17일에 빈에 있는 《새자유언론 Neue Freie Presse》지가 《칼뱅에 맞선 카스텔리오》라는 제목으로 슈테판 츠바이크도 모르게 이 책의 일부를 출간 전에 미리 게재했다.

"아니, 정말 화가 나는 일이지만, 나도 모르는 사이에 카스텔리오의 일부를 게재한 《새자유언론》지를 보지 않았소."(1936년 5월 21일자 부인 프리데리케 츠바이크에게 보낸 편지).

그의 작품 출판업자인 헤르베르트 라이히너는 언론에 미리 게재해서 새 작품에 대한 주의를 끄는 일을 지극히 당연한 일로 여겼던 것이다.

3월 12일자 편지에서 츠바이크는 쇼레에게 "첫 번째 교정쇄를 읽고 당신의 조언에 맞게 고칠 수 있는 곳들을 고쳐주기"를 부탁했다.

"나는 무엇보다도 마지막 장에서 오늘날의 칼뱅주의와 옛날의 독단적인 칼뱅주의를 분명히 구분하려고 애썼습니다."

그는 "기쁨으로" 교정쇄를 읽어보겠다는 장 쇼레의 동의에 대하여 일주일 뒤에 답장을 쓰면서 이 점을 한 번 더 강조했다.

"아무리 힘들어도 칼뱅에 대해서도 공정한 태도를 취하는 것이 내게는 대단히 중요한 일입니다. 그가 성격적으로 잔인한 것이 아니라 논리에 의해서, 지성에 의해서 잔인했다는 사실이 서술되어야 합니다. 무엇보다도 나는 마지막 장에서 칼뱅주의가 인류에게 퍼져나갈수록 필연적으로 이러한 가혹하고 비인간적인 특성을 잃어버렸다는 사실을 강조했습니다."(1936년 3월 20일자 이 편지는 독일어로 씌어졌다. 슈테판 츠바이크는 쇼레와의 편지왕래에서 이후에는 두 개의 언어를 바꿔가며 쓰고 있다. 츠바이크의 편지들에 대한 다음의 인용들은 거의가 독일어 원본에 따른 것이다.)

그는 다음 몇 주 동안 자기 책에서 칼뱅과 칼뱅주의에 대해 공정하지 못하지 않았나 하는 의문에 계속 집착했다. 언제나 되풀이해서 같은 점으로 돌아왔다.

"당신께 한 번 더 주의를 드리고 싶군요. 내가 마지막 장에서 세르베투스 사건과 함께 칼뱅주의에 대해서 유죄선고를 내리려고 했던 것 같다는 일체의 해석에서 벗어나려고 노력하고 있다는 점을 아실 것입니다. 최근에 르낭을 읽다가 멋진 말을 찾아냈어요. 그 말을 내 책에 인용하려고 합니다. 가장 냉혹한 청교도주의에서 훗날 정신적이고 정치적인 자유가 발전되어 나오다니 얼마나 멋진 일입니까. 그는 이 사실을 또 다른 생각지도 못한 발전과 비교하고 있습니다. 그러니까 편협하고 민족주의적인 유대교에서 우주적인 만민의 박애주의 이념(기독교)이 발전되어 나왔다는 것이죠."(1936년 3월 30일)

그리고 쇼레가 교정쇄에 대한 자신의 조언들을 보내오자 1936년 4월 20일에 이렇게 적었다.

"이 작은 오류들을 나는 이미 정리해두었습니다. 아주 당연한 일이지만, 칼뱅에 대한 장에서 몇 가지를 고쳤습니다. 이런 오류들을 방지하기 위해 그가 개인적으로 잔인했던 것이 아니라 오직 정신으로, 의지로 스스로를 엄격하게 '훈련시켰다'는 내용을 삽입했습니다. 아직도 여전히 세부적인 사항들에서 마지막까지 고치고 다듬어나갈 것입니다."

쇼레는 4월 18일에 이 문제에 대해서 이렇게 썼다.

"나는 물론 칼뱅의 성격 묘사에 대해서 완전한 신뢰감으로 당신께 모든 것을 맡깁니다. 이 묘사는 화강암으로 만든 조각상이며 무시무시한 묘사입니다. 당신의 예술가로서의 직관과 역사상의 서술들이 그러한 묘사에 이르게 만든 것이죠. 제2장의 3쪽과 4쪽에 대해서 말씀드리는 것입니다. 예수 그리스도의 가르침을 행동으로 옮기는 대신에 칼뱅에게 경탄하는 사람들은 물론 깜짝 놀라 움츠러들겠지요. 그러나 어떻게 하겠습니까? 스위스에서 프랑스어를 쓰는 수많은 일반인들은 대체로 당신과 같은 의견일 것입니다. 그리고 이 잔혹한 과거로 되돌아가는 일을 절대로 허용하지 않을 것입니다."

츠바이크는 이 편지에 대해서 4월 24일에 다음과 같은 반응을 보였다.

"당신의 편지가 내게 얼마나 중요한지 당신은 모르실 것입니다. 나는 이미 몇 군데를 완곡하게 고쳐두었습니다. 종교적인 경외심을 가진 그 누구도 마음 상하지 않게 하려고 말입니다. 그리고 한 번도 웃지 않았을 것이 분명하다는 구절을 '아주 드물게만 웃음 지었을 것이 분명하다'로 고쳐서 이 부분을 조금 부드럽게 만들었습니다. 나는 원칙적인 증오를 가장 비난할 특성의 하나로 여기기 때문에 나 자신의 서술에서 칼뱅에 대해 극히 작은 적개심이라도 남아 있는 것 같다는 인상을 피하는 것이 내게는 중요합니다. 약간의 수정을 여기에 한 것으로 이러한 의심이 완전히 풀리리라고 생각합니다."(1936년 4월 24일)

그것은 츠바이크가 책의 초판을 인쇄하기 전에 한 마지막 수정이었다.

"인쇄업자가 5월 18일에는 발간되리라고 약속했고, 내 생각으로는 5월 말이 될 것 같습니다. 발간이 늦어지는 일을 항상 계산해야 하니까요." (1936년 5월 6일)

그러나 이 날짜도 지켜지지 않았다. 이 책을 집필하는 데 충고해준 사람들에게 가능하면 빨리 인쇄된 책이 도착하도록, 그는 출판사에서 직접 한 권씩 부치도록 해두었다. 그리고 런던에서 날짜를 쓰지 않은 편지에 감사의 마음을 써 보냈다. 이 편지에 그는 자신의 기분이 어떤지도 고백했다.

"책 한 권이 끝나고 나면, 언제나 나 자신은 거부감을 느낍니다. 모든 것이 잘못되었고, 화나고 실패한 것처럼 여겨집니다. 그리고 이렇게 낙담한 심정이 한동안 계속 남아 있습니다. 차라리 모든 발행본들을 다 사들여서 불태워버리고 싶다는 마음이 들곤 합니다. 참되고 공정한 태도를 가진다는 것은 너무 어려운 일입니다. 그래서 모든 묘사가 혹시 내가 무게를 제대로 달아보지 않은 것이나 아닌지 훗날 양심의 고통이 되곤 합니다."

츠바이크가 6월 22일 쇼레에게 보낸 편지에 따르면 스위스의 독일어 지역에서는 이 책에 대해서 '격심한 반감'이 있었다.

"무엇보다도 루돌프 슈바르츠Rudolf Schwarz가 이 책을 공격했습니다. 그의 충고도 이유가 있는 것이지요. 하필 이 순간(1936년 5월 21일은 칼뱅의 종교개혁 400주년이 되는 날이었다)에 스위스에서 국민종교를 대표하는 칼뱅의 이름을 제목에 내거는 일만은 피했어야 하는 것 아니냐는 것이었습니다. 재판을 찍는다면 공격받은 몇 군데를 좀 더 완곡하게 표현할 것입니다. 그러나 간단히 말하면 좋은 일을 위해서도 모욕을 받기 마련이고, 이 책이 이 경탄할 만한 사람(카스텔리오)을 다시 살아나게 만드는 작용을 한다면 나는 몽둥이로 몇 대 맞는 일쯤은 각오하고 있습니다."

출판사 측에서 책을 직접 보내준 그의 친구들과 동료들은 긍정적인 반응을 보였다. 특히 망명자들에게는 츠바이크의 태도가 이제 분명해졌다. 그에 대한 비판이 잠잠해졌다.

작가 에른스트 바이스Ernst Weiß는 파리에서 이렇게 써 보냈다.(1936년 5월 25일)

사랑하는 친구여, 당신은 엄청난 용기를 가졌군요(즉, 상대방에 대해서도 가능하면 공정하기 위해서 말입니다). 그리고 당신은 무시무시한 주사위를 던졌습니다. 당신은 상대방을 건드렸고, 그들을 붙잡았어요.……당신은 이 책에서 처음으로 위대한 교육자가 되었습니다.……당신이 보여준 것은 예외가 아니라 영원한 변증법의 한 측면입니다. 이런 책들은 불멸의 것으로 남게 마련이지요. 대립 자체가 사라지지 않는 것이니까요.……당신의 책은 정신적인 세계가 힘을 합치지 않으면 사태가 어떻게 될지 보여주고 있습니다. 얼마나 깊이 가라앉게 될지를…… 충심으로 당신께 인사를 드립니다.

완전히 당신편인 에른스트 바이스

작가 토마스 만Thomas Mann은 퀴스나하트에서 이렇게 적어 보냈다. (1936년 5월 30일)

사랑하는 그리고 매우 존경하는 슈테판 츠바이크 씨,
당신의 《카스텔리오》를 아주 열심히 그리고 소재와 그 형상에 완전히 사로잡혀서 읽었습니다. 이렇게 책을 읽어본 지도 정말 오랜만입니다. 이것은 정말 센세이션입니다. 깊이 감동적이고, 현재의 모든 미움과 모든 공감을 하나의 역사적 대상에 모아서 '언제나 똑같다'는 사실을 보여주고 있습니다. 그것은 위안 없는 일이기도 하고, 또 위안이기도 합니다. 나는 카스텔리오에 대해서는 전혀 몰랐습니다. 그를 알게 되어 정말 기쁩니다. 그리고 시간을 거슬러 올라가 새로운 우정을 맺었습니다. 이 새로운 우정에 대해서 당신의 책과 당신에게 감사드립니다. 진심으로 축하드리고, 나와 우리 가족이 충심으로 인사를 보냅니다.

당신의 토마스 만

6월 6일에 벌써 《칼뱅에 맞선 카스텔리오, 또는 폭력에 대항한 양심》은 매진되었다. 츠바이크에게는 번역판들을 위해 검토를 하고 책 전체를 한 번 더 조용히 읽어볼 기회가 되었다. 그 사이에 여러 곳에서 역사적으로 정확하지 않은 사소한 부분들을 지적했고, 그는 아르헨티나와 브라질로 최초의 여행을 떠나기 전에 그것들을 고치려고 했다.

"내가 마지막 교정쇄를 읽지 않았기 때문에 《카스텔리오》에는 몇 가지 작지만 화나는 잘못들이 남아 있소. 출판사 측에 너무 떠밀린 것이 잘못이었지요. 다음에는 어떤 책이든지 충분히 살펴볼 수 있도록 한 달간의 교정기간을 둘 생각이오."(1936년 5월 28일, 아내에게 보낸 편지)

그러나 막상 그때도 다시금 그를 재촉하는 상황이 되었다.

"《카스텔리오》는 가장 중요한 사람들에게는 인상을 남겼지만, 한편으로는—착오에 기인한 것이지만—비역사적인 것이오. 그러나 나는 전체를 그대로 인쇄하도록 했어요. 우선 초판이 이미 나와버린 상태이고, 수정은 어느 정도 시간을 필요로 하는 일이기 때문이지요. 이렇게 해서 내게 가장 중요한 것 중의 하나인 이 책은 가장 무거운 부담으로 남을 것이오."(5월 말경, 날짜 없이 아내에게 보낸 편지)

초판의 일부를 실제로 수정할 수 있었는지 지금으로선 알 길이 없다.

이 초판은 독일에서 판매되지 않았다. 1936년 3월 19일—《카스텔리오》가 나오기도 전에— 에 슈테판 츠바이크의 책들은 헤르베르트 라이히너 출판사의 라이프치히 진열대에서 압류되고 말았기 때문이다. 그것은 1933년 2월 28일자의 '국민과 국가를 보호하기 위한 대통령 특별법'에 따른 것이었다.

"독일에서 《카스텔리오》는 자기 그림자를 미리 보여준 셈이지요. 헝가리와 폴란드 등으로 전파되는 것도 불가능합니다. 오스트리아는 이 나라들과 아무런 관계가 없으니, 이 고귀한 나라를 통해서 그쪽으로 넘어가는 것도 불가능하구요."(요제프 로트에게, 날짜 없는 편지)

다음번 판본— 아마도 리하르트 프리덴탈이 수정을 한 상태로— 은 《폭력에 대항한 양심 또는 칼뱅에 맞선 카스텔리오》라는 제목으로 1954년에야 베를린과 프랑크푸르트에 본부를 둔 피셔Fischer 출판사에서 출간될 수 있었다.

1936년에 계획되었다가 1946년에야 출간된 프랑스어 번역판과, 독일어판의 초판과 같은 해에 출간된 영어 및 네덜란드어 번역판에 대해서 이 교정판(리하르트 프리덴탈)이 모두 유용하게 쓰였다. 츠바이크는 이때 다른 제목을 정했다. '화형火刑을 얻기 위한 싸움'이 제목이고, 부제로 '칼뱅에 맞선 카스텔리오'라고 생각했다. 그에 따라 네덜란드어판은 《화형을 얻기 위한 싸움Strijd rond een Brandstapel》, 영어판은 《다른 의견을 가질 권리 The Right to Heresy》라는 제목으로 서적시장에 나왔다.

프랑스어판이 출간되고 2년이 지난 다음 츠바이크와 그의 책 《칼뱅에 맞선 카스텔리오, 또는 폭력에 대항한 양심Castellion contre Calvin ou Conscience contre Violence》은 칼뱅파로부터 신학적·정치적으로 심한 공격을 받았다.

이 책은 "비방문"이라고 불렸고, 특히 장 쇼레는 이 책을 쓰도록 격려하고 도와준 사람이라고 심한 비난을 받았으며, '16세기 쪽이 오히려 명예를 얻을 정도의' 싸움이 일어났다.

제2차 세계대전이 끝난 다음 1954년에 독일어판이 나왔을 때, 어떤 가톨릭 측 서적비평가는 이런 충고를 했다.

"이 책은 교회사敎會史를 잘 아는 성숙한 독자들의 손에만 어울리는 것이다."

어떤 개신교 목사는 다음과 같은 글을 교회신문의 독자 편지란에 보냈다.

"나는 단호히 그에게 반대한다《칼뱅에 맞선 카스텔리오》. 츠바이크는 분명히 역사적인 진실을 유린했고, 그럼으로써 이 책은 칼뱅에 대한 비방문이 되고 말았다.……기독교는 세계관이 아니다."

이어서 다른 독자는 이런 반응을 보였다.

"저자가 이 책을 쓰도록 자극했던 동기들에 대해서 자꾸 이야기하지 말고, 간단하게 츠바이크의 잘못의 윤곽들을 그려 보이고 원전의 증언들로 반박하는 쪽이 더 나았을 것이다. 하지만 그런 일은 없었고, 그래서 슈테판 츠바이크의 칼뱅 상像(이 인물 묘사를 본받아 그리는 일을 분명히 보류해야 한다. 절대적인 역사적 객관성은 없기 때문이다)은 역사적으로 충실하다고 인정되기에 이르렀다."

후고 하르퉁Hugo Hartung은 1954년 12월 자신의 서평을 다음과 같은 말로 요약하고 있다.

"그러나 위안이 되는 것은 자유로운 정신의 승리는 또한 그들(모든 저항자들)의 승리이기도 하며, 그것은 수백 년을 넘어서 살아남는다는 사실이다."

찾아보기

가
검열 25, 106, 107, 184, 209, 222, 225, 236, 258, 286
관용 9, 10, 16, 23, 26, 104, 184, 189, 192~194, 197, 200, 212, 214, 224, 231, 235, 241, 242, 246, 255, 257, 258, 260, 266~269, 279, 282~285, 289
광신주의 13, 14, 16, 22, 37, 52, 100, 145, 194, 231, 251, 259, 261
〈교회계율〉 77, 86, 89, 91, 95
그뤼에 Jacques Gruet 88
《기독교 강요》 41, 43, 45, 76, 104, 131, 132, 224, 225, 276
《기독교 재건》 132, 133, 136, 145
기번 Edward Gibbon 178

나
녹스 John Knox 21, 37, 276, 278
니체 279
니케아 종교회의 126

다
당통 G. J. Danton 36
데카르트 282, 285
돌레 Etienne Dole 103
드레퓌스 Alfred Dreyfus 23
《딱한 프랑스에 바치는 충고》 258, 261

라
라블레 François Rabelais 21, 103
라퐁텐 Nicholaus de la Fontaine 153, 154, 245
로베스피에르 36, 74, 84, 86
로욜라 Ignatius Loyola 40, 138, 244, 276
로크 John Locke 23, 26
루소 Jean Jacques Rousseau 26, 91, 280

루
루터 Martin Luther 14, 35, 38~41, 48, 64, 69, 103, 105, 114, 125, 126, 135, 136, 155, 178, 179, 190, 193, 196, 198, 210, 262
르낭 Ernest Renan 283, 296

마
멜랑히톤 Philipp Melancthon 39, 178, 181, 243, 244, 245, 252
몽테뉴 11, 118, 180
〈미국독립선언서〉 282

바
바오로 113, 167, 228
발자크 86
베르캥 Berquin 103
베버 Max Weber 277
베즈 Theodore de Beze 112, 180, 212~215, 245, 251~254, 261~264, 267, 271, 278
볼섹 Hieronymus Bolsec 155~157, 162
볼테르 23, 26, 178, 282
부댕 Pierre Boudin 181
부처 Marin Bucer 39, 127, 162
불가타 Vulgata 106
《불량배의 중상모략》 245, 247, 248
불링거 Heinrich Bullinger 38, 210, 212, 271

사
사보나롤라 Savonarola 21, 83
사상의 자유 10, 12, 13, 23, 182, 225, 235, 286
삼위일체 126, 130, 131, 134, 157, 166, 170, 183, 218
성 바르톨로메오 축일의 학살 240, 258
성서정치 63, 65
세르베투스 Miguel Servetus 7, 14, 15, 22, 23, 26, 120, 123~145, 149~173, 177~188, 191~194, 196~202, 209, 215~229, 235, 236, 238, 241, 245, 250, 262, 263, 265, 269, 281, 282, 292, 296

소치노Lelio Socino 190
스피노자 282, 285

아
아르미니우스 285
앙기앙 공작 150
양심의 자유 12, 14, 23, 111, 192, 212, 281, 293
에라스무스 14, 21, 35, 40, 103, 105, 114, 126, 155, 188, 189, 190, 193, 241, 243, 258, 290~294
예수회 40, 244, 276
예정론(설) 155, 242, 249, 285
오이콜람파디우스Oecolampadius 126, 127
오키노Bernard Ochino 190, 266~269
요리스David Joris 190, 265~267
위그노 240, 259, 260, 276
《의심의 기술》189
《이단자에 관하여》26, 177, 204, 209, 211, 265
〈인간과 시민의 권리선언〉282
인문주의(자) 8, 10, 11, 13, 16, 20, 21, 22, 25, 39, 53, 83, 97, 100~102, 105, 107, 116, 124, 126, 145, 155, 167, 182, 188~190, 192, 193, 203, 210, 214, 219, 224, 241, 242, 244, 246, 252, 260, 284, 285, 292

자
재세례파 40, 70, 126, 179, 187, 190, 196, 197, 261, 263, 265, 266, 285
졸라Emile Zola 23
종교개혁 9, 12, 37, 41, 48, 50, 64, 101, 102, 111, 126, 155, 177, 178, 192, 210, 220, 243, 281, 298
종교재판 78, 102, 112, 137, 138, 140, 140, 144, 152, 178, 179, 183, 184, 187, 190, 266, 285
종교전쟁 21, 73, 231, 240, 260, 285

차
청교도 21, 74, 113, 239, 276, 277, 279, 282, 296
츠빙글리Ulrich Zwingli 38, 39, 48, 69, 125~127, 136,
162, 179, 196, 210, 212

카
카이사르 56, 102, 198
카피토Wolfgang F. Capito 126
칼라스Calas 23
〈칼뱅의 글에 반대함〉 11, 216, 217, 235~237
칼뱅주의 21, 39, 275~278, 280, 282, 284, 295, 296
칼슈타트Carlstadt 39, 190, 262
코른헤르트Coornhert 284
쿠리오네Curione 190, 210

타
타키투스Publius Cornelius Tacitus 17
토르케마다Torquemada 180

파
파라켈수스Paracelsus 262
파렐Guillaume Farel 35~40, 42~45, 50, 52, 56, 58, 85, 104, 109, 132, 133, 135, 165, 170, 172, 174, 212, 220
페스트 95, 96, 97, 142
프랑스 혁명 41, 86, 91, 286
피루스의 승리Pyrrhic victory 116

하
흄David Hume 23, 26
히틀러 7, 289, 290